U0154516

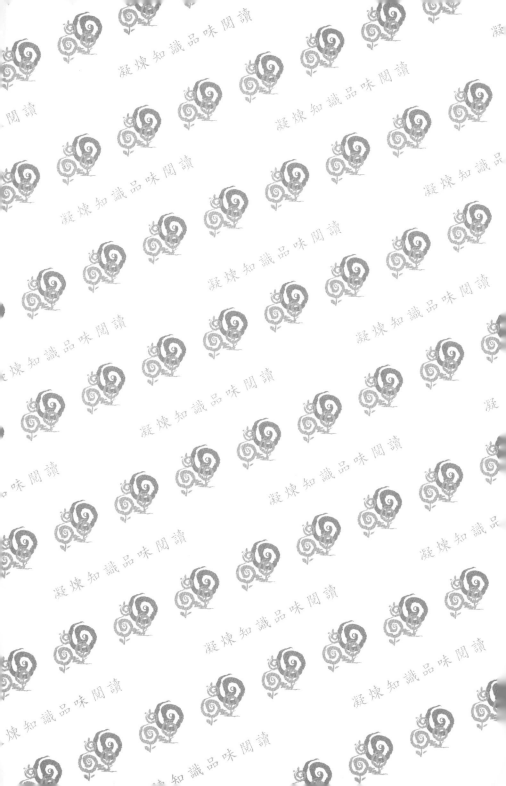

立法院實用
法令及案例彙編

何弘光◎編著

五南圖書出版公司 印行

使用說明

一、民國88年立法院爲推動國會改革，制定或全文修正通過國會五法。國會五法包括立法院組織法、立法院職權行使法、立法委員行爲法、立法院各委員會組織法及立法院議事規則等，爲立法院重要、常用及實用之法律及行政命令。從而，本書以上開國會五法爲基本架構，再將相關法規及案例附註於後，除方便從事立法相關工作者隨時檢索資料之參考外，對於有興趣立法院議事運作者，亦可藉由本書相關法令及案例之閱讀，了解立法院。

二、本書編排方式如下：

（一）法律條文內容，以總統府公報爲準；立法院行政命令及行政規則條文內容，以立法院公報爲準。

（二）法規名稱後詳列制定公布及歷次修正公布日期與條號，以助讀者明瞭法條演變之軌跡。法規章名右側，註記起訖條次，方便讀者迅速查閱。

（三）條文要旨，附於各法規條文右側，以（ ）表示。

（四）本書於主要法規條文下，附註相關「說明」、「相關法規」、「沿革」、「解釋」、「案例」等，俾讀者於閱讀條文之餘，兼及相關之法令、解釋、案例，以澈底了解條文真義，並作深入研究之參考。

（五）「說明」，係補充各法規條文或案例等有疑義、誤植、脫漏，或與實務不相符合等情事者。

（六）「相關法規」，以楷體標示，除個別條文全文照錄外，如係法規名稱，標註最新修正日期，並依其使用強度，全部或部分條文照列。

（七）「沿革」，係指該條文重要內容異動之軌跡。

（八）「解釋」，係指司法院大法官解釋之摘要。

（九）「案例」，為方便閱覽，於案例要旨之上，加註不同符號，以示區別：

　　　☆：代表立法院院會決議（定）。

　　　▲：代表立法院黨團協商結論。

　　　○：代表立法院黨團協商共識。

　　　◎：代表立法院委員會決議（定）。

　　　◇：代表其他。

三、立法院議事運作係依相關法令行之，惟法令不足之處，則有賴國會自律創例適用。案例之效力除經院會（含委員會）決議（定）或黨團協商結論而具有通案或個案之拘束力（當然也可經由立法院修法、決議或黨團協商予以修改）外，其餘案例則可適時提供參考使用。

四、各法令如有相關資料供參，則附錄於其後，例如連署或附議人數簡表、法律統一用字表、法律統一用語表、立法院慣用詞及標點符號，與法律（制定、修正、增訂、刪除、廢止）提案、其他提案、臨時提案、書面質詢、請假單、旁聽申請等例稿及案例，提供實作或參考之用。

五、目錄之附表為不專屬於個別法令，而為整合或一體適用者，例如立法院院會收受委員（黨團）提案（修正動議）之時間及地點表、立法院議事有關之時序表等。

六、最後，附上立法院相關業務資訊，例如立法院業務查詢、資訊查詢及會議室資料等。

七、本書參考之網站資源及書目如下：

立法院全球資訊網 https://www.ly.gov.tw/Home/Index.aspx

立法院國會圖書館網址 https://npl.ly.gov.tw/do/www/homePage

立法院公報影像檢索系統網址 https://lis.ly.gov.tw/lygazettec/gazettetp

總統府公報網址 https://www.president.gov.tw/Page/129

全國法規資料庫網址 https://law.moj.gov.tw/index.aspx

立法院職權行使法逐條釋論——周萬來（2019）

議案審議——立法院運作實況——周萬來（2019）

國會與立法技術——羅傳賢（2004）

目　次

壹

立法院組織法

中華民國36年3月31日公布制定全文27條

中華民國36年12月25日公布修正全文27條

中華民國37年4月3日公布修正第5條及第19條條文

中華民國37年6月10日公布修正第3條、第4條及第5條條文

中華民國37年6月26日公布修正第19條條文

中華民國39年3月18日公布修正全文25條

中華民國41年12月27日公布修正全文28條

中華民國42年3月6日公布修正第19條及第20條條文

中華民國45年11月19日公布修正第25條及第26條條文

中華民國47年7月26日公布修正第18條條文

中華民國60年8月31日公布修正第20條條文

中華民國70年5月2日公布修正第22條條文

中華民國71年1月20日公布修正第5條條文

中華民國75年1月17日公布修正第20條條文

中華民國75年5月14日公布修正第25條條文

中華民國77年6月8日公布增訂第26條之1條文

中華民國78年7月28日公布修正第5條條文

中華民國80年12月31日公布修正第5條條文

中華民國81年1月29日公布修正第19條及第20條條文;增訂第25條
之1、第26條之2及第27條之1條文;並刪除第4條條文

中華民國82年2月20日公布修正第19條條文

中華民國82年10月20日公布修正第18條條文

中華民國82年12月24日公布修正第15條條文

中華民國83年11月23日公布修正第7條條文

中華民國84年1月20日公布修正第7條條文

中華民國88年1月25日公布修正全文35條

中華民國88年6月30日公布修正第11條、第15條、第22條及第24條
　　至第28條條文；並增訂第19條之1條條文

中華民國90年11月14日公布修正第33條及第35條條文

中華民國91年1月25日公布修正第33條條文；並刪除第11條條文

中華民國94年1月12日公布修正第15條及第23條條文；並增訂第22
　　條之1、第22條之2、第27條之1、第27條之2及第33條之1條條
　　文

中華民國94年2月2日公布修正第33條及第35條條文；修正之第33
　　條條文；並自立法院第6屆立法委員就職日（94年2月1日）起
　　施行

中華民國96年12月19日公布修正第10條、第32條及第35條條文；
　　並自立法院第7屆立法委員就職日（97年2月1日）起施行

中華民國96年12月26日公布修正第9條、第23條、第33條及第35條
　　條文；增訂第33條之2條條文；並自立法院第7屆立法委員就
　　職日（97年2月1日）起施行

中華民國98年1月21日公布修正第10條條文

中華民國100年1月26日公布修正第33條條文

中華民國101年11月14日公布修正第32條條文；第2項之附表自102
　　年1月1日施行

中華民國104年6月24日公布修正第18條條文

中華民國105年12月7日公布修正第3條及第5條條文

第一條（立法依據）

本法依憲法第七十六條制定之。

相關法規

🔍 中華民國憲法（35.12.25國民大會通過，36.01.01國民政府公布，36.12.25施行）

第76條

　　立法院之組織，以法律定之。

第二條（授權規定）
立法院行使憲法所賦予之職權。
前項職權之行使及委員行為之規範，另以法律定之。

相關法規

🔍 立法院職權行使法（88.01.25公布，最新修正日期107.11.21），詳後。

🔍 立法委員行為法（88.01.25公布，最新修正日期91.01.25），詳後。

第三條（院長副院長選舉及議事中立）
立法院設院長、副院長各一人，由立法委員互選產生；其選舉辦法，另定之。
立法院院長、副院長不得擔任政黨職務，應本公平中立原則行使職權，維持立法院秩序，處理議事。

相關法規

🔍 立法委員互選院長副院長辦法（37.05.15通過，最新修正日期85.07.02）

第1條 (立法依據)

　　根據憲法第六十六條之規定，院長、副院長由立法委員互選之，全體立法委員均爲當然候選人。

說明

本辦法並未明定候選人可否發表政見，實務上有候選人發表政見之案例如下。

案例

◇院長、副院長候選人及其助選員做政見發表[1]

1. 第1屆第85會期第1次會議（79.02.20），主席：民進黨籍推薦之院長候選人及助選人發表政見（1小時），國民黨推薦之院長候選人及助選人發言（半小時），無黨籍推薦之院長候選人及助選人發表（15分鐘）。

2. 第1屆第85會期第2次會議（79.02.27），主席：現在進行副院長選舉，副院長候選人有2人，經抽籤決定依序發表政見，先請劉委員松藩及其助選員（許委員武勝）發表政見。

3. 第1屆第88會期第39次會議（81.01.17），主席：依照第37次院會決議，選舉以前，候選人各發表15分鐘的政見。經過協商，每位候選人可邀請助選人1人發表10分鐘的政見。

☆主席表示候選人政見發表需徵得出席委員同意

　　第2屆第1會期選舉院長、副院長會議（82.02.01），周委員伯倫提案院長候選人政見發表，主席：是否做政見發表，需要大家同意。主席：由政黨推薦人選抽籤，有3位候選人，依抽籤序發表政見，時間爲10分鐘，有無異議？無異議，其間有陳委員水扁代表民進黨候選人抽籤。此外，副院長政見發表方式，由政黨

---

[1] 立法院公報，第79卷，第15期，院會紀錄，24頁以下；第79卷，第17期，院會紀錄，7頁；第81卷，第7期，院會紀錄，585頁。

推薦人選抽籤，有3位候選人，依抽籤序發表政見，時間爲10分鐘。[2]

第1條之1（選舉期日）

　　院長、副院長選舉，應於每屆立法委員選出之翌年二月一日報到，宣誓就職當日舉行。

說明

第7屆立法委員選舉日期爲97年1月12日，第8屆立法委員選舉日期爲101年1月14日，第9屆立法委員選舉日期爲105年1月16日，第10屆立法委員選舉日期爲109年1月11日，且立法委員均於當年2月1日報到及宣誓就職，故上開規定之「翌年」2字，已不合時宜，應刪除之。

案例

◇選舉期日遇假日照常舉行

　　第10屆第1會期選舉院長、副院長會議（109.02.01），當日星期六爲例假日，照常舉行。

第2條（出席人數）

　　院長、副院長之選舉，根據立法院組織法第五條之規定，須有立法委員總額三分之一出席，方得舉行。

說明

本條所稱之立法院組織法第5條規定，應係指88年1月12日修正前

---

[2]　立法院公報，第82卷，第5期，選舉會議紀錄，8-31頁。

之版本，即「立法院會議，須有立法委員總額三分之一出席，始得開會。前項立法委員總額，以每會期實際報到人數爲計算標準。但依其他法令規定自願退職、解職或辭職者，應扣除之。」惟因88年1月12日立法院組織法全文修正時，已將該第5條開會人數之規定，移列至立法院職權行使法第4條：「立法院會議，須有立法委員總額三分之一出席，始得開會。前項立法委員總額，以每會期實際報到人數爲計算標準。但會期中辭職、去職或亡故者，應減除之。」準此，本條應將「立法院組織法第五條」等文字修正爲「立法院職權行使法第四條」。

第3條（分別舉行院長、副院長之選舉）

院長、副院長之選舉，分別舉行。

說明

實務上院長、副院長之選舉，分別於上午及下午舉行之。

案例

☆院長、副院長選舉分為上、下午舉行

第10屆第1會期預備會議（109.02.01），會議時程：上午10時30分至12時投票選舉院長，12時至12時30分開票；下午2時30分至4時投票選舉副院長，4時至4時30分開票。主席：請問院會，對以上會議時程有無異議？（無）無異議，通過。

第3條之1（選舉會議主席）

院長、副院長選舉會議，由委員互推一人擔任會議主席；其推選主席會議，由資深者主持，資同者以年長者任之。

說明

本條規定係先由秘書長主持選出「推選主席會議」之主席，再由該主席主持「推選主席會議」選出「院長、副院長選舉會議」之主席，來主持「院長、副院長選舉會議」。

案例

☆表決通過者

第2屆第1會期選舉院長、副院長會議（82.02.01），秘書長：推選主席會議，由資深者主持，推舉劉委員松藩主持，不在場，第2位請蔡委員友土，不在場，第3位請謝委員深山，不在場，第4位請王委員金平，不在場，第5位請周委員書府，不在場，第6位請饒委員穎奇主持，現在請饒委員穎奇主持會議。主席：現在推舉第2屆正、副院長選舉會議的主席，因有4位委員被推舉，表決結果多數通過由洪委員昭男擔任正、副院長選舉會議的主席。[3]

☆無異議通過者

第9屆第1會期預備會議（105.02.01），副秘書長：出席委員113人，已足法定人數，依據「立法委員互選院長副院長辦法」第3條之1之規定，院長、副院長選舉會議，由委員互推一人擔任會議主席；其推選主席會議，由資深者主持，資同者以年長者任之。現在請王委員金平主持，王委員謙讓，請柯委員建銘主持。主席：現在進行院長、副院長選舉會議主席的推選，委員推舉柯委員建銘擔任主席，院會無異議通過。[4]

---

[3] 立法院公報，第82卷，第5期，選舉會議紀錄，3及4頁。
[4] 立法院公報，第105卷，第1期上冊，院會紀錄，1頁。

第4條（當選票數）

　　院長、副院長之選舉，均以得出席人數過半數之票數者爲當選。

　　第一次投票如無人得前項所規定之過半數票數時，就得票較多之首二名重行投票，以得票比較多數者爲當選。如第一次投票得票首二人以上同票數時，一併列入第二次之選舉票。

說明

全體立法委員均爲院長、副院長當然候選人，如各委員或黨團未先商定人選，則有可能產生多位立法委員均有得票之結果，也可能因此發生無人得票過出席人數之半數，所以須進行第2次投票，且爲避免前述情形再次發生，因此本條明定以第1次投票首2名重行投票，並以得票比較多數者爲當選，即得票數毋須過出席人數之半數。

案例

☆進行第2次之投票

1. 第2屆第1會期選舉院長、副院長會議（82.02.01），院長候選人得票者共21位，均未達出席過半數票數，依法就得票數較多委員2位進行投票，劉委員松藩得票86票，爲比較多數，當選爲立法院院長。[5]

2. 第5屆第1會期預備會議（91.02.01），主席：委員江丙坤、洪奇昌得票數，均未達出席人數過半數之票數，依法就得票較多之委員江丙坤、洪奇昌重行投票。休息後，因副院長選舉第2次投票的截止時間有爭議，進行表決，按鈴7分鐘，時間已到，主席表示因尚無座次表，不能使用表決器表決，所以改用舉手表決，贊成投票截止時間爲2小時，多數通過，因有委員

---

[5]　立法院公報，第82卷，第5期，選舉會議紀錄，30及31頁。

表示部分委員未計算在內，提議重付表決，主席宣告現在重新清點人數，重付表決通過投票的截止時間。現在已到投票截止時間，進行開票，委員江丙坤爲比較多數，當選爲立法院副院長。[6]

第5條（選舉票）

院長及副院長之選舉票，各印列全體立法委員姓名，由立法委員各圈選一人。

舉行第二次投票時，其選舉票印列第一次得票較多之首二名及其同票數之人，由立法委員圈選一人。

案例

☆選舉票不可由投票人簽名成爲記名選舉票

第9屆第1會期預備會議（105.02.01），時代力量黨團提案，立法委員互選院長副院長程序臨時動議，第9屆立法院院長、副院長之選舉，應於每張選票由立法委員簽名，以記名方式爲之。惟因「立法委員互選院長副院長投票及開票辦法」第13條規定，記入其他文字及符號者爲無效票，所以主席宣告照原規定辦理，有無異議？（無）無異議。[7]

第6條（投、開票監察員）

院長、副院長選舉時，投票監察員、開票監察員由立法委員擔任之。

6　立法院公報，第91卷，第13期上冊，院會紀錄，3-5頁。
7　立法院公報，第105卷，第1期上冊，院會紀錄，1頁。

第7條（另定投票及開票辦法）

立法委員互選院長、副院長投票及開票辦法另定之。

第8條（改選）

院長、副院長經全體立法委員三分之一以上人數提議，出席委員三分之二以上人數通過，得予以改選；其任期至原任之任期屆滿為止。

案例

☆院長、副院長改選案

第1屆第88會期第37次會議（81.01.14），王天競委員等74人臨時提案，建請延會期結束前（01.17）改選院長、副院長案。決議：一、定於1月17日（星期五）選舉本院院長、副院長。二、選舉前，由院長、副院長候選人各發表15分鐘內之政見。三、選舉完畢，進行法案審議。第1屆第88會期第38次會議（81.01.16、17）院長當選人劉委員松藩係現任副院長，依法必須先辭卸副院長職務，方能進行副院長選舉，主席代表院會接受劉委員松藩之辭職書。[8]

說明：

梁院長肅戎係資深立委，依司法院釋字第261號解釋，應於80年12月31日以前終止行使職權，故於延會期結束前進行院長改選。

◇未規範院長或副院長之補選

本辦法並未明定院長或副院長之補選方式，實務上似採先辭職再全部重新選舉，惟如僅院長或副院長缺位，而在位者未辭職，得否補選1位？程序如何進行？恐有疑義，仍宜增列或修正之。

8　立法院公報，第81卷，第7期，院會紀錄，523及594頁。

1. 第1屆第83會期第1次會議（78.02.24），報告事項第3案、劉
　副院長闊才函辭副院長暨代院長職務。再進行院長、副院長之
　選舉，劉委員闊才當選爲院長，梁委員肅戎當選爲副院長。[9]
2. 第1屆第85會期第1次會議（79.02.20），報告事項第4案、劉
　院長闊才函辭院長及立法委員職務案。[10]第1屆第85會期第2次
　會議（79.02.27），進行院長、副院長選舉，梁委員肅戎當選
　爲院長，劉委員松藩當選爲副院長。[11]

第9條（施行日）

本辦法經本院院會通過後施行。

立法委員互選院長副院長投票及開票辦法（37.02.15通過，最新修正日期90.10.09）

第1條（立法依據）

本辦法依立法委員互選院長副院長辦法第七條規定訂定之。

說明

本辦法之依據爲立法委員互選院長副院長辦法，故其用語應與上開
立法依據之用語一致，惟其第4條以下之「選票」用語與上開辦法
第5條之「選舉票」用語並不一致，應予以修正。

---

[9] 立法院公報，第78卷，第17期，院會紀錄，259及260頁。
[10] 立法院公報，第79卷，第17期，院會紀錄，26頁。
[11] 立法院公報，第79卷，第18期，院會紀錄，216-218頁。

第2條（互推投、開票監察員）

　　互選院長、副院長之投、開票監察員，由出席立法委員（以下簡稱委員）互推四人擔任之。

案例

☆監察員4人為法定額數不能增加人次

　　第4屆第1會期預備會議（88.02.01），進行副院長選舉時，新黨要求有一位監察員。主席：根據院長、副院長選舉辦法，院長、副院長選舉時，推舉4人擔任監察員，因此只能有4人擔任監察員，且早上已經表決通過，因此現在不能處理，請各位多包涵，現在開始投票。[12]

第3條（投票匭）

　　投票時，就會場內設置投票匭四個。

第4條（投票監察員之職務）

　　投票監察員之職務如左：

一、於投票開始前，查點選票數目，監督發票員之分發選票。投票完畢後，查點發出數目及用餘票數，並填具報告書。

二、於投票開始前，當眾開驗票匭，並加鎖及封條。

三、糾察秩序，並監察投票程序有無疏略及違法情事。

　　發票員由本院議事處（以下簡稱議事處）派定，受投票監察員之指揮監督，辦理有關發票事宜。

---

[12] 立法院公報，第88卷，第8期，選舉會議紀錄，11及12頁。

第5條 (憑證領票)

投票時，出席委員憑委員出席證或其他身分證件領取選票。

第6條 (親自投票)

委員領取選票後，應即往圈票處圈選，並親自投入票匭。

第7條 (投票監察員投票)

投票監察員，於投票截止時間屆止前十分鐘，再行投票。

說明

實務上投票監察員得於無人投票時段，進行領票及投票。

第8條 (投票截止時間)

投票截止時間，由選舉會議主席宣布，並按鈴為號。

案例

◇宣布投票截止時間

第9屆第1會期預備會議（105.02.01），主席：現在開始進行院長之選舉。投票截止時間為中午12時；但若所有委員於投票截止時間前均已投票完畢，隨即進行開票。……報告院會，現在全體委員均已投票完畢，依據「立法委員互選院長副院長投票及開票辦法」第8條規定，投票截止時間，由選舉會議主席宣布，並按鈴為號。現在請按鈴。[13]

---

[13] 立法院公報，第105卷，第1期上冊，院會紀錄，2及3頁。

第9條（截止後不得投票）

委員於投票時間截止後到場者，不得投票。

第10條（開票作業）

開票作業，於投票時間截止後，隨即進行。

第11條（開票地點）

開票地點設於主席臺前適當位置，公開進行開票。

第12條（開票監察員之職務）

開票監察員之職務如下：

一、於開票前當眾驗明票匭封識，依次啟封取票。

二、查驗選票有關廢票，並將有效選票遞交開票員，轉交唱票員唱票。

三、監察唱票員唱名報數。

四、監察整理選票，依各候選人所得之票分摺記數，並轉告記票員記錄。

五、維持開票時會場秩序，並監察開票程序有無疏略及違法情事。

開票員、唱票員、記票員等，由議事處派定，受開票監察員之指揮監督，分辦有關開票事宜。

第13條（廢票認定及爭議處理）

開票監察員於開票時，對於廢票之認定應共同決定；有爭議

時，由全體監察員表決之。表決結果正反意見同數者，取決於選舉會議主席。

　　前項廢票認定之標準如下：

一、不用選舉會議發給之選票者。

二、未加圈選者。

三、圈選兩名或兩名以上者。

四、不圈在候選人姓名上端，致不能確定被選舉人者。

五、記入其他文字及符號者。

六、圈後加以塗改者。

第14條（選舉報告書）

　　開票完畢後，開票監察員會同將開票情形及下列各項紀錄，造具報告書，送交選舉會議主席：

一、投票總額。

二、廢票數額。

三、各候選人之得票數額。

第15條（佩帶標識）

　　投、開票監察員及工作人員，均佩帶標識。

第16條（施行日）

　　本辦法經院會通過後施行。

第四條（會議主席）

立法院會議，以院長為主席。全院委員會亦同。

院長因事故不能出席時，以副院長為主席；院長、副院長均因事故不能出席時，由出席委員互推一人為主席。

說明

立法院院會及立法院全院委員會，皆以院長為主席。而所謂的全院委員會主要係指審查會，例如立法院職權行使法第15條，全院委員會審查緊急命令；第30條，審查同意權被提名人之資格及是否適任；第33條，審查覆議案；第37條，審查不信任案；第43條，審查總統、副總統彈劾案；第44條之1，審查總統、副總統罷免案。臺灣地區與大陸地區人民關係條例第5條之3，審查行政院提出協議締結計畫及憲政或重大政治衝擊影響評估報告並於審查前舉行聽證。[14]此外，立法院舉行之公聽會，亦屬全院委員會，例如同意權之公聽會，也是以院長為主席，惟公聽會係由委員自由參加並無強制出席，所以未出席者不須請假。

第五條（秘密會議）

立法院會議，公開舉行，必要時得開秘密會議。

行政院院長或各部、會首長，得請開秘密會議。

除秘密會議外，立法院應透過電視、網路等媒體通路，全程轉播本院會議、委員會會議及黨團協商實況，並應全程錄影、錄音。

---

[14] 立法院依立法院職權行使法第9章委員會公聽會之舉行，僅有規範公聽會，而無聽證會之相關規定。

秘密會議應予速記、錄音，不得公開。但經院會同意公開者，不在此限。

有關透過電視轉播事項，編列預算交由財團法人公共電視文化事業基金會辦理，不受電波頻率不得租賃、借貸或轉讓之限制。

議事轉播應逐步提供同步聽打或手語翻譯等無障礙資訊服務，以保障身心障礙者平等參與政治與公共生活之權利。

案例

◇立法院會議與秘密會議之會次係分別編列

第9屆第7會期第16次會議（108.05.31），主席：現在改開秘密會議，進行討論事項第2案、（密）我國擬簽署加入「南印度洋漁業協定」之「捕魚實體參與文書」案。第9屆第7會期第1次秘密會議（108.05.31），一、（密）本院外交及國防、經濟兩委員會報告審查行政院函請審議我國擬簽署加入「南印度洋漁業協定」之「捕魚實體參與文書」案。主席：討論事項第2案處理完畢，秘密會議結束。現在改開公開會議。現在休息3分鐘，休息後繼續公開會議。[15]

說明

本次秘密會議係在第9屆第7會期第16次會議（108.05.31）中召開，因秘密會議之會次與院會之會次係分別編列，故二者之會次不同。

---

[15] 立法院公報，第108卷，第60期第1冊，院會紀錄，186頁。

第六條（臨時會及恢復開會）

立法院臨時會，依憲法第六十九條規定行之，並以決議召集臨時會之特定事項為限。

停開院會期間，遇重大事項發生時，經立法委員四分之一以上之請求，得恢復開會。

說明

召集臨時會，係由總統之咨請，或立法委員四分之一以上之請求，將其名單送交議事處確認名單及人數。由院長召開黨團協商，商定臨時會期間及特定事項後，召開談話會確定之。黨團協商不成者，院長逕行發談話會開會通知，並於談話會處理（表決）上開事項。立法院相關規範並無「談話會」等規定，內政部會議規範（54.07.20）第4條、第6條及第7條等條文有「談話會」等規定，惟其「談話會」係指開會不足額時為之，一旦足額時仍應繼續進行會議，又談話會如作成決議，仍須於下次正式會議，提出追認之。與上開立法院之「談話會」並不相同，或可將其視為國會自律，亦可解釋為院會既對談話會決議並無任何異議，應視為默示同意，以資補正。但談話會既已成為立法院之會議常態，宜修法明定為宜。

相關法規

🔍 中華民國憲法

第69條

　　立法院遇有左列情事之一時，得開臨時會：

一、總統之咨請。

二、立法委員四分之一以上之請求。

案例

☆歷屆臨時會

1. 第1屆第7會期第1次臨時會第1次會議（40.07.18）、第2次會議（40.07.19）。[16]第1屆第9會期臨時會（41.07.15～08.07）。

2. 第3屆第3會期第1次臨時會第1次會議（86.07.28、86.08.01、05、08、11）。[17]

3. 第4屆第4會期第1次臨時會第1次會議（90.01.30、31）。[18]

4. 第4屆第5會期第1次臨時會第1次會議（90.06.26、27）。[19]

5. 第5屆第1會期第1次臨時會第1次會議（91.07.15、17）。[20]

6. 第5屆第3會期第1次臨時會第1次會議（92.07.08、09、10）。[21]

7. 第5屆第5會期第1次臨時會第1次會議（93.08.11）、第2次會議（93.08.19、20）、第3次會議（93.08.23）[22]、第4次會議（93.08.24）。[23]

8. 第6屆第3會期第1次臨時會第1次會議（95.06.13）、第2次會議（95.06.16、20）、第3次會議（95.06.27）、第4次會議（95.06.30）。[24]

9. 第6屆第5會期第1次臨時會第1次會議（96.07.10、13、17）、第2次會議（96.07.19、20）。[25]

---

[16] 立法院公報，第40卷，第7期，院會紀錄，30及33頁。

[17] 立法院公報，第86卷，第32期，院會紀錄，3245及3246頁。

[18] 立法院公報，第90卷，第7期第4冊，院會紀錄，1521頁。

[19] 立法院公報，第90卷，第43期，院會紀錄，453頁。

[20] 立法院公報，第91卷，第56期，院會紀錄，121頁。

[21] 立法院公報，第92卷，第38期下冊，院會紀錄，137頁。

[22] 立法院公報，第93卷，第37期上冊，院會紀錄，221-230頁。

[23] 立法院公報，第93卷，第37期上冊，院會紀錄，127頁。

[24] 立法院公報，第95卷，第35期，院會紀錄，1頁；第95卷，第36期，院會紀錄，1及9頁；第95卷，第37期下冊，院會紀錄，371頁。

[25] 立法院公報，第96卷，第59期，院會紀錄，209頁；第96卷，第60期下冊，院會紀錄，387頁。

10.第7屆第2會期第1次臨時會第1次會議（98.01.15）。[26]

11.第7屆第3會期第1次臨時會第1次會議（98.08.25～27）。[27]

12.第7屆第4會期第1次臨時會第1次會議（99.01.18）。[28]

13.第7屆第5會期第1次臨時會第1次會議（99.07.08、09、13、14）。[29]

14.第7屆第5會期第2次臨時會第1次會議（99.08.17～23）。[30]

15.第7屆第8會期第1次臨時會第1次會議（101.01.19、20）。[31]

16.第8屆第1會期第1次臨時會第1次會議（101.07.25、26）。[32]

17.第8屆第3會期第1次臨時會第1次會議（102.06.13）、第2次會議（102.06.21、25、27）。[33]

18.第8屆第3會期第2次臨時會第1次會議（102.07.30、08.06）。[34]

19.第8屆第4會期第1次臨時會第1次會議（103.01.27、28）。[35]

20.第8屆第5會期第1次臨時會第1次會議（103.06.13）、第2次會議（103.06.20）、第3次會議（103.06.24）、第4次會議（103.06.27）、第5次會議（103.07.04）。[36]

21.第8屆第5會期第2次臨時會第1次會議（103.07.28）、第2次

---

[26] 立法院公報，第98卷，第6期下冊，院會紀錄，458頁。

[27] 立法院公報，第98卷，第45期，院會紀錄，1頁。

[28] 立法院公報，第99卷，第8期，院會紀錄，1頁。

[29] 立法院公報，第99卷，第50期，院會紀錄，449頁。

[30] 立法院公報，第99卷，第50期，院會紀錄，1頁。

[31] 立法院公報，第101卷，第1期，院會紀錄，1頁。

[32] 立法院公報，第101卷，第51期下冊，院會紀錄，371頁。

[33] 立法院公報，第102卷，第46期上冊，院會紀錄，1頁；第102卷，第47期，院會紀錄，73頁。

[34] 立法院公報，第102卷，第48期上冊，院會紀錄，461頁。

[35] 立法院公報，第103卷，第13期下冊，院會紀錄，267頁。

[36] 立法院公報，第103卷，第48期，院會紀錄，1頁；第103卷，第49期上冊，院會紀錄，1、3及275頁；第103卷，第50期，院會紀錄，113頁。

會議（103.08.01）、第3次會議（103.08.08）。[37]

22.第9屆第1會期第1次臨時會第1次會議（105.07.22、25、26、28、29）。[38]

23.第9屆第2會期第1次臨時會第1次會議（106.01.05、06、10、11、12）、第2次會議（106.01.13、16、17、18、19）。[39]

24.第9屆第3會期第1次臨時會第1次會議（106.06.14）、第2次會議（106.06.21）、第3次會議（106.06.27、28、29、30）、第4次會議（106.07.03、04、05）。[40]

25.第9屆第3會期第2次臨時會第1次會議（106.07.13）、第2次會議（106.07.21）。[41]

26.第9屆第3會期第3次臨時會第1次會議（106.08.18、21）、第2次會議（106.08.22、24、25、28、31）。[42]

27.第9屆第4會期第1次臨時會第1次會議（107.01.05）、第2次會議（107.01.08、09、16、18、29、30）。[43]

28.第9屆第5會期第1次臨時會第1次會議（107.06.11、19、20、22）、第2次會議（107.06.25、27、29）、第3次會議

---

[37] 立法院公報，第103卷，第50期，院會紀錄，1及11頁；第103卷，第51期下冊，院會紀錄，355頁。

[38] 立法院公報，第105卷，第66期下冊，院會紀錄，55頁。

[39] 立法院公報，第106卷，第15期第9冊，院會紀錄，4149頁；第106卷，第17期下冊，院會紀錄，211頁。

[40] 立法院公報，第106卷，第67期第1冊，院會紀錄，1頁；第106卷，第68期，院會紀錄，1頁；第106卷，第70期上冊，院會紀錄，1頁；第106卷，第71期上冊，院會紀錄，103頁。

[41] 立法院公報，第106卷，第71期上冊，院會紀錄，1頁；第106卷，第72期，院會紀錄，163頁。

[42] 立法院公報，第106卷，第73期第5冊，院會紀錄，287頁；第106卷，第74期下冊，院會紀錄，33頁。

[43] 立法院公報，第107卷，第19期第9冊，院會紀錄，393頁；第107卷，第20期下冊，院會紀錄，145頁。

（107.07.06）。[44]

29. 第9屆第6會期第1次臨時會第1次會議（108.01.02、10）。[45]

30. 第9屆第7會期第1次臨時會第1次會議（108.06.17、19）、第2次會議（108.06.20、21、27）、第3次會議（108.06.28、07.01、03、04）。[46]

31. 第9屆第8會期第1次臨時會第1次會議（109.01.14、15、16、17、20）。[47]

☆歷屆停會期間

1. 第1屆第83會期第44次會議（78.07.13），停會（5週，第1屆立法委員第6次增額立法委員選舉），討論事項二、本院委員蔡中涵等臨時提案，為本年公職人員選舉。自78年11月1日起至12月2日止，停開院會及委員會。院會決議：自78年11月1日起至12月2日止，本院停開院會及委員會。[48]

2. 第1屆第90會期第15次會議（81.10.30），停會（7週，第2屆立法委員選舉），討論事項十八、本院委員華加志等臨時提案，為第2屆立法委員選舉在即，建請本會期之院會及委員會自11月2日起暫時休會，至12月22日起再行復會。院會決議：自11月2日起至12月21日止，停開院會及委員會會議。[49]

3. 第2屆第2會期第14次會議（82.11.19），停會（1週，縣市長選舉），院會其他決定事項：自11月22日起至11月27日止，停

---

[44] 立法院公報，第107卷，第75期第4冊，院會紀錄，385頁；第107卷，第77期，院會紀錄，153頁；第107卷，第79期，院會紀錄，425頁。

[45] 立法院公報，第108卷，第16期上冊，院會紀錄，375頁。

[46] 立法院公報，第108卷，第64期上冊，院會紀錄，1頁；第108卷，第65期下冊，院會紀錄，201頁；第108卷，第66期下冊，院會紀錄，83頁。

[47] 立法院公報，第109卷，第1期第2冊，談話會紀錄，3頁。

[48] 立法院公報，第78卷，第56期，院會紀錄，423頁。

[49] 立法院公報，第81卷，第70期，院會紀錄，351頁。

開院會及委員會會議。[50]

4. 第2屆第4會期第18次會議（83.11.10），停會（1週，省市長及省市議員選舉），院會其他事項：自11月19日起至12月2日止，停開院會及委員會。[51]

5. 第2屆第6會期第1次會議（84.09.26），停會（4週，第3屆立法委員選舉），院會決定其他事項：自11月8日起至12月4日止，本院停開院會及委員會。[52]

6. 第3屆第1會期第2次會議（85.03.01），停會（5週，第1次總統、副總統的公民直選），討論事項一、本院委員饒穎奇等，為第9任總統、副總統選舉，建議自3月1日起至3月25日止，停開院會及委員會，院會經表決後決議：自3月1日起至3月25日止，停開院會及委員會。[53]

7. 第3屆第6會期第1次會議（87.09.11），停會（4週，第4屆立法委員選舉），院會決定其他事項：自11月4日起至12月5日止，停開院會及委員會。[54]

8. 第4屆第3會期第1次會議（89.02.18），停會（3週，第10任總統、副總統選舉），協商結論（89.01.21）：89年2月23日起至3月18日止停開院會及委員會。[55]

9. 第4屆第6會期第1次會議（90.09.20），停會（4週，第5屆立法委員及縣市長選舉），協商結論（90.07.12）：11月1日起至12月2日止停開院會及委員會。[56]

10. 第5屆第2會期第10次會議（91.11.19），停會（1週，直轄市

---

[50] 立法院公報，第82卷，第68期，院會紀錄，322頁。
[51] 立法院公報，第83卷，第74期，院會紀錄，30頁。
[52] 立法院公報，第84卷，第49期，院會紀錄，237頁。
[53] 立法院公報，第85卷，第12期，院會紀錄，319頁。
[54] 立法院公報，第87卷，第36期，院會紀錄，390頁。
[55] 立法院公報，第89卷，第11期，院會紀錄，84頁。
[56] 立法院公報，第90卷，第44期第1冊，院會紀錄，223頁。

長選舉），院會決定其他事項：協商結論（91.11.19）三、自12月2日起至12月6日止，停開院會及委員會。[57]

11. 第5屆第6會期第6次會議（93.10.19），停會（4週，第6屆立法委員選舉），院會決定其他事項：協商結論（93.10.08）一、11月10日起至12月10日止停開院會及委員會。[58]

12. 第6屆第2會期第11次會議（94.11.22），停會（1週，縣市長選舉），院會決定其他事項：協商結論（94.11.18、22）一、11月29日總質詢結束後至12月2日停開院會及委員會。[59]

13. 第6屆第6會期第15次會議（96.12.14），停會（1週，第7屆立法委員選舉），院會決定其他事項：協商結論（96.12.10）一、本會期開會至12月21日止，12月24日起停開院會及委員會。[60]

14. 第7屆第1會期第3次會議（97.03.07），停會（1週，第12任總統、副總統選舉），院會決定其他事項：協商結論（97.03.04、07）一、3月17日至3月21日止停開院會及委員會。[61]

15. 第7屆第6會期第8次會議（99.11.16），停會（1週，直轄市長選舉），院會決定其他事項：協商結論（99.11.01）一、11月23日至11月26日停開院會及委員會。[62]

16. 第7屆第8會期第12次會議（100.12.02），停會（2週，第13任總統、副總統及第8屆立法委員選舉），院會決定其他事項：協商結論（100.12.02）一、12月15日起停開院會及委員

---

[57] 立法院公報，第91卷，第70期，院會紀錄，294頁。
[58] 立法院公報，第93卷，第44期上冊，院會紀錄，360頁。
[59] 立法院公報，第94卷，第73期上冊，院會紀錄，510頁。
[60] 立法院公報，第96卷，第88期下冊，院會紀錄，259頁。
[61] 立法院公報，第97卷，第7期，院會紀錄，194頁。
[62] 立法院公報，第99卷，第74期，院會紀錄，215頁。

會。[63]

17. 第8屆第6會期第9次會議（103.11.07），停會（1週，直轄市長選舉），院會決定其他事項：協商結論（103.11.07）一、11月24日至11月28日停開院會及委員會。[64]

18. 第8屆第8會期第11次會議（104.11.27），停會（2週，第14任總統、副總統及第9屆立法委員選舉），院會決定其他事項：黨團協商結論（104.11.27）二、本（第8）會期停會日期以104年12月16日至12月31日（案）於第12次院會表決。[65]惟第8屆第8會期第12次會議（104.12.04），院會決定其他事項：黨團協商結論（104.12.04）六、本（第8）會期停會日期以104年12月21日至12月31日。[66]

19. 第9屆第8會期第13次會議（108.12.10），停會（9天，第15任總統、副總統及第10屆立法委員選舉）。民進黨黨團於第9屆第8會期第9次會議（108.11.08）院會議程草案討論事項提案（其他議案——108.12.18～31停會），並提議逕付二讀，於108年11月8日交付協商，第9屆第8會期第13次會議議（108.12.10）二讀時，院會決定照民進黨黨團修正提議（108.12.18～30）通過（經記名表決結果，予以通過）。自108年12月18日起至12月30日止停開院會及委員會。[67]

▲復會

第4屆第6會期第6次會議（90.10.30），黨團協商（90.10.23）：「……三、WTO部長會議通過我國入會案後，請行政院儘速將我國入會之相關議案函送本院審議。四、本院為儘速完成上述議

---

[63] 立法院公報，第100卷，第86期，院會紀錄，461頁。
[64] 立法院公報，第103卷，第76期，院會紀錄，246頁。
[65] 立法院公報，第104卷，第93期下冊，院會紀錄，227頁。
[66] 立法院公報，第104卷，第96期下冊，院會紀錄，448頁。
[67] 立法院公報，第108卷，第101期第1冊，院會紀錄，143及144頁。

案之審議，定於十一月十六日（星期五）復會……。」[68]

解釋

司法院釋字第735號解釋

憲法第69條規定僅規範立法院臨時會召開之程序，未限制臨時會得審議之事項。是立法院於臨時會中審議不信任案，非憲法所不許。立法院組織法第6條第1項規定：「立法院臨時會，依憲法第六十九條規定行之，並以決議召集臨時會之特定事項為限。」與上開憲法規定意旨不符部分，應不再適用。如於立法院休會期間提出不信任案，立法院應即召開臨時會審議之。

說明

立法院組織法第6條，臨時會處理特定事項之限制，不適用於憲法規定。例如不信任案、覆議案、緊急命令案等，縱於休會期間，立法院亦應召開臨時會處理，不得以該次臨時會僅處理特定事項為由，而不予處理。

第七條（設程序委員會）
立法院設程序委員會，其組織規程，另定之。

相關法規

📖 立法院程序委員會組織規程（37.06.29通過，最近修正日期98.01.06）

第1條（立法依據）
　　本規程依立法院組織法第七條訂定之。

---

[68] 立法院公報，第90卷，第53期，院會紀錄，58頁。

第2條（委員人數及分配）

　　程序委員會（以下簡稱本會）置委員十九人，由各黨團依其在院會席次之比例分配之。但每一黨團至少一人。

沿革

本條於39年4月14日規定程序委員會由立法院各委員會各推委員2人組織之；88年3月16日修正為程序委員會置委員36人，依政黨在院會席次之比例分配，每一政黨（團）至少1人；96年11月30日修正為程序委員會置委員19人，如上。

說明

程序委員會係於各委員會組成後才集會

立法院程序委員會組織規程第2條（39.04.14），程序委員會由立法院各委員會於每會期集會之第1週內各推委員2人組織之，所以程序委員會係於各委員會集會後始組成，目前一直沿用。縱使現行法已修正程序委員會委員係依各黨團在院會席次比例分配，而非各委員會於集會之第1週內推派，惟實務上仍依例於各委員會集會選舉召集委員後，程序委員會才集會並選舉召集委員。如此做法，等同延後程序委員會之組成，有礙院會議事日程之審定，宜依現行法規定，直接由各黨團依其在院會席次之比例於開議日前集會，方能審定立法院第1次會議議程。

案例

◎程序委員會委員之遞補

1. 第8屆第5會期第1次程序委員會會議（103.02.18），台聯黨團許忠信委員遞補為賴振昌委員（其他事項——台聯黨團推派賴委員振昌遞補許委員忠信在程序委員會依政黨比例之缺額）。

2. 第9屆第2會期第1次程序委員會會議（105.09.06），民進黨黨團來函，顧委員立雄辭去立法委員職務，改推派郭委員正亮遞補第9屆第2會期本會委員。

3. 第9屆第6會期第1次程序委員會會議（107.09.18），民進黨黨團來函，因為Kolas委員辭職，改派蔣絜安委員遞補本會委員。

▲程序委員會委員之更換

第8屆第3會期第2次會議（102.03.05），黨團協商結論（102.03.04）：一、本（第3）會期程序委員會依政黨比例由國民黨黨團11人、民進黨黨團6人、台灣團結聯盟黨團及親民黨黨團各1人推派代表組成，各黨團成員名單請於3月7日（星期四）下午5時前送至議事處彙整，上述名單送交議事處後即不予更換。但因出任黨團負責人而更換者，不在此限。

說明

實務上程序委員會委員名單之產生，皆先經由黨團協商決議各黨團分配人數及提出名單時間。原則上該名單提出後，即不予更換。但依上開協商結論，因出任黨團負責人而更換者，不在此限。日後皆循此辦理。

1. 第8屆第8會期第1次程序委員會會議（104.09.08），台聯黨團周倪安委員更換（遞補）為葉津鈴委員（台聯黨團104年9月4日來函改派葉津鈴出席程序委員會；直接宣告，未列其他事項）。

2. 第9屆第4會期第2次程序委員會會議（106.09.26），國民黨黨團依第8屆第3會期第2次會議協商結論，本會期推舉林德福委員取代廖國棟委員出席本會會議。[69]

3. 第9屆第6會期第1次程序委員會會議（107.09.18），國民黨黨團來函，依照第8屆第3會期第2次會議協商結論，第6會期本會委員由林德福委員更換為吳志揚委員。

4. 第9屆第8會期第2次程序委員會會議（108.09.17），其他事項，國民黨黨團來函，本會期由吳志揚委員更換為曾銘宗委員；時

---

[69] 立法院公報，第106卷，第75期，委員會紀錄，327頁。

代力量黨團來函，高潞委員更換爲鄭秀玲委員（國民黨立法院黨團108年9月5日來函、時代力量立法院黨團108年9月11日來函提報）。[70]

第3條（召集委員）

本會置召集委員二人，由委員互選之。

本會開會時，由召集委員輪流擔任主席。

沿革

立法院程序委員會組織規程第3條（37.06.29通過、39.04.14修正），召集委員3人。96年11月30日修正通過立法院程序委員會組織規程，第3條第1項已修正爲召集委員2人。

推派程序委員及選舉召集委員之沿革

1. 程序委員會之委員組成及召集委員選舉，早期係由各委員會推委員2人組成，而立法院各委員會係於每會期集會後組織之，故程序委員會於每會期組成。

2. 立法院各委員會組織法於96年12月26日修法後，第3條之1及第3條之4規定，各委員會委員每年首次會期重新組成，及互選召集委員。第7屆第2會期黨團協商會議（97.09.10）乃以本（第2）會期程序委員會準用（應爲類推適用）立法院各委員會組織法之規定，故不再重新推派委員及選舉召集委員。

3. 立法院各委員會組織法第3條之4，於98年1月23日修正爲召集委員於每會期由委員互選產生，第7屆第4會期程序委員會如仍準用（應爲類推適用）立法院各委員會組織法之規定，其召集委員應重新選舉，惟該會期召集委員並未重新選舉，也無相關協商結論作爲依據。至第7屆第6會期第1次會議（99.09.24），黨團協商

---

[70] 立法院公報，第108卷，第66期下冊，委員會紀錄，165頁。

會議（99.09.20），乃以本（第6）會期程序委員會依本屆第2會期、第4會期「前例」不再重新推派委員及選舉召集委員。

說明：

從而，以後有關程序委員會之委員及召集委員選舉均以每年首次會期爲之，雙數會期則不重新組成或選舉，其依據係透過黨團協商以「依例」一語帶過。

4. 第9屆第6會期因各黨團對本會期程序委員會依例不再選舉召集委員未有共識，定於107年10月2日（星期二）第3次程序委員會進行召委選舉事項，當日以推選方式處理。從而，第9屆第7會期及第8會期均循此例，於每會期爲之。

說明：

程序委員會雖於第9屆第6會期以後，每會期進行召委選舉事項，惟法無明文。根本解決之道，應參照立法院經費稽核委員會組織規程第4條：「本會置召集委員三人，由委員於每會期互選之。」於立法院程序委員會組織規程第3條第1項修正爲「本會置召集委員二人，由委員於每會期互選之」。或立法院程序委員會組織規程第1條，增訂第2項：「本規程未規定者，準用立法院各委員會組織法之規定。」即可據此準用立法院各委員會組織法第3條之4，每會期互選召集委員。

案例

☆程序委員會未組織前，仍由前程序委員會處理

第1屆第2會期第1次院會（37.09.07），主席：在第2會期程序委員會沒有組織以前，徵詢大會意見，可否仍由第1會期程序委員會繼續任務，直至程序委員會產生爲止。有無異議？無異議。[71]

☆程序委員會補選召集委員

第1屆第85會期第28次會議（79.05.11），秘書處報告，程序委

---

[71] 立法院第1屆第2會期第1次會議，速紀錄，20頁。

員會補選華委員加志為召集委員。[72]

◇程序委員會召集委員辭職未遞補或更換

第6屆第6會期程序委員會委員蔡啟芳因故辭去召委職務，因當時有3位召委（委員蔡啟芳、郭素春、趙良燕），即由另2位召委輪流擔任。

說明：

本案例不宜再適用，因為現行法規定為2位召集委員，所以如果因故缺了1位，只剩1位召集委員，無法輪流擔任主席，恐有礙會議進行。

第4條（職掌）

　　本會職掌如下：

一、關於各種提案手續是否完備，內容是否符合本院職權之審定。

二、關於議案之合併、分類及其次序之變更。

三、關於政府提案、委員提案討論時間之分配。

四、關於政黨質詢、立法委員個人質詢時間之分配。

五、關於院會所交與議事程序有關問題之處理。

六、關於人民請願文書、形式審核、移送、函復及通知之處理。

　　人民請願文書，雖未標名請願，而其內容合於請願法第五條規定者，視為請願文書。

　　人民向其他機關請願之請願文書，其副本函本院者，送有關委員會存查。

程序委員會收案截止之沿革

1.第4屆第4會期第7次會議（89.10.13），程序委員會會議決定：

---

[72] 立法院公報，第79卷，第38期，院會紀錄，3頁。

「本會受理委員提案時間，於開會當日上午九時截止。」

2. 第4屆第5會期第3次會議（90.03.02），程序委員會會議決定：
「委員及黨團之法律提案，請於本會開會當日上午十時前送議事處，以便印刷資料；逾時則列入本會下次會議議程草案。」

3. 第5屆第1會期第4次會議（91.03.29），程序委員會會議決定：
「本會收受各項議案截止時間，訂為會議召開之前一日下午五時；並於召開會議當日上午十時，將各項議案關係文書函送本會委員及各黨團辦公室。」

4. 第5屆第2會期第1次會議（91.09.24），黨團協商結論（91.09.17）：院會決定：「……七、嗣後行政機關及本院委員之提案，於收文一週後，再送請程序委員會編列議程。……。」

5. 第5屆第2會期第5次會議（91.10.22），黨團協商結論（91.10.18）：院會決定：「……三、院會原決定：『行政機關及本院委員之提案於收文一週後，再送請程序委員會編列議程』予以取銷。議程草案外欲增列之提案，由各黨團於程序委員會開會日前一日中午十二時前提出，並於下午五時前，將資料分送委員。……。」

6. 第6屆第2會期第11次會議（94.11.15），程序委員會會議決定：
「各黨團或本會委員於議程草案外欲增列之議案，應於本會開會前一日中午十二時前提出，相關資料並於下午五時前分送本會委員。」

說明

嗣後，程序委員會關於收案之截止，於每屆第1會期第1次會議，都會作成決定：「有關政府提案、本院委員及黨團所提之各項議案截止時間，依本會之議事慣例為每週四下午五時前，送至議事處彙整並編入議程草案，各黨團及本會委員如欲增列提案者，請於次週一中午十二時前，將增列之提案以書面通知議事處，俾納入次週二本會開會時討論，如逾上述時間則依序編入下次議程草案。」惟實務上於程序委員會開會時，仍有受理討論事項之提案，宜考慮納入

上開決定為宜。最佳方式，宜將上述收案時限明定於條文，就無庸每屆程序委員會再作決定，特別是該收案決定尚未作出前，該如何收案也會造成困擾。

第5條（議案審查之分配）

本院各委員會審查議案，由程序委員會依下列規定分配提報院會決定：

一、內政委員會：審查內政、選舉、蒙藏、大陸、原住民族、客家、海岸巡防政策及有關內政部、中央選舉委員會、蒙藏委員會、行政院大陸委員會、行政院原住民族委員會、行政院客家委員會、行政院海岸巡防署掌理事項之議案。

二、外交及國防委員會：審查外交、僑務、國防、退除役官兵輔導政策與宣戰案、媾和案、條約案、戒嚴案及有關外交部、僑務委員會、國防部、行政院國軍退除役官兵輔導委員會掌理事項之議案。

三、經濟委員會：審查經濟、農業、經濟建設、公平交易、能源、科技政策及有關經濟部、行政院農業委員會、行政院經濟建設委員會、行政院公平交易委員會掌理事項之議案。

四、財政委員會：審查財政、金融政策、預算、決算、主計、審計及有關財政部、中央銀行、行政院金融監督管理委員會、行政院主計處掌理事項之議案。

五、教育及文化委員會：審查教育、文化政策及有關教育部、行政院文化建設委員會、國立故宮博物院、行政院新聞局、行政院青年輔導委員會、行政院體育委員會、中央研究院、行政院國家科學委員會、行政院原子能委員會掌理事項之議案。

六、交通委員會：審查交通、公共工程、通訊傳播政策及有關交通部、行政院公共工程委員會、國家通訊傳播委員會掌理事項之議案。

七、司法及法制委員會：審查民事、刑事、行政訴訟、懲戒、大
　　赦、機關組織、研考與有關法務部、行政院研究發展考核委
　　員會、行政院人事行政局掌理事項及其他不屬於各委員會審查
　　之議案；國營事業機構組織之議案應視其性質由有關委員會主
　　持。
八、社會福利及衛生環境委員會：審查衛生、環境、社會福利、
　　勞工、消費者保護政策及有關行政院衛生署、行政院環境保護
　　署、內政部社會司及兒童局、行政院勞工委員會、行政院消費
　　者保護委員會掌理事項之議案。
　　前項議案審查之分配其性質與其他委員會有關聯者，配由主持
審查之委員會與有關委員會會同審查之。

案例

◎法律案涉及稅捐減免之聯席審查

立法院財政委員會91年6月20日台立財字第0912100438號函，檢
送該委員會第5屆第1會期第27次會議，全體委員會通過之臨時
提案：舉凡任何法律案涉有稅捐減免條款，應交由財政委員會或
與財政委員會舉行聯席審查。

◇行政機關改組或改制

1. 101年1月1日，行政院消費者保護委員會分組為「行政院消費
　 者保護處」，原委員會議以任務編組方式改為「行政院消費者
　 保護會」。行政院客家委員會更名為客家委員會。
2. 101年2月6日，行政院人事行政局改名為「行政院人事行政總
　 處」。
3. 101年5月20日行政院文化建設委員會，升格為文化部。行政
　 院新聞局、行政院研究發展考核委員會同日併入文化部。
4. 102年1月1日，行政院青年輔導委員會降編為「教育部青年發
　 展署」，青年創業及婦女創業業務移撥經濟部中小企業處，青
　 年就業業務移撥行政院勞工委員會職業訓練局（現勞動部勞動

力發展署）。

5. 102年1月2日，行政院體育委員會改制為教育部體育署。

6. 102年7月23日，行政院衛生署升格為衛生福利部，內政部社會司及兒童局同時改隸。

7. 103年1月22日，行政院經濟建設委員會、行政院研究發展考核委員會、行政院主計總處電子處理資料中心，以及行政院公共工程委員會的工程管考單位正式整合為「國家發展委員會」。

8. 103年2月17日，行政院勞工委員會改制升格為「勞動部」。

9. 103年3月3日，行政院國家科學委員會更名為科技部。

10. 103年3月26日，行政院原住民族委員會更名為原住民族委員會。

11. 105年8月31日，不當黨產委員會成立，其掌理事項之議案及預算案，由內政委員會負責審查。

12. 106年9月15日，蒙藏委員會裁撤後業務陸續交由文化部、外交部與大陸委員會承接。

13. 107年4月28日，海洋委員會成立，行政院海岸巡防署調整為該會所屬機關並更名為海洋委員會海巡署，其掌理事項之議案及預算案，由內政委員會負責審查。

14. 107年7月1日起，臺灣省政府實質上廢止，機關預算歸零，所有員額與業務移撥予國家發展委員會等中央部會承接，惟因未修改憲法條文，故名義上仍保留臺灣省政府主席職位。臺灣省諮議會實質上裁撤。

15. 107年7月2日，行政院大陸委員會於更名為大陸委員會。

16. 107年7月25日，國家發展委員會以發法字第1072001389號函表示原屬法務部管轄之個人資料保護法，自即日起移由該會職掌，惟實務上該法未經司法及法制委員會改請院會交付經濟委員會前，程序委員會仍將該法交由司法及法制委員會審查，以免法案分屬不同委員會審查。惟法務部108年1月10日法律字第10803500010號公告個人資料保護法及個人資料保護

法施行細則相關條文涉及原管轄機關爲法務部者，變更爲國家發展委員會，故依上開規定個人資料保護法應交由經濟委員會爲宜。第9屆第8會期第13次會議（108.12.06）因司法及法制委員會來函建請改交經濟委員會，經院會決議通過。

17.108年1月1日起，福建省政府實質上廢止，機關預算歸零，所有員額與業務移撥予行政院金馬聯合服務中心。

第6條（例會及臨時會）

本會每週舉行例會二次，必要時得舉行臨時會議。

說明

程序委員會係審定院會議程，故應配合院會會次而召開，所以如將多日院會日合併爲1次會，則程序委員會也會配合減少開會次數。例如院會如果是星期五、星期二合併爲1次會，所以程序委員會配合每週舉行例會1次，目前是星期二中午12時召開。

第7條（應列席及得列席人員）

本會開會時，議事處處長應列席，必要時，得邀請秘書長或副秘書長列席。

第8條（兼任人員）

本會置秘書一人、編審一人、專員一人、科員三人、辦事員二人，由議事處派員兼任之。

第9條（施行日）

本規程經院會通過後施行。

　　本規程中華民國96年11月30日院會通過之條文，自立法院第七屆立法委員就職日起施行。

第八條（設紀律委員會）
立法院設紀律委員會，其組織規程，另定之。

相關法規

立法院紀律委員會組織規程（37.10.21通過，最新修正日期98.01.13）

第1條（立法依據）

　　本規程依立法院組織法第八條規定訂定之。

　　本規程未規定者，準用立法院各委員會組織法之規定。

第2條（委員之產生）

　　立法院紀律委員會（以下簡稱本會）由每會期選出之各委員會召集委員組織之。

說明

每會期8個常設委員會各選出2位召集委員，所以紀律委員會由16位委員組織。

第3條（召集委員人數）

　　本會置召集委員八人，由各委員會召集委員互推一人擔任之。

說明

立法院紀律委員會組織規程（39.04.07）第3條，召集委員12人由各委員會召集委員各推1人擔任之，係因第1屆第5會期第1次會議（39.02.24）將37年5月18日的21個常設委員會，縮編為12個常設委員會。目前則是因96年11月30日，已修正為8個常設委員會，所以紀律委員會召集委員由各委員會於每會期互推1人，共8位。

第4條（召集委員）

　　本會召集委員按月輪值。

　　本會會議，除每會期召集委員會議由召集委員互推一人為主席外，以當月輪值召集委員為主席。

第5條（懲戒案之受理）

　　本會接受審議懲戒案以下列規定為限：

一、立法院會議議決交付審議之懲戒案。

二、立法院會議主席依法移付之懲戒案。

第6條（被移付懲戒人之說明）

　　被移付懲戒之委員得向本會提出說明。

第7條（懲戒之處分）

　　本會審議懲戒案件得按情節輕重為下列之處分：

一、口頭道歉。

二、書面道歉。

三、停止出席院會四次至八次。

四、經出席院會委員三分之二以上同意，得予停權三個月至半年。

前項停權期間之計算及效力範圍如下：

一、停權期間自院會決定當日起算，不扣除休會及停會期間。

二、停權期間禁止進入議場及委員會會議室。

三、停權期間停發歲費及公費。

四、停權期間不得行使專屬於立法委員之選舉權與被選舉權。

案例

☆停發任何費用

第1屆第78會期第30次會議（76.01.09），討論事項一、本院紀律委員會報告……。決議：陳洪委員連續請假已滿3年，依本院第36會期第4次秘密會議決議，應停發任何費用。[73]

☆停權6個月

第4屆第5會期第8次會議（90.04.13），討論事項一、決議：羅委員福助違反紀律行為，即日起予以停權6個月（記名表決通過）。[74]

☆法定停權

第9屆第4會期第1次會議（106.09.22），人事處函，為本院簡委員東明因違反公職人員選舉罷免法案件，自本（106）年6月12日起停止職權，請查照案。院會決定：准予備查。[75]第9屆第7會期第10次會議（108.04.19），人事處函，為本院簡委員東明違反公職人員選舉罷免法案件，經臺灣高等法院高雄分院更一審改判無罪確定，依公職人員選舉罷免法第117條第2項規定，自108年4月3日起復職，請查照案。院會決定：准予備查。

---

[73] 立法院公報，第76卷，第4期，院會紀錄，71頁。

[74] 立法院公報，第90卷，第19期上冊，院會紀錄，267-271頁。

[75] 立法院公報，第106卷，第74期上冊，院會紀錄，126及143頁。

說明：

公職人員選舉罷免法第117條，當選人涉及賄選，經法院判處有期徒刑以上之刑而未受緩刑之宣告者，自判決之日起，當然停止其職務或職權，惟經改判無罪時，於其任期屆滿前復職。

第8條（懲戒案決議應提請立法院會議決定）

本會審議懲戒案之決議應繕具報告提請立法院會議決定之。

第9條（利益迴避）

本會審議懲戒案件時本會委員關係其個人本身之議案應行迴避。

第10條（審議懲戒程序另定）

本會審議懲戒案件其進行程序由本會另定之。

第11條（人員派兼）

本會職員，視事務之需要，由院長就本院職員派兼之。

說明

目前由法制局職員兼之。

第12條（施行日）

本規程經院會通過後施行。

本規程中華民國九十六年十二月七日院會通過之條文，自立法

院第七屆立法委員就職日起施行。

　　本規程中華民國九十八年一月十三日院會通過之條文，自民國九十八年二月一日起施行。

立法院紀律委員會審議懲戒案進行程序（85.12.27通過）

一、本程序依立法院紀律委員會（以下簡稱本會）組織規程第十條訂定之。

二、懲戒案應敘明理由、證據、事實經過等詳細資料，俾據以審議。

三、移送本會審議之懲戒案，應於一週內召開全體委員會議審議。每一會期懲戒案應在該會期審議完畢。

四、審議懲戒案應通知被移付懲戒之委員提出書面申辯或列席說明，說明後應行迴避。

五、被移付懲戒之委員未按時提出書面申辯或未列席說明，視同放棄申辯或說明。本會得逕付議決。

六、審議懲戒案時，本會委員關係其個人本身之議案，應於提出說明後，暫行迴避。

七、審議懲戒會議，須本會全體委員五分之一以上出席方得開會。

八、懲戒案之決議，應經在場法定出席人數過半數同意，可否同數，取決於主席。出席委員對於本會決議有不同意見，得聲明保留在院會之發言權，但缺席委員及出席委員而未聲明保留在院會發言權之委員，不得在院會中提出與決議不同意見。

九、懲戒案之決議，應儘速提報院會，由決議時之主席或推定委員一人向院會說明。並通知本會委員及被移付懲戒之委員。

十、本程序經本會通過施行。修改時亦同。

第九條（設修憲委員會）
立法院依憲法增修條文第十二條之規定，得設修憲委員會，其組織規程，另定之。

沿革

1. 第1屆第85會期第3次會議（79.03.02），委員劉文雄等臨時提案擬請院會決議依立法院組織法第18條第2項之規定在本院增設「修憲委員會」，是否有當？請公決案。決議：本案交程序委員會定期討論。[76]

2. 第1屆第87會期第21次會議（80.04.30），委員陳癸淼等特提案制定「立法院修憲委員會組織規程」及委員黃明和等臨時提案，爲落實憲法精神，符合時代潮流，提請院會同意成立修憲委員會。決議：以上二案於下次會議處理臨時提案時繼續討論。[77]

3. 第2屆第2會期第17次會議（82.12.03），委員廖福本等，提案修正立法院組織法第15條，增列第2項：「立法院依憲法第一百七十四條之規定，設修憲委員會，其組織規程，由立法院定之。」並請逕付二讀。委員魏鏞等成立憲政研究委員會或憲政研究小組（本案從法制委員會抽出，與委員廖福本等提案併案處理）。決議：立法院組織法第15條條文修正通過（二讀表決通過，三讀均照二讀條文通過）。[78]

4. 第2屆第2會期第20次會議（82.12.10），委員葉憲修等擬具「立法院修憲委員會組織規程草案」。委員林濁水等擬具「立法院修憲委員會組織規程草案」，請逕付二讀。委員劉光華等擬具「立法院修憲委員會組織規程草案」。決議：併案交法制委員會審

---

[76] 立法院公報，第79卷，第19期，院會紀錄，170頁。
[77] 立法院公報，第80卷，第36期，院會紀錄，188頁。
[78] 立法院公報，第82卷，第70期，院會紀錄，226及227頁。

查。[79]

5. 第2屆第2會期第23次會議（82.12.17），委員陳癸淼等擬具「立法院修憲委員會組織規程草案」。決議：交法制委員會與相關提案併案審查。[80]

6. 第2屆第2會期第34次會議（83.01.18），立法院修憲委員會組織規程修正通過。[81]

相關法規

🔍 **立法院修憲委員會組織規程（83.01.18通過，最新修正日期96.12.07）**

第1條（立法依據）

本規程依立法院組織法第九條規定訂定之。

本規程未規定者，準用立法院各委員會組織法之規定。

第2條（職掌）

修憲委員會（以下簡稱本會）掌理憲法修正案之審議及相關事項。

案例

☆修憲委員會召開修憲公聽會

第5屆第5會期第1次臨時會第1次會議（93.08.11），黨團協商結論（93.08.09）：三、8月16日至18日由修憲委員會召開修憲公聽會，上、下午各1場共6場，邀請全國各地憲政學者專家參

---

[79] 立法院公報，第82卷，第72期，院會紀錄，253頁。
[80] 立法院公報，第82卷，第74期，院會紀錄，258頁。
[81] 立法院公報，第83卷，第10期，院會紀錄，272頁。

與。四、……8月23日（星期一）院會處理修憲案（有委員反對該協商結論，故記名表決通過）。[82]

第3條（委員人數）

　　本會之委員為立法委員總額三分之一加一人，由各政黨（政團）依其院會席次比例分配，並依保障少數參與原則組成之。

說明

立法院修憲委員會組織規程（83.01.18）第3條，本會之委員以立法委員席次總額二分之一加1人為總額，由各政黨及政團在立法院所占席次比例依保障少數政團參與之原則，各自推派代表組成之。96年12月7日將總額「二分之一」修正為「三分之一」。

案例

▲第2屆第3會期第9次會議（83.03.24），黨團協商結論（83.03.17）：修憲委員會成員81名（國民黨47、民進黨26、新黨5、無黨籍3）。[83]

▲第3屆第1會期第23次會議（85.06.21），黨團協商結論：修憲委員會成員83名。[84]

☆第5屆第4會期第18次會議（93.01.02），報告事項第135案、議事處彙報本院各黨團參加「修憲委員會」名單，成員113名（民進黨40、國民黨34、親民黨24、台聯10、無黨聯盟5）。[85]

▲第8屆第7會期第5次會議（104.03.20），黨團協商結論（104.03.06）：修憲委員會成員39名（國民黨22、民進黨14、台聯1、立

---

[82] 立法院公報，第93卷，第36期，院會紀錄，5-9頁。
[83] 立法院公報，第83卷，第19期，院會紀錄，11及12頁。
[84] 立法院公報，第85卷，第35期，院會紀錄，4頁。
[85] 立法院公報，第93卷，第4期上冊，院會紀錄，19頁。

院新聯盟政團1、未參加黨團1）。[86]

第4條（召集委員人數）

　　本會置召集委員五人，由委員互選之。

　　本會會議，除首次會議由委員互推一人為主席外，以召集委員一人為主席，由各召集委員輪流擔任。

第5條（審查小組）

　　本會得設若干審查小組，負責議案之審查。

第6條（出席及議決人數）

　　本會會議須有委員三分之一之出席；本會之議決須有出席委員二分之一之同意。

第7條（派兼人員）

　　本會職員，視事務之需要，由院長就本院職員派兼之。

說明

目前由議事處職員兼之。

第8條（施行日）

　　本規程經院會通過後施行。

---

[86] 立法院公報，第104卷，第14期，院會紀錄，186頁。

　　本規程中華民國九十六年十二月七日院會通過之條文，自立法院第七屆立法委員就職日起施行。

第十條（設常設委員會及特種委員會）
立法院依憲法第六十七條之規定，設下列委員會：
一、內政委員會。
二、外交及國防委員會。
三、經濟委員會。
四、財政委員會。
五、教育及文化委員會。
六、交通委員會。
七、司法及法制委員會。
八、社會福利及衛生環境委員會。
立法院於必要時，得增設特種委員會。

說明

常設委員會之沿革：37年5月18日，分設21個常設委員會；39年2月24日，縮編為12個常設委員會；88年1月12日全文修正為一、內政及民族委員會。二、外交及僑務委員會。三、科技及資訊委員會。四、國防委員會。五、經濟及能源委員會。六、財政委員會。七、預算及決算委員會。八、教育及文化委員會。九、交通委員會。十、司法委員會。十一、法制委員會。十二、衛生環境及社會福利委員會；96年11月30日，配合立法院委員自第7屆起席次減半，修正常設委員會為8個，並酌修其名稱為一、內政委員會。二、外交及國防委員會。三、經濟委員會。四、財政委員會。五、教育及文化委員會。六、交通委員會。七、司法及法制委員會。八、衛生環境及勞工委員會；98年1月6日，名稱修正如上開條文第1項。

相關法規

🔍 **立法院經費稽核委員會組織規程**（40.02.16通過，最新修正日期98.01.13）

第1條（立法依據）

　　立法院經費稽核委員會（以下簡稱本會）依據立法院組織法第十條第二項之規定組織之。

說明

立法院依據立法院組織法第10條第2項授權規定，於必要時，得隨時以立法院院會決議通過增設特種委員會，當然亦得以立法院院會決議隨時修正或廢止，例如經費稽核委員會，[87]而與立法院組織法第7條至第9條規定之程序委員會、紀律委員會及修憲委員會等特別委員會，係以法律明定者，其修正或廢止均須透過修法程序，而有所不同。

第2條（職責）

　　本會之職責如下：

一、對立法院經臨各費概算之編製提供意見。

二、對立法院經臨各費之收支按月稽考。

第3條（委員人數）

　　本會置委員九人，由各政黨（政團）以在院會席次比例依保障少數政黨（政團）參與之原則，於每年首次會期經朝野協商後互推之。

---

[87] 經費稽核委員會的存廢問題，第1屆第7會期第1次會議（40.02.16）速紀錄，10頁以下。

第4條（召集委員）

本會置召集委員三人，由委員於每會期互選之。

第5條（派兼人員）

本會職員，視事務之需要，由院長就本院職員派兼之。

說明

目前由主計處職員兼之。

第6條（例會及臨時會）

本會會議每月舉行一次，必要時得召開臨時會議。

第7條（收支報告及調閱）

立法院經臨各費之收支，由秘書長按月向本會提出報告。本會對於會計處及出納科賬簿並得隨時調閱。

說明

本條規定與立法院組織法第30條之「會計處」名稱相同，惟與立法院處務規程第13條之「主計處」名稱不一致。

第8條（準用）

本規程未規定事項，準用立法院各委員會組織法之規定辦理之。

第9條（施行日）

　　本規程經院會通過後施行。

　　本規程中華民國九十六年十二月七日院會通過之條文，自立法院第七屆立法委員就職日起施行。

　　本規程中華民國九十八年一月十三日院會通過之條文，自民國九十八年二月一日起施行。

第十一條
（刪除）

第十二條（各委員會組織法）
立法院各委員會之組織，另以法律定之。

相關法規

　　立法院各委員會組織法（17.12.26制定，最新修正日期98.01.23），如後。

說明

係適用於本法第10條第1項之常設委員會，不包含本法第7條至第9條之特別委員會，及第10條第2項之特種委員會。因立法院紀律委員會組織規程第1條第2項、立法院修憲委員會組織規程第1條第2項、立法院經費稽核委員會組織規程第8條等規定，皆明定「準用」立法院各委員會組織法。惟立法院程序委員會組織規程既無如同上述準用規定，則只能「類推適用」立法院各委員會組織法。

第十三條（院長副院長任期及代理）

立法院院長、副院長之任期至該屆立法委員任期屆滿之日為止。

立法院院長綜理院務。

立法院院長因事故不能視事時，由副院長代理其職務。

第十四條（秘書長副秘書長職等及職權）

立法院置秘書長一人，特任；副秘書長一人，職務列簡任第十四職等，均由院長遴選報告院會後，提請任命之。

秘書長承院長之命，處理本院事務，並指揮監督所屬職員。副秘書長承院長之命，襄助秘書長處理本院事務。

相關法規

立法院處務規程

第3條

　　本院秘書長承院長之命處理本院事務，並指揮監督全院職員。副秘書長襄助秘書長處理本院事務。

第十五條（設各處、局、館、中心）

立法院設下列各處、局、館、中心：

一、秘書處。

二、議事處。

三、公報處。

四、總務處。

五、資訊處。

六、法制局。

七、預算中心。

八、國會圖書館。

九、中南部服務中心。

十、議政博物館。

第十六條（*秘書處*）

秘書處掌理下列事項：

一、關於文書收發、分配、繕校及檔案管理事項。

二、關於文稿之撰擬、審核及文電處理事項。

三、關於印信典守事項。

四、關於研究發展及管制考核事項。

五、關於國會外交事務事項。

六、關於公共關係事項。

七、關於新聞之編輯、發布及聯絡事項。

八、關於新聞資料之蒐集、分析、整理及保管事項。

九、關於本院視聽媒體之規劃、設計及運用事項。

十、關於新聞媒體之聯繫及委員活動之報導事項。

十一、其他有關秘書業務事項。

十二、不屬其他處、局、中心、館之事項。

相關法規

立法院處務規程

第4條

　　秘書處設文牘科、收發科、機要科、檔案科、研考科及公共關

係事務室，分掌下列事項：

一、文牘科：關於文書之撰擬、文件之繕校等事項。

二、收發科：關於文件之收發、分配等事項。

三、機要科：關於本院印信之典守、用印登記及電報之翻譯等事項。

四、檔案科：

（一）關於本院檔案、史料之管理、借調、保管、典藏、掃描及數位化等事項。

（二）關於國民大會檔案、史料之管理、借調、保管、典藏、掃描及數位化等事項。

五、研考科：關於研究發展及管制考核事項。

六、公共關係事務室：

（一）關於國會外交事務及其他有關公共關係事項。

（二）關於新聞之編輯及發布事項。

（三）關於新聞資料之蒐集、整理及保管等事項。

（四）關於新聞媒體之聯絡及委員活動之報導事項。

（五）關於本院視聽媒體之規劃、設計及運用事項。

（六）關於民眾參訪接待事項。

第十七條（議事處）

議事處掌理下列事項：

一、關於議程編擬事項。

二、關於議案條文之整理及議案文件之撰擬事項。

三、關於本院會議紀錄事項。

四、關於會議文件之分發及議場事務之管理事項。

五、關於議案文件之準備、登記、分類及保管事項。

六、其他有關議事事項。

相關法規

🔍 立法院處務規程

第5條

　　議事處設議程科、議案科、會務科及編印科，分掌下列事項：

一、議程科：關於議事日程之編擬、議案索引之編製、請願案議程
　　之編擬、請願文稿之撰擬及議事文件之收發等事項，並兼辦程
　　序委員會事務。

二、議案科：關於會議紀錄之編製、提案之整理、議案條文之整
　　理、議事文稿之撰擬等事項。

三、會務科：關於會議文件之分發、議場事務之管理及委員會出席
　　證、議場出入證、旁聽證之製發及會務文件之撰擬等事項。

四、編印科：關於議案文件之準備、登記、分類保管、編印及機密
　　資料之分發、管制等事項。

第十八條（公報處）

公報處掌理下列事項：

一、關於本院會議及委員會會議之錄影錄音及轉播事項。

二、關於本院會議及委員會會議之速記事項。

三、關於公報編印及發行事項。

四、關於各類文件之印刷事項。

五、關於錄影錄音之複製及發行事項。

六、其他有關公報事項。

相關法規

🔍 立法院處務規程

第6條

　　公報處設第一科至第五科及印刷所，分掌下列事項：

一、第一科：關於本院會議、委員會會議及黨團協商之速記暨初稿之彙整事項。

二、第二科：關於本院會議、委員會會議及黨團協商之速記暨初稿之彙整事項。

三、第三科：關於本院會議、委員會會議及黨團協商之速記暨初稿之彙整事項。

四、第四科：關於公報初稿之更正、正式公報之編印、發行、上網及其他有關公報電子化事項。

五、第五科：關於本院會議、委員會會議及黨團協商之錄影、錄音、轉播及其複製、發行事項。

六、印刷所：關於各類文件之印刷事項。

第十九條（總務處）

總務處掌理下列事項：

一、關於事務管理事項。

二、關於款項出納事項。

三、關於公產、公物之保管事項。

四、關於委員會館管理事項。

五、關於醫療服務事項。

六、關於營繕、採購事項。

七、關於車輛管理事項。

八、關於警衛隊之管理事項。

九、關於民眾服務事項。

十、其他有關一般服務事項。

相關法規

🔍 立法院處務規程

第7條

　　總務處設庶務科、出納科、交通科、管理科、營繕科、住宿會館、研究會館、醫務室及警衛隊，分掌下列事項：

一、庶務科：關於公物之採購、水電設備、餐飲服務、場地佈置及一般性服務等事項。

二、出納科：關於款項之扣繳、現金之保管及委職員工助理薪津發放等事項。

三、交通科：關於車輛調度及交通服務等事項。

四、管理科：關於技工工友管理、議場會場服務、環境清潔及勞工保險等事項。

五、營繕科：關於全院財產、房舍、物品之保管及房舍之建造、修繕等事項。

六、住宿會館：關於本院住宿會館之管理與服務等事項。

七、研究會館：關於本院委員研究室之管理與服務等事項。

八、醫務室：關於委職員工、委員公費助理及其眷屬保健診療與協助就醫等事項。

九、警衛隊：關於本院各辦公處所、研究會館、住宿會館、中南部服務中心、議政博物館與其他院區之門禁安全、警戒、消防及其周圍之交通指揮、管理等事項。

第十九條之一（資訊處）

資訊處掌理下列事項：

一、關於立法資訊系統之整體規劃、系統分析、設計、建置及維護事項。

二、關於委員服務資訊系統之整體規劃、系統分析、設計、建

置及維護事項。

三、關於行政資訊系統之整體規劃、系統分析、設計、建置及維護事項。

四、關於網路、網站之整體規劃、設計、建置及維護事項。

五、關於資訊訓練之規劃與執行事項。

六、其他有關資訊服務事項。

相關法規

立法院處務規程

第7條之1

資訊處設研究發展科、通訊系統科、資料處理科，分掌下列事項：

一、研究發展科：

（一）關於立法資訊體系之統籌規劃、協調、建置及維護事項。

（二）關於資訊檢索工具規劃設計、開發及維護事項。

（三）關於本院網站規劃、建置及維護事項。

（四）關於本院網際網路應用業務推動事項。

（五）關於本院與其他機關間資訊服務等事項。

（六）其他有關資訊業務之研究發展事項。

二、通訊系統科：

（一）關於本院網路系統規劃、設置、維護及技術服務事項。

（二）關於本院與其他機關間連線諮詢服務事項。

（三）關於電子郵件信箱核發、管理及維護等事項。

（四）關於主機系統及周邊設備設置、管理及維護事項。

（五）關於電腦工作站相關設備設置、管理與維護事項。

（六）其他有關資訊硬體、軟體、網路維護及管理等事項。

三、資料處理科：

（一）關於本院行政資訊系統規劃、建置及維護事項。

（二）關於委員服務資訊系統規劃、建置及維護事項。

（三）關於資訊教育訓練規劃、推廣及報行事項。

（四）關於立法資訊系統處理、查詢事項。

（五）關於電腦相關設備操作及資料處理事項。

（六）其他有關資訊服務事項。

第二十條（法制局）

法制局掌理下列事項：

一、關於立法政策之研究、分析、評估及諮詢事項。

二、關於法律案之研究、分析、評估及諮詢事項。

三、關於外國立法例及制度之研究、編譯及整理事項。

四、關於法學之研究事項。

五、其他有關法制諮詢事項。

相關法規

立法院處務規程

第8條

　　法制局設五組，分掌下列事項：

一、第一組：關於內政委員會主審法律案之研究、分析、評估及諮詢事項。

二、第二組：

（一）關於外交及國防委員會主審法律案之研究、分析、評估及諮詢事項。

（二）關於教育及文化委員會主審法律案之研究、分析、評估

　　　　及諮詢事項。

三、第三組：

　　（一）關於經濟委員會主審法律案之研究、分析、評估及諮詢
　　　　　　事項。

　　（二）關於司法及法制委員會主審法律案之研究、分析、評估
　　　　　　及諮詢事項。

四、第四組：

　　（一）關於財政委員會主審法律案之研究、分析、評估及諮詢
　　　　　　事項。

　　（二）關於交通委員會主審法律案之研究、分析、評估及諮詢
　　　　　　事項。

五、第五組：

　　（一）關於社會福利及衛生環境委員會主審法律案之研究、分
　　　　　　析、評估及諮詢事項。

　　（二）不屬於其他各組有關法律案之研究、分析、評估及諮詢
　　　　　　事項。

　　外國法規及立法制度之研究、諮詢、編譯、立法政策、法制諮
詢及法學研究等事項，由各組分別辦理之。

說明

法制局研究成果可上立法院全球資訊網，點選關於立法院—各單位
—法制局，即可查閱，惟目前除三讀通過之法律案研究報告全文公
開外，其餘僅公開研究報告之摘要。法制局研究人員於法案評估報
告初稿完成時，會邀請學者專家、機關代表及局裡研究人員參與座
談，並於會後附記相關紀錄，印成紙本送各委員參考。惟如能將
座談會時間、地點及研究報告（含會議紀錄）上網公開，提供大眾
參與或討論，更有助於委員提案立（修）法之效能。此外，法制局
目前只有列席委員會、黨團協商提供諮詢，未來如能參與院會運
作，適時提供主席有關法律案等諮詢，及院會二、三讀法律條文對
照表及內容文字之校對，更有助於立法程序之進行及完備。

第二十一條（預算中心）

預算中心掌理下列事項：

一、關於中央政府預算之研究、分析、評估及諮詢事項。

二、關於中央政府決算之研究、分析、評估及諮詢事項。

三、關於預算相關法案之研究、分析、評估及諮詢事項。

四、其他有關預、決算諮詢事項。

相關法規

立法院處務規程

第9條

　　預算中心設五組，分掌下列事項：

一、第一組：

　　（一）關於內政委員會主審之各機關施政計畫、事業計畫及其
　　　　　預算、決算等研究、分析、評估及諮詢事項。

　　（二）關於交通委員會主審之各機關施政計畫、事業計畫及其
　　　　　預算、決算等研究、分析、評估及諮詢事項。

二、第二組：

　　（一）關於外交及國防委員會主審之各機關施政計畫、事業計
　　　　　畫及其預算、決算等研究、分析、評估及諮詢事項。

　　（二）關於司法及法制委員會主審之各機關施政計畫、事業計畫
　　　　　及其預算、決算等研究、分析、評估及諮詢事項。

三、第三組：關於經濟委員會主審之各機關施政計畫、事業計畫及
　　其預算、決算等研究、分析、評估及諮詢事項。

四、第四組：

　　（一）關於財政委員會主審之各機關施政計畫、事業計畫及其
　　　　　預算、決算等研究、分析、評估及諮詢事項。

　　（二）關於社會福利及衛生環境委員會主審之各機關施政計

　　　畫、事業計畫及其預算、決算等研究、分析、評估及諮
　　　詢事項。
五、第五組：
　　（一）關於教育及文化委員會主審之各機關施政計畫、事業計
　　　　畫及其預算、決算等研究、分析、評估及諮詢事項。
　　（二）關於各國預算制度蒐集、整理、分析、評估及研究事
　　　　項。
　　關於中央政府總預算案及中央政府總決算審核報告案之整體評
估、分析事項，由各組共同辦理之。
　　與預算、決算有關議案及政策之研究、分析、評估及諮詢事
項，由各組分別辦理之。

說明

預算中心業務成果可上立法院全球資訊網，點選關於立法院—各單
位—預算中心，即可查閱。此外，預算中心目前只有列席黨團協
商提供諮詢，未來如能參與院會運作，適時提供主席預算案等諮
詢，更有助於院會程序之進行。

第二十二條（國會圖書館）
國會圖書館掌理下列事項：
一、關於立法書刊光碟資料之蒐集、管理及運用事項。
二、關於立法報章資料之蒐集、管理及運用事項。
三、關於立法資料之分析、研究、檢索及參考事項。
四、關於立法出版品之編纂及交換事項。
五、關於國會圖書館館際合作事項。
六、其他有關圖書館研究、發展及服務事項。

相關法規

立法院處務規程

第10條

國會圖書館設三科，分掌下列事項：

一、第一科：

（一）關於圖書館自動化系統資料分析及維護事項。

（二）關於圖書、期刊、報紙、縮影、統計、政府出版品、非書資料、電子媒館與其他媒體資料之蒐集與購置事項。

（三）關於圖書文獻登錄、分類、編目及典藏事項。

（四）關於圖書文獻閱覽、流通、借閱及統計事項。

（五）關於立法期刊文獻影像資料分析及維護事項。

（六）關於書目資源開發利用及分享事項。

（七）其他有關圖書期刊文獻業務事項。

二、第二科：

（一）關於立法報章資料剪輯整理及分析事項。

（二）關於立法報章資料閱讀及參考服務事項。

（三）關於立法報章資料委員個人電子檔服務事項。

（四）關於立法報章資料有關法案及專題服務事項。

（五）關於立法報章資料相關出版品編印事項。

（六）關於立法新聞光碟影像系統資料分析及維護事項。

（七）其他有關立法輿情與報章資料業務事項。

三、第三科：

（一）關於各學科立法文獻資料服務事項。

（二）關於法政縮影、光碟、多媒體資料彙整及檢索服務事項。

（三）關於中外文法規、政府公報、議事錄、參考工具書彙整及參考服務事項。

（四）關於網際網路資源、國內外線上資料庫檢索及推廣利用事項。

（五）關於國內外館際合作及交流事項。

（六）關於傳統性及數位化各項檢索服務之研發和推廣事項。

（七）關於法政相關出版品編印事項。

（八）其他有關立法媒體及資料服務業務事項。

說明

國會圖書館網址：https://npl.ly.gov.tw/do/www/homePage。

第二十二條之一（中南部服務中心）

中南部服務中心掌理下列事項：

一、關於本院與行政院暨其所屬機關中南部單位及辦公室間業務聯繫事項。

二、關於本院受理及協調中南部民眾陳情請願事項。

三、關於本院中南部委員服務及聯繫事項。

四、關於中南部服務中心秘書及庶務等事項。

五、關於中南部服務中心員工訓練進修事宜。

六、其他有關中南部民眾服務事項。

相關法規

🔍 立法院處務規程

第10條之1

　　中南部服務中心設三科，分掌下列事項：

一、第一科：

　　（一）關於本院中南部委員服務及聯繫事項。

　　（二）關於本院委員於中南部地區之服務及聯繫事項。

　　（三）關於本院中南部辦公室住宿服務及公務車輛派遣事項。

　　（四）關於中南部民眾服務事項。

二、第二科：

（一）關於本院與行政院暨所屬機關中南部單位及辦公室間業務聯繫事項。

（二）關於本院受理及協調中南部民眾陳情、請願協助事項。

（三）關於民眾參訪、接待、聯繫、研習及服務事項。

（四）關於本院委員研習及職工、助理訓練進修、研習協助事項。

三、第三科：

（一）關於本院中南部辦公室秘書及事務管理事項。

（二）關於本院中南部辦公室安全維護事項。

（三）關於本院中南部辦公室資訊服務協助事項。

（四）其他有關本院中南部辦公室綜合性業務事項。

> 說明

立法院中部辦公室地址：（41341）臺中市霧峰區中正路734號。

第二十二條之二（議政博物館）

議政博物館掌理下列事項：

一、關於議政史料之蒐集、整理、典藏及展覽事項。

二、關於議政史料之分析、研究及運用事項。

三、關於議政史料數位化及服務事項。

四、其他有關議政資料之聯繫服務事項。

相關法規

🔍 **立法院處務規程**

第10條之2

　　議政博物館設二科，分掌下列事項：

一、第一科：
　（一）關於議政發展史料、文物之蒐集、整理、分析、研究、典藏及數位化事項。
　（二）關於地方議會議政史料、文物之蒐集、整理、分析、研究、典藏及數位化事項。
　（三）關於地方議會出版品之蒐集及整理事項。
　（四）關於國內、外館際合作及交流事項。
二、第二科：
　（一）關於議政發展史料、文物之運用及展覽事項。
　（二）關於地方議會議政史料、文物之運用及展覽事項。
　（三）關於地方議會出版品之運用及展覽事項。
　（四）關於本院檔案、史料、具有議政歷史價值圖書及資料之展覽事項。
　（五）其他有關議政資料之展覽、聯繫、服務及導覽事項。

說明

立法院議政博物館網址：https://aam.ly.gov.tw/。

第二十三條（顧問及參事）

立法院置顧問一人至二人，職務列簡任第十三職等至第十四職等，掌理議事、法規之諮詢、撰擬及審核事項；參事十二人至十四人，職務列簡任第十二職等至第十三職等，掌理關於法規之撰擬、審核及院長指派之事項。

前項員額中，參事七人出缺不補。

相關法規

立法院處務規程

第11條

　　參事掌理下列事項：

一、關於本院法令之研究、撰擬及審核事項。

二、關於涉及法令解釋案件之簽辦及研究事項。

三、其他交辦事項。

第二十四條（處長以下編制）

立法院置處長五人，職務列簡任第十二職等至第十三職等；副處長五人，職務列簡任第十一職等至第十二職等；秘書十人，職務列簡任第十職等至第十二職等；編審十人、高級分析師二人至三人、主任一人，職務列簡任第十職等至第十一職等；科長三十一人至三十四人，職務列薦任第九職等；專員二十八人至三十三人、技正二人至三人、編譯三人至五人、分析師三人，職務均列薦任第七職等至第九職等；編輯六人至八人、設計師五人至六人、管理師七人至八人、藥師一人，職務均列薦任第六職等至第八職等；護士長一人、技士四人至六人、科員五十二人至六十三人、速記員四十人至六十人，職務均列委任第五職等或薦任第六職等至第七職等；助理管理師九人、操作員七人至八人、護士二人至四人、藥劑生二人、檢驗員一人、病歷管理員一人、校對員十二人至十六人、技佐六人至八人，職務均列委任第四職等至第五職等，其中助理管理師五人、操作員四人、護士二人、藥劑生一人、檢驗員一人、校對員八人、技佐四人，職務得列薦任第六職等；辦事員二十二人至二十八人，職務列委任第三職等至第五職等；書記三十五人至

三十九人，職務列委任第一職等至第三職等。

本法修正施行前依雇員管理規則進用之現職書記，其未具公務人員任用資格者，得占用前項書記職缺繼續僱用至離職為止。

第二十五條（法制局編制）

法制局置局長一人，職務列簡任第十二職等至第十三職等；副局長一人，職務列簡任第十一職等至第十二職等；組長五人，由研究員兼任；研究員十一人至十七人，職務均列簡任第十職等至第十二職等；副研究員十三人至十九人，職務列簡任第十職等至第十一職等；助理研究員十三人至十九人，職務列薦任第八職等至第九職等；科員一人，職務列委任第五職等或薦任第六職等至第七職等；辦事員一人，職務列委任第三職等至第五職等；書記一人，職務列委任第一職等至第三職等。

說明

立法院法制局編制研究人員，簡任人員共24至36人，薦任人員共13至19人。其研究人員之學經歷並無明文限制，亦無限制法制職系，故廣納法律、政治、財經、教育、地政、警政、外語、社福等多元化人才，也不乏具有律師或會計師等專業資格，和碩、博士學歷者。

第二十六條（預算中心編制）

預算中心置主任一人，職務列簡任第十二職等至第十三職等；副主任一人，職務列簡任第十一職等至第十二職等；組長五人，由研究員兼任；研究員十一人至十七人，職務列簡任第十

職等至第十二職等；副研究員十三人至十九人，職務列簡任第
十職等至第十一職等；助理研究員十三人至十九人，職務列薦
任第八職等至第九職等；科員一人，職務列委任第五職等或薦
任第六職等至第七職等；操作員一人，職務列委任第三職等至
第五職等；辦事員一人，職務列委任第三職等至第五職等。

說明

立法院預算中心編制研究人員，簡任人員共24至36人，薦任人員
共13至19人，其研究方向相對於法制局就非常明確。研究人員也
有具會計師等專業資格，和碩、博士學歷者。

第二十七條（國會圖書館編制）

國會圖書館置館長一人，職務列簡任第十二職等至第十三職
等；副館長一人，職務列簡任第十一職等至第十二職等；秘書
一人、編纂二人至四人，職務均列簡任第十職等至第十二職
等；編審三人至四人，職務列簡任第十職等至第十一職等；科
長三人，職務列薦任第九職等；專員五人，職務列薦任第七職
等至第九職等；編輯八人至九人，職務列薦任第六職等至第八
職等；科員九人至十二人，職務列委任第五職等或薦任第六職
等至第七職等；辦事員九人至十二人，職務列委任第三職等至
第五職等；書記三人至七人，職務列委任第一職等至第三職
等。

第二十七條之一（中南部服務中心編制）

中南部服務中心置主任一人，職務列簡任第十二職等至第十三職等；副主任一人，職務列簡任第十一職等至第十二職等；秘書一人，職務列簡任第十職等至第十二職等；編審二人，職務列簡任第十職等至第十一職等；科長三人，職務列薦任第九職等；專員五人，分析師一人，職務均列薦任第七職等至第九職等；管理師一人，職務列薦任第六職等至第八職等；科員十人，技士一人，職務均列委任第五職等或薦任第六職等至第七職等；辦事員三人，職務列委任第三職等至第五職等；書記二人，職務列委任第一職等至第三職等。

第二十七條之二（議政博物館編制）

議政博物館置館長一人，職務列簡任第十二職等至第十三職等；副館長一人，職務列簡任第十一職等至第十二職等；秘書一人，編纂一人，職務均列簡任第十職等至第十二職等；科長二人，職務列薦任第九職等；專員二人，職務列薦任第七職等至第九職等；編輯三人，職務列薦任第六職等至第八職等；科員三人，職務列委任第五職等或薦任第六職等至第七職等；辦事員二人，職務列委任第三職等至第五職等；書記二人，職務列委任第一職等至第三職等。

第二十八條（聘用人員）

第二十五條及第二十六條所列之研究員、副研究員、助理研究員，必要時得依聘用人員聘用條例之規定聘用之。

前項聘用人員之待遇，除依相關規定外，得由立法院另定之。

第二十九條（人事處編制）

立法院設人事處，置處長一人，職務列簡任第十二職等至第十三職等；副處長一人，職務列簡任第十一職等至第十二職等，依法辦理人事管理事項；其餘所需工作人員，就本法所定員額內派充之。

相關法規

🔍 立法院處務規程

第12條

　　人事處設委員服務科、人力科、考訓科、給與科，分掌下列事項：

一、委員服務科：

　　（一）關於立法委員報到、登記、宣誓、動態及委員會選舉相關事項。

　　（二）關於立法委員福利互助及輔購住宅貸款核轉事項。

　　（三）關於立法委員婚喪生育及子女教育補助事項。

　　（四）關於立法委員公保、健保、撫卹及退職照護事項。

　　（五）關於立法委員遴聘公費助理之登記、異動、酬金、勞保、健保及資料建檔管理事項。

　　（六）關於立法委員證、證章、中英文在（離）職證明書、卸任委員禮遇證事證。

　　（七）關於公費助理在職（離）證明書及出入識別用助理證事項。

　　（八）關於公費助理之訓練及業務活動補助費事項。

　　（九）其他有關委員及公費助理人事等事項。

二、人力科：

　　（一）關於組織編制、職務歸系及其有關事項。

（二）關於職員甄選、考試分發、任免、遷調、級俸及其有關事項。

（三）關於職員銓敘案件之查催核轉事項。

（四）關於職員兼職、借調及留職停薪案之審擬事項。

（五）關於人才儲備、規劃與評估事項。

（六）關於約聘僱人員遴用、核薪、登記、考核、儲金、勞保、健保及管理事項。

（七）關於人事問題之研究改進及其資料之蒐集分析事項。

（八）關於人事工作計劃、業務報告、公文登記及管制考核事項。

三、考訓科：

（一）關於職員平時考核、考績、獎懲之核議事項。

（二）關於職員工作效率之促進事項。

（三）關於職員差假及勤惰管理事項。

（四）關於職員休假補助及加班之審核事項。

（五）關於職員訓練、進修、考察、訪問及參加國際性會議之擬議事項。

（六）關於職員激勵及績優選拔表揚事項。

（七）關於職員保障事項。

四、給與科：

（一）關於職員公保及健保案件之審擬核轉事項。

（二）關於職員退休、撫卹、資遣及濟助照護案件之審擬核轉事項。

（三）關於職員待遇案件之審擬核轉事項。

（四）關於職員福利互助、輔導住宅及其他公務性貸款案件之審擬核轉事項。

（五）關於職員婚喪生育及子女教育補助事項。

（六）關於慶典、文康活動及社團輔導等案件之擬議事項。

（七）關於職員財產申報之擬議核轉事項。

（八）關於人事資料調查、登記、統計、表報編造及管理等事

項。

（九）關於本院職員證製發及其他行政機關申請公務證事項。

（十）其他有關職員人事等事項。

第三十條（會計處編制）

立法院設會計處，置會計長一人，職務列簡任第十二職等至第十三職等；副會計長一人，職務列簡任第十一職等至第十二職等，依法辦理歲計、會計並兼辦統計事項；其餘所需工作人員，就本法所定員額內派充之。

相關法規

🔍 立法院處務規程

第13條

　　主計處設四科，分掌下列事項：

一、第一科：

（一）關於歲入、歲出概算、預算之籌劃、審核及彙編等事項。

（二）關於歲入、歲出分配預算編製及修改事項。

（三）關於動支第一、第二預備金及追加預算、特別預算之審核、擬編、彙陳等事項。

（四）關於預算編製系統之操作等事項。

（五）關於委員、公費助理、職員、工員薪津及加班費等人事費表冊之審核事項。

（六）關於委、職、工婚喪生育及子女教育補助等生活津貼之審核事項。

二、第二科：

（一）關於歲入、歲出預算之執行及控制等事項。

（二）關於工程、財物、承租及勞務等採購之查核、監標及契

約之會簽等事項。

（三）關於變賣財物之查核、監標及契約之會簽等事項。

（四）關於各類款項收支原始憑證之審核（人事費除外）及預算之保留等事項。

（五）關於預算執行之檢討或檢查等事項。

（六）關於財物上增進效能與減少不經濟支出之研究及建議事項。

（七）關於預算執行控制系統之操作等事項。

三、第三科：

（一）關於本處會計制度、方案之研究、規劃及會計法規之研擬修正等事項。

（二）關於收支傳票、付款憑單之編製及公庫帳單核對等事項。

（三）關於代收款、保管款之處理等事項。

（四）關於帳冊登記、會計報表、預算收支執行狀況月報表、績效報告及決算之編製等事項。

（五）關於經費之流用等事項。

（六）關於財產、物品之查核及帳務之處理等事項。

（七）關於工程、財物、承租及勞務等採購之監驗事項。

（八）關於變賣財物之監驗事項。

（九）關於會計事務系統之操作等事項。

（十）關於憑證之整理、送審及保管等事項。

四、第四科：

（一）關於公務統計方案之訂定、修正等事項。

（二）關於統計資料之蒐集、彙整等事項。

（三）關於統計報表之審核編製及統計提要編印等事項。

（四）關於本處員額編制、人員任免、遷調、考績（成）、考核、獎勵及訓練、退休、資遣、撫卹等事項。

（五）關於主計人員人事資訊系統之操作等事項。

（六）關於本處文書收發、檔案管理及印信典守等事項。

（七）關於本處庶務及不屬其他各科之事項。

說明

立法院處務規程係依立法院組織法第34條訂定，自不能違反母法
規定，惟立法院處務規程第13條之「主計處」名稱，明顯與立法
院組織法第30條之「會計處」名稱，並不一致。

第三十一條（總務處編制）

總務處警衛隊，置隊長一人、副隊長二人、督察員一人、警務
員一人、分隊長四人、小隊長十二人至十四人、警務佐一人、
隊員一百二十人至一百五十人，掌理本院安全維護與警衛事
宜。

前項警衛隊員警，由內政部警政署派充之。

本法修正施行前僱用之駐衛警，得繼續僱用至離職時止。

本院安全維護遇有特殊情況時，得商請內政部警政署增派人
員。

第三十二條（公費助理及辦公事務費）

立法委員每人得置公費助理八人至十四人，由委員聘用；立法
院應每年編列每一立法委員一定數額之助理費及其辦公事務預
算。公費助理與委員同進退；其依勞動基準法所規定之相關費
用，均由立法院編列預算支應之。

前項立法委員辦公事務等必要費用之項目及標準如附表，自中
華民國一百零二年一月一日施行。

附表

項目 ＼ 標準	每人月支金額（新臺幣／元）	合計年支金額（新臺幣／元）	其他
1.行動及自動電話費	12,000	144,000	
2.文具郵票費	15,000	180,000	
3.油料費			每人每月600公升
4.國會交流事務經費		200,000	每人每年2次
5.服務處租金補助費	20,000	240,000	
6.委員健康檢查費			每人每屆新臺幣5萬6千元
7.辦公事務費	14,672	176,064	

案例

▲助理費及其加班費調升

　　為配合公務人員調薪3%，第9屆第4會期第1次臨時會第2次會議（107.01.30）之黨團協商結論（107.01.25）：自本（107）年1月1日起本院每一立法委員及各黨團公費助理之助理費增加3%，每月各為42萬4,360元及53萬450元；另適用勞動基準法所需加班費、不休假加班費等相關經費增加3%，每月各為8萬4,872元及10萬6,090元。[88]

第三十三條（黨團及政團）

　　每屆立法委員選舉當選席次達三席且席次較多之五個政黨得各組成黨團；席次相同時，以抽籤決定組成之。立法委員依其所屬政黨參加黨團。每一政黨以組成一黨團為限；每一黨團至少

---

[88] 立法院公報，第107卷，第20期下冊，院會紀錄，152頁。

須維持三人以上。

未能依前項規定組成黨團之政黨或無黨籍之委員，得加入其他黨團。黨團未達五個時，得合組四人以上之政團；依第四項將名單送交人事處之政團，以席次較多者優先組成，黨（政）團總數合計以五個為限。

前項政團準用有關黨團之規定。

各黨團應於每年首次會期開議日前一日，將各黨團所屬委員名單經黨團負責人簽名後，送交人事處，以供認定委員所參加之黨團。

黨團辦公室由立法院提供之。

各黨團置公費助理十人至十六人，由各黨團遴選，並由其推派之委員聘用之；相關費用依前條之規定。

前項現職公費助理於中華民國八十七年三月一日至九十四年六月三十日間，由各黨團遴選並由其推派之委員或各該政黨聘用，並實際服務於黨團之助理年資，得辦理勞動基準法工作年資結清事宜。

案例

☆合組四人以上之政團

　　第8屆第7會期第3次會議（104.03.06），報告事項第314案、人事處函，為委員李桐豪、徐欣瑩、高金素梅及陳怡潔等4人依據立法院組織法第33條之規定，合組「立院新聯盟」政團，並於104年2月12日成立，請查照案。准予備查。[89]

---

[89] 立法院公報，第104卷，第15期，院會紀錄，313頁。

第三十三條之一（移撥人員優先任用）

本法第二十七條之一、第二十七條之二所需人員,優先自臺灣省諮議會移撥,其中原依雇員管理規則僱用之現職雇員,其末具公務人員任用資格者,得占用第二十七條之一、第二十七條之二書記職缺,繼續僱用至離職時為止。

第三十三條之二（自願退休特別規定）

為配合第七屆立法院委員會組織調整及人員精簡,立法院任職滿二十年,年滿五十歲任用、派用之人員,得准其自願退休,擇領或兼領月退休金或支領一次退休金,不受公務人員退休法第四條第一項第二款規定之限制。

前項自願退休人員之職稱及數額,依下列各款規定,並依申請順序核准之:

一、參事以上或同陞遷序列職稱者共七人。

二、秘書或同陞遷序列職稱者或單位副主管共四人。

三、編審或同陞遷序列職稱者共四人。

四、科長或同陞遷序列職稱者共四人。

五、專員或同陞遷序列職稱者共四人。

六、編輯、科員、校對員、書記或同陞遷序列職稱者共四人。

前項第一款至第五款之人員自願退休,不得再行遞補或進用之職缺,為參事、委員會秘書、編審、科長、專員。

自中華民國九十七年二月一日起,依第一項辦理自願退休者,最高得一次加發七個月之慰助金,每延後一個月退休者,減發一個月之慰助金,實施日期至中華民國九十七年八月三十一日止。但於實施期間屆齡退休者,依提前退休之月數發給慰助金。

前項慰助金指俸額、技術或專業加給及主管職務加給。

支領慰助金人員，於退休生效之日起七個月內再任有給公職者，應由再任機關追繳扣除退休月數之慰助金。

依第一項辦理自願退休之人員，除符合規定得請領公教人員保險養老給付或勞工保險老年給付者外，其損失之公教人員保險或勞工保險已投保年資，準用公教人員保險法第十四條或勞工保險條例第五十九條規定之給付基準，發給補償金。所領之補償金，於其將來再參加各該保險領取養老或老年給付時，應繳回立法院；其所領之養老或老年給付金額較原補償金額低時，僅繳回與所領之養老或老年給付同金額之補償金。

第三十四條（處務規程）

立法院處務規程，由立法院秘書長擬訂，經院長核定，報告院會後施行。

相關法規

立法院處務規程（42.09.25通過，最新修正日期106.02.17）。

第三十五條（施行日）

本法自公布日施行。

本法中華民國九十六年十一月三十日及十二月七日修正之條文，自立法院第七屆立法委員就職日起施行。

|貳|
立法院職權行使法

中華民國88年1月25日公布制定全文77條

中華民國88年6月30日公布修正第19條條文

中華民國89年5月24日公布修正第18條至第24條、第28條及第75條條文

中華民國89年11月22日公布增訂第7章之1章名及第44條之1條文

中華民國90年6月20日公布修正第29條及第30條條文

中華民國90年11月14日公布修正第13條條文

中華民國91年1月25日公布增訂第10條之1及第71條之1條文；並修正第11條、第68條、第70條、第72條及第74條條文

中華民國96年12月19日公布修正第5條、第8條至第10條、第11條、第17條、第20條、第29條、第60條、第67條、第68條、第72條及第77條條文

中華民國97年5月14日公布修正第70條及第71條之1條文

中華民國97年5月28日公布增訂第2章之1章名及第15條之1至第15條之5條文

中華民國99年6月15日公布修正第42條、第44條及第70條條文

中華民國107年11月21日公布增訂第28條之1及第28條之2條文

第一章　總則（1～6）

第一條（立法依據）
本法依立法院組織法第二條第二項制定之。
本法未規定者，適用其他法令之規定。

相關法規

🔍 立法院組織法

第2條

　　立法院行使憲法所賦予之職權。

　　前項職權之行使及委員行為之規範，另以法律定之。

案例

適用其他法令
◇立法院議事規則第60條：「各種委員會委員發言之登記，由委員於開會前一小時起，親自登記於該委員會登記簿；該委員會委員在開會前登記者，得優先發言。」

☆委員會審查案件抽出逕付二讀
　　第1屆第89會期第46次會議（81.07.17），委員黃正一等，請將本會期第22次會議交付法制、內政、財政、預算4委員會審查之謝委員長廷等所提「國民大會代表報酬支給條例草案」，依會議規範第77條規定予以抽出，並請逕付二讀，與行政院函請審議「國民大會代表報酬及費用支給條例草案」併案討論，是否有當？敬請公決。經院會表決通過，退回院會，併案討論。[1]

---

[1]　立法院公報，第81卷，第58期，院會紀錄，94及95頁。

◇副總統補選案本法未規定

中華民國憲法增修條文第2條第7項：「副總統缺位時，總統應於三個月內提名候選人，由立法院補選，繼任至原任期屆滿爲止。」立法院如何行使副總統補選之職權，本法並無相關補選之規定，[2]或可參照適用國民大會補選副總統辦法，惟立法院仍應修法予以規範爲宜。

第二條（委員之報到及開議日之決定）

立法委員應分別於每年二月一日及九月一日起報到，開議日由各黨團協商決定之。但經總統解散時，由新任委員於選舉結果公告後第三日起報到，第十日開議。

前項報到及出席會議，應由委員親自爲之。

說明

立法院之會期依憲法第68條規定，每年2次，第1次自2月至5月底，第2次自9月至12月底，復依憲法增修條文第4條第1項規定，立法委員任期4年，所以立法院每1屆共有8個會期，每年上半年爲單數會期，即第1會期、第3會期、第5會期及第7會期；每年下半年爲雙數會期，即第2會期、第4會期、第6會期及第8會期。立法委員須於報到後，才能開始行使職權，依上開規定立法委員於每年單數會期時，應於2月1日起開始報到，而每年雙數會期時，則應於9月1日起開始報到。

實務上除第1會期外，報到日2月1日及9月1日如遇假日，會順延至下1日，又爲方便立法委員報到及登記個人質詢，故於報到日起前2日爲集中報到日。本法第3條規定，立法院每屆第1會期報到首日舉行預備會議，進行委員就職宣誓及院長、副院長之選舉，其報到地點爲議場，其餘會期報到日之場所，由立法院特別設置專門的報

---

2 周萬來，議案審議──立法院運作實況，2019.11，五版一刷，124頁。

到處所，例如群賢樓101會議室，方便立法委員報到，並同時登記個人質詢。於集中報到日後始報到者，則須分別至人事處（委員服務科）辦理報到，及至議事處（議案科）登記個人質詢。

報到日並非開議日，開議日為立法院開始會議之日期，即每會期之第1次院會，由院長召開黨團協商定之。

相關法規

立法院議事規則

第4條

　　立法委員因事故不能出席本院會議時，應通知議事處請假，未請假者列為缺席。

第6條

　　本院會議出席者及列席者，均應署名於簽到簿。

案例

◇第1會期報到首日遇假日照常舉行

　　第10屆第1會期報到日（109.02.01），當日星期六為例假日，照常舉行。

說明

實務上第2會期以後之報到首日，遇假日則順延，例如第9屆第8會期報到日（108.09.01），當日星期日為例假日，所以順延至108年9月2日為報到首日。

☆舉行全院委員談話會無異議通過開議日

　1. 第1屆第20會期第24次會議（46.12.20），報告事項第4案：「本院法制委員會報告院會為張委員其彭提議關於本院每會期第1次會議開會日期之決定請予明文規定一節，經詳加研究決

議：立法院每會期集會日期，俟報到委員已足開會法定人數時，由秘書處邀請報到委員舉行談話會決定之。」

說明：

本案例係在立法院職權行使法第2條制定前所採用，因此本案例現已不能作為參考案例。

2. 第8屆第1會期全院委員談話會會議紀錄（101.02.17），國民黨黨團，建請本（第8）屆第1會期定於2月24日（星期五）開議，舉行本院第1次會議，邀請行政院院長率同各部會首長列席進行施政方針及施政報告並答復質詢。是否有當，敬請公決。主席：請問各位委員，對於國民黨黨團提案有無異議？（無）無異議。[3]

說明：

本案例係在立法院職權行使法第2條制定後所採用，因此本案例可作為參考案例。此外，立法院相關規範並無「談話會」等規定，而內政部會議規範（54.07.20）第4條、第6條及第7條等條文有「談話會」等規定，惟其「談話會」係指開會不足額時為之，一旦足額時仍應繼續進行會議，又談話會如作成決議，仍須於下次正式會議，提出追認之。與上開立法院之「談話會」並不相同，或可視為國會自律，惟亦可解釋為院會既對談話會決議並無任何異議，應視為默示同意，以資補正。

3. 第9屆第6會期全院委員談話會會議紀錄（107.09.14），時代力量黨團，建請本（第9）屆第6會期定於9月14日（星期五）下午2時開議，舉行本院第1次會議，2時30分邀請行政院院長就中國大陸發放居住證提出專案報告。是否有當，敬請公決。院會決議：表決不通過。民進黨黨團，建請本（第9）屆第6會期定於9月21日（星期五）開議，舉行本院第1次會議，且自該日起星期五及次週二合併為1次會，9月21日邀請行政院院長及

3　立法院公報，第101卷，第2期下冊，院會紀錄，393及394頁。

相關部會首長做施政報告，9月25日做823治水專案報告，主席：請問各位委員，對於民進黨黨團提案有無異議？（無）無異議。[4]

☆院會表決通過開議日

第5屆第4會期第19次會議（93.01.13），其他事項：國、親兩黨提案，建請訂於2月6日為下會期開議，記名表決通過，定於93年2月6日舉行第5會期第1次會議。[5]

▲協商結論保留開議日不同紀錄者

108年9月3日黨團協商結論：有關第9屆第8會期開議日部分，其他黨團同意開議日為9月17日，惟時代力量黨團希望開議日為9月10日，所以對開議日部分予以保留（但表示不會杯葛），並於協商結論簽字。[6]

☆委員尚未簽到，不得登記發言

第2屆第3會期第2次會議（83.02.25），其他決定事項：嗣後委員尚未簽到出席，不得登記發言。[7]

☆委員發言順序如有調整應親自簽名，不得以蓋章為之

第2屆第3會期第26次會議（83.06.03），會議決定，嗣後委員發言順序調整，當事人須親自簽名，如以橡皮章或印章提出者，一概不予受理。[8]

▲院會遇颱風假順延並加開院會

第9屆第2會期第3次會議（105.09.26），黨團協商結論（105.09.26）：一、各黨團同意9月27日（星期二）如因颱風停止上班上

---

[4] 立法院公報，第107卷，第79期，全院委員會談話會紀錄，282及283頁。

[5] 立法院公報，第93卷，第8期上冊，院會紀錄，379頁。

[6] 立法院公報，第108卷，第66期下冊，黨團協商紀錄，259頁。

[7] 立法院公報，第83卷，第12期，院會紀錄，222頁。

[8] 立法院公報，第83卷，第40期，院會紀錄，358頁。

課，10月3日（星期一）加開院會，與9月30日（星期五）及10月4日（星期二）視爲一次院會，原定9月27日院會質（諮）詢議程順延至10月3日（星期一）進行，上午邀請行政院院長、主計長、財政部部長列席報告「106年度中央政府總預算案」編製經過並備質詢；下午邀請審計部審計長列席報告104年度中央政府總決算審核報告等案審核經過並備諮詢。[9]

◇院會日末日爲颱風假，該次院會未請假委員不算缺席

第9屆第2會期第3次會議，院會紀錄記載方式爲孔文吉、林岱樺、高潞・以用・巴魕剌、劉建國（105年9月23日、26日及27日合併爲1次會議，27日因颱風停止上班，當日會議未舉行）。[10]

說明：

院會日末日爲颱風假，而該次院會其他日未簽到及颱風假當日未請假委員，並未列入缺席名單。

☆第2屆至第10屆開議日明細表

會期 屆別	1	2	3	4	5	6	7	8
2	82.02.19	82.09.24	83.02.22	83.09.06	84.02.21	84.09.26		
3	85.02.23	85.09.06	86.02.18	86.09.09	87.02.20	87.09.11		
4	88.02.26	88.09.17	89.02.18	89.09.15	90.02.20	90.09.18		
5	91.02.19	91.09.24	92.02.25	92.09.05	93.02.06	93.09.14		
6	94.02.25	94.09.13	95.02.21	95.09.19	96.02.27	96.09.07		
7	97.02.22	97.09.19	98.02.20	98.09.18	99.02.23	99.09.24	100.02.22	100.09.16
8	101.02.24	101.09.18	102.02.26	102.09.17	103.02.21	103.09.12	104.02.24	104.09.15
9	105.02.19	105.09.13	106.02.17	106.09.22	107.02.27	107.09.21	108.02.15	108.09.17
10	109.02.21							

作者製表

9　立法院公報，第105卷，第67期，院會紀錄，254頁。

10　立法院公報，第105卷，第68期，院會紀錄，245頁。

第三條（就職宣誓及院長、副院長選舉）

立法院每屆第一會期報到首日舉行預備會議，進行委員就職宣誓及院長、副院長之選舉。

相關法規

立法院議事規則

第19條

　　本院每屆第一會期首日舉行預備會議，依下列程序進行之：

一、委員報到。

二、就職宣誓。

三、推選會議主席。

四、院長選舉：

　　（一）投票。

　　（二）開票。

　　（三）宣布選舉結果。

五、副院長選舉：

　　（一）投票。

　　（二）開票。

　　（三）宣布選舉結果。

　　前項第四款及第五款之選舉，如第一次投票未能選出時，依序繼續進行第二次投票。

　　第一項會議之時程，由秘書長定之。

第32條

　　預備會議時，出席委員提出權宜問題、秩序問題、會議詢問或其他程序之動議時，主席應為決定之宣告。

院會時，出席委員提出權宜問題、秩序問題、會議詢問或其他程序之動議時，應以書面提出，由主席逕為決定之宣告。

前二項宣告，如有出席委員提出異議，經十五人以上連署或附議，不經討論，主席即付表決。該異議未獲出席委員過半數贊成時，仍維持主席之宣告。

宣誓條例

第2條第1款、第2款

下列公職人員應依本條例宣誓：

一、立法委員、直轄市議會議員、縣（市）議會議員、鄉（鎮、市）民代表會代表。

二、立法院院長、副院長；直轄市議會議長、副議長；縣（市）議會議長、副議長；鄉（鎮、市）民代表會主席、副主席。

第3條

前條公職人員應於就職時宣誓。

前條第一款人員，因故未能於規定之日宣誓就職者，應另定日期舉行宣誓。

前條第二款至第十一款人員，因特殊情形先行任事者，應於三個月內補行宣誓。

第4條

宣誓之監誓人，依下列之規定：

一、立法委員、立法院院長、副院長之宣誓，由大法官一人監誓；直轄市議會議員、議長、副議長及縣（市）議會議員、議長、副議長之宣誓，由同級法院法官一人監誓；鄉（鎮、市）民代表會代表、主席、副主席之宣誓，由各該自治監督機關派

員監誓。

二、中央政府各機關政務人員、大法官、考試委員、監察委員、監
　察院院長、副院長及駐外大使、公使館公使之宣誓，由總統監
　誓或派員監誓。

三、第二條其他人員，由各該機關首長或其監督機關首長監誓或派
　員監誓。

第四條（開會額數及總額計算標準）

立法院會議，須有立法委員總額三分之一出席，始得開會。

前項立法委員總額，以每會期實際報到人數為計算標準。但會
期中辭職、去職或亡故者，應減除之。

説明

民國17年立法院於南京成立，國民政府明令發表49名立法委員，
任期2年，第4屆委員人數增為194位。37年選出行憲第1屆立法委
員760人；39年遷臺，同年2月24日於臺北市中山堂舉行第1屆第
5會期第1次會議，與會委員約380餘人；49年起遷入中山南路現
址。61年選出3年1任定期改選之增額立法委員51位，之後陸續補
選增額委員；80年資深立法委員全部退職，由130位增額立法委員
行使職權。第2屆立法委員為161人，第3屆立法委員為164人，第
4屆至第6屆立法委員為225人，第7屆起立法委員減為113人，任期
由3年改為4年。[11]因此，現在立法院會議，須有立法委員總額113
人之三分之一出席為38人，始得開會。

---

11 立法院網站：https://www.ly.gov.tw/Home/Index.aspx，立法院簡介——
　簡史。

相關法規

🔍 立法院議事規則

第6條

本院會議出席者及列席者，均應署名於簽到簿。

解釋

司法院釋字第85號解釋（國民大會代表總額計算）

查憲法及法律上所稱之國民大會代表總額，在國民大會第1次會議及第2次會議時雖均以依法應選出代表之人數爲其總額，而憲法所設立之機構，原期其均能行使職權，若因障礙致使不能發揮憲法所賦予之功能，實非制憲者始料所及，自應尊重憲法設置國民大會之本旨，以依法選出而能應召在中央政府所在地集會之國民大會代表人數爲國民大會代表總額，其能應召集會而未出席會議者，亦應包括在此項總額之內。

說明

依上開解釋意旨，「總額」與「全體」並無差異，即應以「依法選出而能應召」爲限。惟立法院實務上仍有不同見解，即認爲總額可以扣除特定員額，但全體爲法定員額不能扣除之。

案例

1. 第8屆立法委員原有113位，但第4會期時，平地原住民選舉區林正二（親民黨）因涉賄選一案，於102年7月11日遭最高法院判決褫奪公權定讞，喪失立法委員資格。惟因平地原住民爲複數選舉區，需有半數或半數以上缺額始進行補選，故本席次將維持缺額，第5會期至第8會期，實際報到者，僅有112位立法委員，所以總額爲112位。

2. 第9屆立法委員共有113位，簡委員東明因案停權，故第4會期至第6會期實際報到者，僅有112位立法委員，所以總額爲112位，該委員於無罪確定後，於第7會期期中完成報到。

3. 第9屆第8會期第3次會議（108.09.27），報告事項第95案、立法
   院人事處函，爲本院第9屆全國不分區及僑居國外國民立法委員
   高潞・以用・巴魕剌喪失其所屬時代力量黨籍，本院已依公職人
   員選舉罷免法第73條第2項之規定，於108年9月4日註銷其立法
   委員名籍，請查照案。第96案、立法院人事處函，爲本院第9屆
   全國不分區及僑居國外國民選出之時代力量黨籍立法委員鄭秀玲
   女士已於108年9月11日（星期三）上午9時30分到院宣誓就職，
   請查照案。

第五條（會期延長之要件）
立法院每次會期屆至，必要時，得由院長或立法委員提議或行
政院之請求延長會期，經院會議決行之；立法委員之提議，並
應有二十人以上之連署或附議。

相關法規

中華民國憲法

第68條

　　立法院會期，每年兩次，自行集會，第一次自二月至五月底，
第二次自九月至十二月底，必要時得延長之。

案例

☆延長會期
　　1. 第1屆共90個會期，均延長會期。
　　2. 第2屆共6個會期，均延長會期。
　　3. 第3屆共6個會期，第1、4、6會期均延長會期。
　　4. 第4屆共6個會期，均延長會期。
　　5. 第5屆共6個會期，均延長會期。

6. 第6屆共6個會期，第2、4會期均延長會期。

7. 第7屆共8個會期，除第8會期外均延長會期。

8. 第8屆共8個會期，第1、2、4、6、7會期均延長會期。

9. 第9屆共8個會期，只有第1會期延長會期。第9屆第1會期第14次會議（105.05.24），朝野黨團協商結論（105.05.23）：經決定如下：「本（第一）會期延會至一〇五年七月十五日（星期五）止。」[12]

☆不延長會期之提案，經表決通過

第3屆第5會期第19次會議（87.05.22），委員劉盛良等，提案本會期應至5月31日止休會，不再延會，請公決案。院會通過。[13]

☆行政院建請延長會期

第1屆第78會期第26次會議（75.12.26），報告事項第2案、行政院函，為貴院第78會期集會期間即將屆滿，本院送請審議之法案尚有5案亟待完成立法程序，請將本會期集會期間酌予延長案。院會決定本會期延長16天，自76年1月1日起至1月16日止。[14]

第六條（會議之決議）

立法院會議之決議，除法令另有規定外，以出席委員過半數之同意行之；可否同數時，取決於主席。

說明

立法院會議之決議，除法令另有規定外，以出席委員過半數之同意行之。所謂出席委員依本法第4條規定至少須38人，故38人過

---

[12] 立法院公報，第105卷，第37期，院會紀錄，27頁。

[13] 立法院公報，第87卷，第28期，院會紀錄，48-55頁。

[14] 立法院公報，第76卷，第105期，院會紀錄，77頁。

半數之同意為20人，所以立法院會議之決議至少須20人之同意行之。此部分亦有立法院議事規則第41條：「院會進行中，出席委員對於在場人數提出疑問，經清點不足法定人數時，不得進行表決。」及立法院各委員會組織法第10條：「各委員會之議事，以出席委員過半數之同意決之；可否同數時，取決於主席。但在場出席委員不足三人者，不得議決。」可參。

相關法規

中華民國憲法增修條文（80.05.01公布，最新修正日期94.06.10）

第2條第9項

總統、副總統之罷免案，須經全體立法委員四分之一之提議，全體立法委員三分之二之同意後提出，並經中華民國自由地區選舉人總額過半數之投票，有效票過半數同意罷免時，即為通過。

第4條第5項

中華民國領土，依其固有疆域，非經全體立法委員四分之一之提議，全體立法委員四分之三之出席，及出席委員四分之三之決議，提出領土變更案，並於公告半年後，經中華民國自由地區選舉人投票複決，有效同意票過選舉人總額之半數，不得變更之。

第4條第7項

立法院對於總統、副總統之彈劾案，須經全體立法委員二分之一以上之提議，全體立法委員三分之二以上之決議，聲請司法院大法官審理，不適用憲法第九十條、第一百條及增修條文第七條第一項有關規定。

第12條

憲法之修改，須經立法院立法委員四分之一之提議，四分之三之出席，及出席委員四分之三之決議，提出憲法修正案，並於公告半年後，經中華民國自由地區選舉人投票複決，有效同意票過選舉人總額之半數，即通過之，不適用憲法第一百七十四條之規定。

臺灣地區與大陸地區人民關係條例（81.07.31公布，最新修正日期108.07.24）

第5條之3第1項

涉及政治議題之協議，行政院應於協商開始九十日前，向立法院提出協議締結計畫及憲政或重大政治衝擊影響評估報告。締結計畫經全體立法委員四分之三之出席，及出席委員四分之三之同意，始得開啓簽署協議之協商。

會議規範（43.05.19公布，最新修正日期54.07.20）

第58條第1項

可決與否決　表決除本規範及各種會議另有規定外，以獲參加表決之多數爲可決，可否同數時，如主席不參與表決，爲否決。

> 說明

因立法院職權行使法第6條規定，可否同數時，取決於主席，惟主席如因議事中立不願表態時，並未明定其法律效果，故可適用會議規範第58條第1項規定，如主席不參與表決，爲否決。

第二章 議案審議（7～15）

第七條（議案之讀會）
立法院依憲法第六十三條規定所議決之議案，除法律案、預算案應經三讀會議決外，其餘均經二讀會議決之。

相關法規

🔍 中華民國憲法

第63條

立法院有議決法律案、預算案、戒嚴案、大赦案、宣戰案、媾和案、條約案及國家其他重要事項之權。

🔍 條約締結法（104.07.01公布）

第3條

本法所稱條約，指國際書面協定而有下列情形之一者：

一、具有條約或公約名稱。

二、定有批准、接受、贊同或加入條款。

三、內容涉及人民之權利義務。

四、內容涉及國防、外交、財政或經濟上利益等國家重要事項。

五、內容與國內法律內容不一致或涉及國內法律之變更。

本法所稱協定，指條約以外，內容對締約各方均具有拘束力之國際書面協定。

本法所定締結程序，包括條約或協定之簽署、批准、接受、贊同及加入等程序事項。

第8條

條約案經簽署後，主辦機關應於三十日內報請行政院核轉立法院審議。但未具有條約或公約名稱，且未定有批准、接受、贊同或加入條款之條約案，其有下列情形之一者，主辦機關應於簽署後三十日內報請行政院備查，並於條約生效後，主辦機關應報請行政院轉呈總統公布，並送立法院查照：

一、經法律授權簽訂。

二、事先經立法院同意簽訂。

三、內容與國內法律相同。

條約案之加入，準用前項規定辦理。

第9條

條約內容涉及國家機密、國家安全或外交考量者，行政院於條約案送立法院審議時，應標明機密等級，立法院應以秘密會議為之。

第10條

立法院審議多邊條約案，除該約文明定禁止保留外，得經院會決議提出保留條款。

雙邊條約經立法院決議修正者，應退回主辦機關與締約對方重新談判。

條約案未獲立法院審議通過者，主辦機關應即通知締約對方。

第12條

協定經簽署後，主辦機關應於三十日內報請行政院備查，並於協定生效後，以適當方式周知及送請立法院查照。但其內容涉及國

家機密或有外交顧慮足以影響國家安全或利益者，不在此限。

前項協定，行政院於備查時，並應函請總統府秘書長查照轉呈總統。

第14條

條約或協定之附加議定書、附加條款、簽字議定書、解釋換文、同意紀錄、議事紀錄、附錄或其他相關文件，應併同條約或協定報請行政院備查或核轉立法院審議及送外交部保存。

第16條

條約或協定之修正、變更、續約、停止、終止或退出，準用締結程序之規定。

案例

◇法律案之條文如經二讀維持現行法條文，則毋庸提出三讀

1. 第1屆第44會期第11次會議（58.11.04），討論「行政院函請審議戡亂時期竊盜犯贓物犯保安處分條例第二條、第四條及第六條條文修正草案」時，決議：「第六條條文，照審查意見不予修正，仍維持現行法條文，第二條及第四條條文，俟下次會議進行三讀。」於同屆期第12次會議（58.11.07）三讀時，第6條條文即未提出三讀。惟委員吳延環、黃雲煥認為政府提案之內容具有整體性不能割裂，且不應排除三讀會中修改文字之程序，但委員溫士源等認為，二讀會決議維持現行法之條文不應提出三讀，否則，現行法再次咨請總統公布，實係重複之舉。主席裁定後者。[15]

---

[15] 立法院公報，第58卷，第81期，院會紀錄，2-10頁。

說明：

本條既已明定法律案須經三讀，所以如不續行三讀，應予以修法。但細究本案例第6條修正條文於二讀時，既然決議是維持現行法之條文，代表該第6條修正條文是二讀不通過，自毋須提出三讀。

2. 第7屆第4會期第17次會議（99.01.07、08、11、12），專科學校法增訂第24條之1，審查會通過不予增訂，故院會僅二讀，不續行三讀。[16]

說明：

本條既已明定法律案須經三讀，所以如不續行三讀，應予以修法。此外，本案依立法院職權行使法第9條第2項規定，由院會於二讀時，經出席委員提議，15人以上連署或附議，經表決通過，得撤銷之，即可不續行三讀。此外，同案例1理由，既然對增訂條文之二讀決議係不予增訂，表示該增訂案二讀不通過，自毋須提出三讀。

◇法律廢止案未進行三讀會議決

第9屆第7會期第8次會議（108.04.09），「學校教職員退休條例」及「學校教職員撫卹條例」廢止案，只有進行到二讀會議決。[17]

說明：

本條既已明定法律案須經三讀，其目的在於慎重，所以廢止案如須省略三讀，應予以修法。

◇實務上尚有「稅則」亦作法律之用

第1屆第39會期第29次會議（56.06.20），關稅法第3條後段規定，海關進口稅則，另經立法程序制定公布之。依第1屆第23會

16 立法院公報，第99卷，第5期上冊，院會紀錄，318頁。
17 立法院公報，第108卷，第33期，院會紀錄，152頁。

期第14次至第21次會議決議，現行稅則名稱不符中央法規標準法[18]，應行改定等。經財政部表示，海關進口稅則名稱之研究，稅則一詞，原譯自英文「Tariff」，以文件之性質而論，屬於法律範圍，在我國因譯作稅則習用已久，易為各方所了解，故擬仍沿用。[19]

說明：

立法院對於海關進口稅則之審查程序同法律案，須經三讀。

☆立法院二讀會審查條約案未經逐條討論

1. 第1屆第34會期第14次會議（53.11.10），審議「一九四八年及一九六○年國際海上人命安全公約及國際海上避碰規則案」，主席：「照議事規則第三十條第二項（現為立法院職權行使法第九條第二項）的規定二讀會是逐條討論，但是條約案是不逐條討論的，因為它只討論通過或不通過不能做條文或文字修正……第一次會議一九四八年的現在已全部在宣讀中，第二次一九六○年的會議不過修正了幾條……不必全文宣讀……。」候委員庭督要求表決。因人數不足，主席宣告：俟人數夠時進行表決。第1屆第34會期第16次會議（53.11.17），主席：「……一九四八年國際海上人命安全公約及國際海上避碰規則案已經全部宣讀完畢，一九六○年的公約及規則……是不是可以免予宣讀？無異議通過免予宣讀，本案決議：……無異議通過……。」[20]

說明：

因條約締結法已於104年7月1日公布，故本案例已不適用。

2. 第9屆第1會期第10次會議（105.04.22），主席：本案經審

---

[18] 中央法規標準法第2條：「法律得定名為法、律、條例或通則。」

[19] 立法院公報，第56卷，第7期第6冊，院會紀錄，470頁以下。

[20] 立法院公報，第53卷，第34期第5冊，院會紀錄，92頁；第53卷，第34期第6冊，院會紀錄，30頁。

查會決議：「不須交由黨團協商」，請問院會，有無異議？
（無）無異議。本案逕依審查會意見「公約名稱及條文，均照
案通過」處理，並依條約案處理例，逕作以下決議：「身心障
礙者權利公約照案通過。」請問院會，有無異議？（無）無異
議，通過。[21]

說明：

本案例係不須交由黨團協商，依立法院職權行使法第10條之1，
得經院會同意，不須討論，逕依審查意見處理。即使院會處理
法律案，亦是如此。

☆審查會於條約案加註文字

第9屆第4會期第6次會議（106.10.31），主席：本案經審查會決
議：「不須交由黨團協商」，請問院會，有無異議？（無）無異
議。本案依審查會結論：中文文本協定名稱及內文於中華民國之
後均加註（臺灣）處理，並依條約案處理例作以下決議：「中華
民國與巴拉圭共和國經濟合作協定修正通過。」[22]

解釋

司法院釋字第264號解釋（加發半個月公教人員年終工作獎金）
憲法第70條旨在防止政府預算膨脹，致增人民之負擔。預算再行
追加，係就預算案為增加支出之提議，與上開規定牴觸，自不生效
力。

司法院釋字第391號解釋（預算案為措施性法律）
預算案與法律案性質不同，尚不得比照審議法律案之方式逐條逐句
增刪修改，就被移動增加或追加原預算之項目言，要難謂非增加支
出提議之一種，復涉及施政計畫內容之變動與調整，易導致政策成
敗無所歸屬，責任政治難以建立，有違行政權與立法權分立，各本

---

[21] 立法院公報，第105卷，第23期上冊，院會紀錄，255頁。
[22] 立法院公報，第106卷，第87期下冊，院會紀錄，97頁。

所司之制衡原理，應爲憲法所不許。預算案實質上爲行政行爲之一種，但基於民主憲政之原理，預算案又必須由立法機關審議通過而具有法律之形式，故有稱之爲措施性法律。

司法院釋字第329號解釋（條約案）

憲法所稱之條約係指中華民國與其他國家或國際組織所締結之國際書面協定，包括用條約或公約之名稱，或用協定等名稱而其內容直接涉及國家重要事項或人民之權利義務且具有法律上效力者而言。其中名稱爲條約或公約或用協定等名稱而附有批准條款者，應送立法院審議，其餘除經法律授權或事先經立法院同意簽訂，或其內容與國內法律相同者外，亦應送立法院審議。

司法院釋字第342號解釋（議事錄未確定）

立法院審議法律案，須在不牴觸憲法之範圍內，依其自行訂定之議事規範爲之。法律案經立法院移送總統公布者，曾否踐行其議事應遵循之程序，除明顯牴觸憲法者外，乃其內部事項，屬於議會依自律原則應自行認定之範圍，並非釋憲機關審查之對象。法律案之立法程序有不待調查事實即可認定爲牴觸憲法，亦即有違反法律成立基本規定之明顯重大瑕疵者，則釋憲機關仍得宣告其爲無效。惟其瑕疵是否已達足以影響法律成立之重大程度，如尚有爭議，並有待調查者，即非明顯，依現行體制，釋憲機關對於此種事實之調查受有限制，仍應依議會自律原則，謀求解決。其曾否經議決通過，因尚有爭議，非經調查，無從確認。依前開意旨，仍應由立法院自行認定，並於相當期間內議決補救之。若議決之結果與已公布之法律有異時，仍應更依憲法第72條之規定，移送總統公布施行。

第八條（第一讀會程序）

第一讀會，由主席將議案宣付朗讀行之。

政府機關提出之議案或立法委員提出之法律案，應先送程序委員會，提報院會朗讀標題後，即應交付有關委員會審查。但有

出席委員提議，二十人以上連署或附議，經表決通過，得逕付二讀。

立法委員提出之其他議案，於朗讀標題後，得由提案人說明其旨趣，經大體討論，議決交付審查或逕付二讀，或不予審議。

說明

法律案提案之政府機關

1. 行政院，憲法第58條第2項：「行政院院長、各部會首長，須將應行提出於立法院之法律案、預算案、戒嚴案、大赦案、宣戰案、媾和案、條約案及其他重要事項，或涉及各部會共同關係之事項，提出於行政院會議議決之。」

   說明：

   總統府之法律案目前由行政院代為提案。

   案例：

   ◇第2屆第1會期第16次會議（82.04.13），報告事項第2案、行政院函請審議「國家安全會議組織法草案」案。第3案、行政院函請審議「國家安全局組織法草案」案。[23]

   ◇第2屆第5會期第34次會議（84.07.07），報告事項第3案、行政院函請審議「中華民國總統府組織法修正草案」案。[24]

2. 司法院，司法院釋字第175號解釋：司法院為國家最高司法機關，基於五權分治彼此相維之憲政體制，就其所掌有關司法機關之組織及司法權行使之事項，得向立法院提出法律案。

3. 考試院，憲法第87條：「考試院關於所掌事項，得向立法院提出法律案。」

4. 監察院，司法院釋字第3號解釋：監察院關於所掌事項，得向立

---

23 立法院公報，第82卷，第21期，院會紀錄，3頁。
24 立法院公報，第84卷，第44期，院會紀錄，3頁。

法院提出法律案，實與憲法之精神相符。

案例

▲政府機關或立法委員提出之法律案，因程序委員會尚未組成，經黨團協商提報院會

第10屆第1會期第1次會議（109.02.21），黨團協商結論：一、各黨團同意行政院函請審議之「嚴重特殊傳染性肺炎防治及紓困振興特別條例草案」，及各黨團、委員提出之相關草案，如附表，增列納入第1次會議報告事項。……。

☆尚未議決之法案如內容有變更或須配合其他法律做修正，該提案機關得將變更情形函請立法院參酌處理

第1屆第83會期第6次會議（78.03.14），報告事項第13案、司法院函，建議將各級法院推事更名為法官，請於審議「法院組織法修正草案」及「司法人員人事條例草案」時卓酌，經院會決定：「交法制、司法兩委員會。」25

☆委員依會議規範第77條自委員會抽出逕付二讀

第1屆第89會期第46次會議（81.07.17），委員黃正一等21人，請將本會期第22次會議交付法制、內政、財政、預算4委員會審查之謝委員長廷等16人所提「國民大會代表報酬支給條例草案」，依會議規範第77條規定予以抽出，並請逕付二讀，與行政院函請審議「國民大會代表報酬及費用支給條例草案」併案討論。是否有當？敬請公決。經院會表決通過，退回院會，併案討論。26

☆委員會建請抽出逕付二讀

1. 第9屆第4會期第6次會議（106.10.27），報告事項第208案、

---

25 立法院公報，第78卷，第22期，院會紀錄，168頁。
26 立法院公報，第81卷，第58期，院會紀錄，94及95頁。

內政委員會函，為建請將「住宅租賃管理及發展條例草案」等案自該委員會抽出，逕付二讀，與審查完竣之行政院函請審議「租賃住宅市場發展條例草案」案，併案協商。院會決定，逕付二讀，與相關提案併案協商。[27]

2. 第9屆第8會期第7次會議（108.10.25），報告事項第136案、外交及國防委員會函，為請將委員陳曼麗等19人、委員吳琪銘等21人分別擬具「國家情報工作法第三條條文修正草案」等2案逕付二讀（漏寫自委員會抽出等文字），與併案審查完竣之……案，併案協商。院會決定，逕付二讀，與相關提案併案協商。[28]

說明：

會議規範第77條：「付委案件之抽出　委員會對付委案件延不處理時，得經大會出席人之提議並獲參加表決之多數通過，將該案抽出，另行組織委員會審查或由大會逕行處理之。」顯見抽出動議係委員（黨團）反制因委員會對付委案件延不處理之救濟措施，如由委員會自行抽出該委員會之議案，等同委員會自行停止該議案之審查權，交還院會審查，並不妥適，且此亦涉及委員會有無提案權之疑義。此外，委員或黨團之抽出動議（提案）係在變更議程之程序處理，而委員會之抽出動議（提案）卻可以提前在報告事項處理，顯不一致。綜上所述，付委案件之抽出仍應回歸由委員或黨團提案抽出為宜。

☆逕付二讀之議案須交黨團協商

第5屆第3會期第6次會議（92.04.04），報告事項第18案、「公職人員選舉罷免法第六十九條條文修正草案」，經民進黨黨團及台聯黨團提議逕付二讀，院會決定，逕付二讀，並由民進黨黨團召集協商。

---

[27] 立法院公報，第106卷，第87期上冊，院會紀錄，24及25頁。
[28] 立法院公報，第108卷，第80期，院會紀錄，15頁。

說明：

嗣後院會決定逕付二讀之議案，均循此例交黨團協商。[29]

☆委員提案非屬立法院職權範圍者院會不做處理

第1屆第89會期第21次會議（81.05.01），委員謝長廷臨時提案：「邀請全體國民黨籍國大代表加入年底立委選戰，接受民意審判，落實單一國會之理念，請公決案。」經院會決議：「謝委員長廷提議邀請國代參選立委，因非關本院職權，本案不處理。」[30]

◎法律案涉及稅捐減免之聯席審查

立法院財政委員會91年6月20日台立財字第0912100438號函，檢送該委員會第5屆第1會期第27次會議全體委員會通過之臨時提案：舉凡任何法律案涉有稅捐減免條款，應交由財政委員會或與財政委員會舉行聯席審查。

☆◎法律案交付委員會審查，院會或委員會得否為條次變更

1. 部分修正案
   (1) 行政院提出商標法部分條文修正草案，其中第61條、第62條之1至之3、第63條、第64條至第69條等條文均做條次變更，並經院會二讀後，委員提出復議變更條次為現行條文之條次，並經第1屆第76會期第16次會議，三讀通過。[31]
   (2) 第8屆第2會期司法及法制委員會第18次全體委員會議，針對刑事訴訟法部分條文修正草案，其中第270條之2，因為沒有第270條之1，所以要變更條次為第270條之1。[32]
2. 特定條文增訂案
   (1) 第7屆第5會期第12次會議（99.05.07），二讀時，民法第

---

[29] 立法院公報，第92卷，第17期上冊，院會紀錄，5頁。
[30] 立法院公報，第81卷，第36期，院會紀錄，39及40頁。
[31] 立法院公報，第74卷，第93期，院會紀錄，9及10頁。
[32] 立法院公報，第101卷，第83期第4冊，委員會紀錄，120頁。

753條之1不予增訂；民法第753條之2照審查會條文通過，並將條次修正爲「第753條之1」，三讀通過。[33]

(2) 第8屆第5會期第10次會議（103.05.20），社會福利及衛生環境委員會報告審查委員王育敏等26人擬具「身心障礙者權益保障法增訂第六十四條之一條文草案」案，衛生福利部認同委員提案，惟認爲該增訂案與第63條相關，建議改增訂爲第63條之1，審查會決議將該條次變更爲第63條之1，經院會二、三讀通過。[34]

第九條（第二讀會程序）

第二讀會，於討論各委員會審查之議案，或經院會議決不經審查逕付二讀之議案時行之。

第二讀會，應將議案朗讀，依次或逐條提付討論。

第二讀會，得就審查意見或原案要旨，先作廣泛討論。廣泛討論後，如有出席委員提議，十五人以上連署或附議，經表決通過，得重付審查或撤銷之。

案例

☆院會決議重付審查之法律案，其在院會之修正動議交委員會併案審查

第1屆第88會期第15次會議（80.11.14），討論「國際經濟合作發展基金條例草案」時，委員陳水扁等對本案提出修正動議。爰經委員葛雨琴提議，本案退回委員會重付審查，至於陳委員所提修正動議併交委員會審查，嗣經決議：「本案重付經濟、預算兩

---

[33] 立法院公報，第99卷，第34期，院會紀錄，45-47頁。

[34] 立法院公報，第103卷，第37期中冊，院會紀錄，143-146頁。

委員會審查，陳委員水扁等十六人之修正動議交經濟、預算兩委員會併案審查。」[35]

☆議案撤銷者

第3屆第3會期第23次會議（86.05.16），行政院組織法第7條條文修正草案，經委員林建榮等提案連署建請依議事規則第30條（現行立法院職權行使法第9條）及第44條（現行立法院議事規則第33條）規定停止討論，逕付表決並撤銷本提案，表決通過：本案予以撤銷。[36]

第十條（對立法原旨有異議之補救程序）
法律案在第二讀會逐條討論，有一部分已經通過，其餘仍在進行中時，如對本案立法之原旨有異議，由出席委員提議，二十五人以上連署或附議，經表決通過，得將全案重付審查。但以一次為限。

案例

☆提議全案重付審查

第7屆第6會期第14次會議（100.01.04），全民健康保險法2案併案討論，原列討論事項第2案，遞更為第4案，第1章及第1條已完成二讀；經民進黨黨團提議全案重付審查，惟表決不予通過。[37]

---

[35] 立法院公報，第80卷，第93期，院會紀錄，32頁。
[36] 立法院公報，第86卷，第26期，院會紀錄，58及59頁。
[37] 立法院公報，第100卷，第4期，院會紀錄，49及50頁。

第十條之一（第二讀會不須黨團協商之議案）

第二讀會討論各委員會議決不須黨團協商之議案，得經院會同意，不須討論，逕依審查意見處理。

相關法規

🔍 **立法各委員會組織法**

第10條之1

　　各委員會於議案審查完畢後，應就該議案應否交由黨團協商，予以議決。

第十一條（第三讀會程序）

第三讀會，應於第二讀會之下次會議行之。但如有出席委員提議，十五人以上連署或附議，經表決通過，得於二讀後繼續進行三讀。

第三讀會，除發現議案內容有互相牴觸，或與憲法、其他法律相牴觸者外，祇得為文字之修正。

第三讀會，應將議案全案付表決。

案例

☆續行三讀

　　第9屆第5會期第14次會議（107.05.29），統計法修正草案全案經過二讀，現有民進黨黨團提議繼續進行三讀。請問院會，有無異議？（無）無異議，現在繼續進行三讀。[38]

---

[38] 立法院公報，第107卷，第62期第1冊，院會紀錄，172頁。

☆對續行三讀提議，提出異議者

第9屆第7會期第16次會議（108.05.31），中華民國刑法第185條之3條文修正草案全案經過二讀，現有民進黨黨團、時代力量黨團提議繼續進行三讀。請問院會，有無異議？有異議，繼續進行三讀之提議，經表決通過，現在繼續進行三讀。[39]

☆經過多次會議後，始續行三讀

第9屆第1會期第20次會議（105.07.12），關稅法部分條文修正草案經過二讀，第9屆第2會期第7次會議（105.10.21），完成三讀。[40]

說明：

因第9屆第1會期第21次會議、第9屆第2會期第1次會議至第6次會議等7次會議，皆無討論事項議程。

☆全案另定期表決

第4屆第2會期第7次會議（88.10.29），處理「檔案法草案」時，主席於三讀文字修正後，因在場委員未足表決法定人數，本案作如下決定：「全案另定期表決。」[41]第4屆第2會期第10次會議（88.11.30），三讀無異議通過。[42]

說明：

第4屆第2會期第8次會議雖無討論事項議程，惟第4屆第2會期第9次會議有討論事項議程，但未排入，所以法條雖明定「下次」，但還是須以排入議程為限。

---

[39] 立法院公報，第108卷，第60期第1冊，院會紀錄，182頁。

[40] 立法院公報，第105卷，第57期，院會紀錄，453頁；第105卷，第75期，院會紀錄，32-39頁。

[41] 立法院公報，第88卷，第46期，院會紀錄，84頁。

[42] 立法院公報，第88卷，第52期，院會紀錄，113頁。

☆與其他法律相牴觸者

第2屆第6會期第15次會議（84.12.21），「公務員服務法部分條文修正草案」，三讀條文已宣讀完畢，主席：請問院會，對本案有無文字修正？洪委員多桂，上開第13條第1項中之「股份兩合公司」不屬於公司法規範的種類，所以依據公司法第2條之意旨，應刪除「股份兩合公司」等文字，院會決議：無異議，通過。[43]

☆做文字修正者

第7屆第7會期第16次會議（100.06.07），性別平等教育法部分條文修正草案，主席：三讀條文已宣讀完畢，請問院會，對本案有無文字修正？現有民進黨黨團建議將第2條第1項第5款中的「性別氣質」修正為「性別特質」。主席：請問院會，對以上修正意見有無異議？（無）無異議，照案修正通過。[44]

☆全案採記名表決器表決

第4屆第1會期第16次會議（88.06.15），處理「政務官退職酬勞金給與條例修正草案」時，主席將全案提付表決，國民黨黨團提案，本案採記名表決器表決，表決結果：通過。[45]

☆以提案方式將全案付表決

第9屆第4會期第12次會議（106.12.12），公民投票法修正草案三讀通過後，民進黨黨團提案：本院民進黨黨團依據立法院職權行使法第11條規定，提請將本案「全案付表決」。[46]

說明：

第三讀會，應將議案全案付表決，其立法理由已具體說明，係考量第三讀會審查完竣，其作為審查標的議案，依議學原理，仍應

---

[43] 立法院公報，第84卷，第64期，院會紀錄，42頁。
[44] 立法院公報，第100卷，第47期下冊，院會紀錄，534及535頁。
[45] 立法院公報，第88卷，第37期，院會紀錄，90頁。
[46] 立法院公報，第106卷，第116期下冊，院會紀錄，158頁。

付表決，以得最終之審查結果，即主席於第三讀會後，仍須就議案之全案提付表決，係屬強制規定之法定表決。惟近來似未明確踐行此程序，易令人誤解是否漏未進行全案付表決程序，或由提案人（黨團）以提案方式，才做全案付表決之處理。不過，透過解釋還是可以說明院會有進行此程序，即主席於全案三讀後，雖未宣告全案付表決，惟如有宣告「請問院會，有無異議？（無）無異議，通過」。似可解釋為立法院議事規則第35條之口頭表決，或是會議規範第56條規定，無異議認可之效力與表決通過同。惟正確做法仍應回歸法律規定，由主席於議案三讀後，依法宣告全案付表決，惟表決方法並無限制，如未有委員或黨團提案要求「表決方式」者，可由主席依立法院議事規則第35條規定，宣告採口頭表決方式為之，如此做法，不但回歸法制，且實務處理亦無窒礙難行。

◇法律案延緩咨請總統公布者

1. 第1屆第12會期第9次會議（42.11.10），考試院函請立法院將業已通過之公務人員任用、俸給、考績等3法延至12月底送請總統公布施行。[47]

2. 第3屆第4會期第14次會議（86.10.30），通過之毒品危害防制條例，為配合法務部戒治所組織通則、觀察勒戒處分執行條例及戒治處分執行條例等修正，由司法委員會召集委員的請求，延緩至上述3法通過三讀後，併同咨請總統於87年5月20日公布施行。（主要係因行政部門之請求）[48]

3. 第4屆第1會期第14次會議（88.06.04），通過之菸酒管理法，為配合菸酒稅法及財政部國庫署組織條例之制定與修正，依其附帶決議之決議，俟上述2法三讀通過後，再一併咨請總統於89年4月19日公布施行。[49]

---

[47] 立法院公報，第42卷，第12期第4冊，院會紀錄，1頁。
[48] 周萬來，議案審議——立法院運作實況，2019.11，五版一刷，183頁。
[49] 立法院公報，第88卷，第31期，院會紀錄，785及786頁。

說明

立法院三讀後之議案（法律案、預算案）並未明定何時須送總統府
公布。

議事槌沿革

立法院主席臺之議事槌，據臺灣省議會議長黃朝琴回憶錄記載，係
因立法院黃國書院長聽說省議會有議事槌，也想用，於是黃議長訂
做1個送黃院長使用。此外，有關議事槌之法制規定，則有臺灣省
政府於72年7月11日72府民二字第150820號函，規定臺灣省縣市以
下民意機關「議事槌」使用辦法。而議事槌的功用，即議事槌的英
文名詞為「Gavel」，在民主法制中，其在議場之地位與「法槌」
在法庭中之地位相等，依1860年英國發行的「綜合英語辭典」記
載，「Gavel」是一種在會議進行時，主席所用之木槌，作為喚起
注意及維持秩序之用。

第十二條（議案之撤回及法律案之併案審查）
議案於完成二讀前，原提案者得經院會同意後撤回原案。
法律案交付審查後，性質相同者，得為併案審查。
法律案付委經逐條討論後，院會再為併案審查之交付時，審查
會對已通過之條文，不再討論。

相關法規

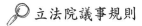 立法院議事規則

第8條第2項

　　連署人不得發表反對原提案之意見；提案人撤回提案時，應先
徵得連署人之同意。

案例

◇議案一讀同時撤回

第9屆第5會期第12次會議（107.05.11），報告事項第15案、委員洪慈庸等18人擬具「入出國及移民法第八十五條條文修正草案」，請審議案。主席：報告院會，本案因提案委員來函撤回，作以下決定：同意撤回。[50]

☆院會同意撤回後發現錯誤之處理

第9屆第6會期第1次臨時會（108.01.10），國民黨黨團撤回108年度中央政府總預算案之外交及國防委員會提案第106案，經院會同意後，發現撤錯了，該黨團提案重新處理，經院會重新處理表決原案不通過。[51]

◇院會同意撤回連署後連署人數之處理

第9屆第1會期第5次會議（105.03.18），報告事項第20案、委員蘇治芬等20人擬具「農會法部分條文修正草案」，請審議案。因有委員撤回連署，所以105年3月25日印發更正本為委員蘇治芬等19人擬具「農會法部分條文修正草案」，請審議案。[52]

☆院會不同意撤回議案

第5屆第4會期第12次會議（92.11.27），委員蔡同榮撤回「公民投票法草案」，記名表決結果，少數不通過。[53]

☆院會交付審查後之併案審查

第6屆第1會期第5次會議（94.03.25），報告事項第8案、委員陳金德等32人擬具「國民大會職權行使法草案」。院會決議：將

---

[50] 立法院公報，第107卷，第52期上冊，院會紀錄，2頁。
[51] 立法院公報，第108卷，第15期上冊，院會紀錄，225、335及337頁。
[52] 立法院國會圖書館網址：https://lis.ly.gov.tw/lylgmeetc/lgmeetkm?.28420
E2100E00000^00000001000000A00000100001000005A42803ec1。
[53] 立法院公報，第92卷，第55期中冊，院會紀錄，145頁。

本案交法制委員會併案審查。[54]

◎院會分別交付審查後之委員會併案審查

經濟委員會107年5月21日台立經字第1074201069號函，主旨：
院會交付審查行政院函請審議、本院委員及時代力量黨團分別
擬具之「公司法部分條文修正草案」等35案（詳審查報告），
業經併案審查完竣，並決議須交由黨團協商，復請提報院會討
論。第9屆第5會期第1次臨時會第3次會議（107.07.06），完成
三讀。[55]

> **第十三條**（任期屆滿不予繼續審議之議案）
> **每屆立法委員任期屆滿時，除預（決）算案及人民請願案外，
> 尚未議決之議案，下屆不予繼續審議。**

屆期不連續原則之沿革

1. 第3屆以前採屆期連續原則

第1屆第77會期第36次會議（75.06.27），報告事項第2案、行政
院函請審議「公用氣體燃料事業法草案」案。[56]行政院因該法自
75年6月18日送立法院審議已逾10年，其間情勢已有變遷，擬具
「公用氣體燃料事業法草案」部分條文修正案，請立法院併前案
審議，[57]第3屆第3會期第3次會議（86.03.04）報告事項第4案、
行政院函請併案審議「公用氣體燃料事業法部分條文修正案」

---

54 立法院公報，第94卷，第14期上冊，院會紀錄，2頁。

55 立法院公報，第107卷，第77期，院會紀錄，5頁以下。

56 立法院公報，第75卷，第52期，院會紀錄，2頁。

57 立法院第3屆第3會期第3次會議議案關係文書，院總第1383號 政府提案
　第5696號。

案，院會決定本案交經濟、司法2委員會併前送草案審查。[58]

2. 第4屆採有條件之屆期不連續原則

88年1月25日公布之立法院職權行使法第13條：「政府機關及立法委員提出之議案，每屆立法委員任期屆滿時，尚未完成委員會審查之議案，下屆不予繼續審議。」其立法理由：為避免提案長久累積，立法資源浪費，明定每屆立法委員任滿而未經委員會審畢之議案，視同廢棄。即採未經委員會審畢之議案作為屆期不連續原則之條件。反之，經委員會審畢之議案則下屆仍可繼續審議，而有屆期連續原則之適用。

3. 第5屆以後採除外屆期不連續原則

90年11月14日公布之立法院職權行使法第13條：「每屆立法委員任期屆滿時，除預（決）算案及人民請願案外，尚未議決之議案，下屆不予繼續審議。」其立法理由：為強化委員會專業化之功能，爰斟酌採行美國、德國之「屆期不繼續原則」，並予修正，即：每屆立法委員任期屆滿時，除預算案、決算審核報告案及人民請願案外，其他尚未審議通過之議案，下屆即不再審議。

說明

本法採除外屆期不連續原則，即明文規定除預算案、決算審核報告案及人民請願案仍適用屆期連續原則外，其他尚未審議通過之議案，則受屆期不連續原則之限制。惟實務上對於行政命令仍有採行屆期連續原則之情事。

案例

☆行政命令採屆期連續原則之處理

第8屆第8會期第14次會議（104.12.16），報告事項，勞動部函為修正「勞動基準法施行細則部分條文」案，決定：「交社會福

---

[58] 立法院公報，第86卷，第5期，院會紀錄，3頁。

利及衛生環境委員會審查。」由於勞動基準法規定全面實施週休2日，工時由雙週84小時降為單週40小時，並藉修改上述施行細則，將勞工國定假日自19天砍至12天，引發爭議。社會福利及衛生環境委員會乃於105年3月28日舉行第9屆第1會期第10次全體委員會議，對本案進行審查，並提報第9屆第1會期第8次會議（105.04.08），決議：一、本案不予備查，通知勞動部更正或廢止。二、社會福利及衛生環境委員會通過決議一併送勞動部。[59]

第十四條（憲法修正案審議程序準用之規定）
立法委員提出之憲法修正案，除依憲法第一百七十四條第二款之規定處理外，審議之程序準用法律案之規定。

說明

立法院職權行使法第14條係88年1月25日公布，而憲法增修條文第1條及第12條係於94年6月10日公布，所以上開有關國民大會複決規定（憲法第174條第2款）已不適用，本條應予以修正為：「立法委員提出之憲法修正案，除依憲法增修條文第一條第一項、第十二條之規定處理外，審議之程序準用法律案之規定。」

相關法規

中華民國憲法增修條文

第1條第1項

　中華民國自由地區選舉人於立法院提出憲法修正案、領土變更案，經公告半年，應於三個月內投票複決，不適用憲法第四條、第

---

59 立法院公報，第105卷，第15期，院會紀錄，64-68頁。

一百七十四條之規定。

第12條

憲法之修改，須經立法院立法委員四分之一之提議，四分之三之出席，及出席委員四分之三之決議，提出憲法修正案，並於公告半年後，經中華民國自由地區選舉人投票複決，有效同意票過選舉人總額之半數，即通過之，不適用憲法第一百七十四條之規定。

立法院組織法

第9條

立法院依憲法增修條文第十二條之規定，得設修憲委員會，其組織規程，另定之。

解釋

司法院釋字第499號解釋（憲法增修條文違憲）

修改憲法乃最直接體現國民主權之行為，應公開透明為之，以滿足理性溝通之條件，方能賦予憲政國家之正當性基礎。如有重大明顯瑕疵，即不生其應有之效力，所謂明顯，係指事實不待調查即可認定；所謂重大，就議事程序而言則指瑕疵之存在已喪失其程序之正當性，而違反修憲條文成立或效力之基本規範。關於國民大會代表及立法委員任期之調整，並無憲政上不能依法改選之正當理由，逕以修改上開增修條文方式延長其任期，與首開原則不符。而國民大會代表之自行延長任期部分，於利益迴避原則亦屬有違，俱與自由民主憲政秩序不合。以無記名投票方式表決通過憲法增修條文之修正，其瑕疵已達明顯重大之程度，違反修憲條文發生效力之基本規範。

案例

◇立法院通過中華民國憲法增修條文修正案之公告

　　立法院於93年8月29日通過憲法增修條文第1條、第2條、第4條、第5條、第8條及增訂第12條條文修正案，由立法院（王金平院長）公告，並於94年6月10日國民大會複決通過，經總統於同日公布。

第十五條（總統發布緊急命令之追認程序）

總統依憲法增修條文第二條第三項之規定發布緊急命令，提交立法院追認時，不經討論，交全院委員會審查；審查後提出院會以無記名投票表決。未獲同意者，該緊急命令立即失效。

總統於立法院休會期間發布緊急命令提交追認時，立法院應即召開臨時會，依前項規定處理。

總統於立法院解散後發布緊急命令，提交立法院追認時，立法院應於三日內召開臨時會，並於開議七日內議決，如未獲同意，該緊急命令立即失效。但於新任立法委員選舉投票日後發布者，由新任立法委員於就職後依第一項規定處理。

案例

◇37年8月20日（政府播遷來台），頒布財政經濟緊急處分令。

◇48年8月30日（八七水災），頒布緊急處分令，採取有效措施對現行稅法及各級政府預算必要之變更，以應付臺灣省中南部8月7日水災所受損失。

◇67年12月16日（中美斷交），頒布緊急處分令，軍事單位採取全面加強戒備之必要措施，行政院經建會會同……採取維持經濟穩定及持續發展之必要措施，進行中之增額中央民意代表選舉，

延期舉行等。

◇68年1月18日（中美斷交），頒布緊急處分令，對前開緊急處分令第3項補充，暫由原增額選出之中央民意代表繼續行使職權等。

◇77年1月13日（蔣經國去世），頒布緊急處分令，規定國喪期間，聚眾集會、遊行及請願活動，一律停止。

☆總統於88年9月25日發布緊急命令（921地震），同日咨請立法院追認

立法院於88年9月27日召開黨團協商，於88年9月28日以臨時報告提報第4屆第2會期第2次會議（88.09.28），上午進行全院委員會審查（發言每人5分鐘，院會決定按國民黨7、民進黨4、新黨3、無黨籍聯盟3、民主聯盟2、非政黨聯盟2之比例），審查完畢即開院會，以無記名投票表決，予以追認。[60]

解釋

司法院釋字第543號解釋（緊急命令得否再授權為補充規定）

緊急命令具有暫時替代或變更法律效力之命令，以不得再授權為補充規定即可逕予執行為原則。若因事起倉促，一時之間不能就相關細節性、技術性事項鉅細靡遺悉加規範，而有待執行機關以命令補充，方能有效達成緊急命令之目的者，則應於緊急命令中明文規定其意旨，於立法院完成追認程序後，再行發布，且應送交立法院審查。立法院就緊急命令行使追認權，僅得就其當否為決議，不得逕予變更其內容，如認部分內容雖有不當，然其餘部分對於緊急命令之整體應變措施尚無影響而有必要之情形時，得為部分追認。立法院如經制定相關因應措施之法律以取代緊急命令之規範內容時，緊急命令應於此範圍內失效。

---

[60] 立法院公報，第88卷，第41期，院會紀錄，66-70頁。

第二章之一　聽取總統國情報告（15-1～15-5）

第十五條之一（立法院每年集會聽取總統國情報告）
依中華民國憲法增修條文第四條第三項規定，立法院得於每年集會時，聽取總統國情報告。

相關法規

🔍 中華民國憲法增修條文

第4條第3項

　　立法院於每年集會時，得聽取總統國情報告。

第十五條之二（總統赴立法院做國情報告之要件）
立法院得經全體立法委員四分之一以上提議，院會決議後，由程序委員會排定議程，就國家安全大政方針，聽取總統國情報告。
總統就其職權相關之國家大政方針，得咨請立法院同意後，至立法院進行國情報告。

案例

◇總統咨請立法院進行國情報告
　　總統府93年9月27日華總一義09310036990咨文：「茲為鞏固國防安全，維護民主自由，促進國家進步發展，爭取朝野支持國家大政方針，希就有關國防軍購、臺灣參與聯合國，以及兩岸和平發展等重大政策，依據憲法增修條文第四條第三項『立法院於每

年集會時，得聽取總統國情報告。』之規定，咨請立法院惠於本會期（第五屆第六會期）儘速安排聽取國情報告。」立法院院長於93年9月30日、93年10月4日召開2次黨團協商，未獲共識，待陳水扁總統卸任後，將該文存查。

◇**全體立法委員四分之一以上提議聽取總統國情報告**

1. 第4屆第4會期第6次會議（89.10.13），委員林耀興等，臨時提案恭請陳總統近日赴立法院就「解除憲政危機、穩定國內政局」做國情報告，並聽取民意及建言，是否有當，請公決案。院會決議：俟下次會議處理臨時提案時依序討論。[61]

2. 第8屆第1會期第8次會議（101.04.20），一、委員吳秉叡等，建議咨請（馬英九）總統赴立法院進行國情報告。二、民進黨黨團、親民黨黨團及台灣團結聯盟黨團擬提案邀請（馬英九）總統赴立法院進行國情報告。經併案討論後逕付二讀，交付黨團協商，並由國民黨黨團、民進黨黨團、親民黨黨團及台灣團結聯盟黨團共同負責召集協商。[62]第8屆第1會期第13次會議（101.05.29）決議：「協商後再行處理。」[63]

3. 第9屆第1會期談話會，委員林德福等，鑑於荷蘭海牙常設仲裁法院對南海仲裁案，蔡英文總統應依「憲法」增修條文第4條，立即赴立法院進行國情報告，向國會及全民說明，政府未來如何捍衛及堅守國家主權完整，請公決案。決議：未列為特定議案。[64]

4. 第9屆第3會期第10次會議（106.04.21）、第9屆第3會期第12次會議（106.05.05）、第9屆第5會期第6次會議（107.04.03）、第9屆第5會期第7次會議（107.04.10）、第9屆第5會期第8次會議（107.04.13），國民黨黨團提議增列討論事項：「將委

---

[61] 立法院公報，第89卷，第56期，院會紀錄，268頁。
[62] 立法院公報，第101卷，第22期，院會紀錄，124-131頁。
[63] 立法院公報，第101卷，第43期，院會紀錄，274頁。
[64] 立法院公報，第105卷，第65期下冊，委員會紀錄，335頁。

員林德福等35人提案建請蔡英文總統應依憲法增修條文第4條，立即赴立法院進行國情報告，向國會及全民說明，提出完整年金改革精算報告，在減少社會衝突對立，秉持信賴保護與不溯及既往的原則下，如何保證各職業年金不破產，請公決案」增列為討論事項第1案。經記名表決結果，少數不通過。第9屆第5會期全院委員談話會（107.06.11），委員林德福等31人，有鑑於蔡英文總統上任2年以來，已有4個邦交國接連與我國斷交，為了讓朝野國會議員與全體國人充分了解政策走向，同時凝聚國人向心與團結，應立即邀請蔡英文總統赴立法院進行國情報告，向全體國人闡述其因應之道及對策。經記名表決結果，少數不通過。[65]

◇黨團提議總統做國情報告

1. 第4屆第3會期第30次會議（89.07.14），親民黨黨團，依憲法增修條文第4條第3項，以及立法院議事規則第9條之規定，臨時提案要求陳水扁總統於本會期休會前，至立法院做國情報告，以維護政局安穩、民心安定，是否有當，請公決案。院會決議：俟立法院職權行使法修正通過後，再行處理。[66]

2. 第5屆第1會期第3次會議（91.03.08），台灣團結聯盟黨團，依照憲法增修條文第4條第3項規定，臨時提案擬邀請陳總統赴立法院進行國情報告。是否有當，請公決案。院會決議：交程序委員會編列議程討論事項。第5屆第1會期第7次會議（91.04.02）俟有關時間、方式及其他相關配套措施，於朝野達成共識後，再行處理。[67]

---

[65] 立法院公報，第106卷，第42期，院會紀錄，5頁；第106卷，第54期，院會紀錄，33頁；第107卷，第28期，院會紀錄，99及100頁；第107卷，第32期，院會紀錄，106及107頁；第107卷，第35期，院會紀錄，99及100頁；第107卷，第74期，委員會紀錄，359頁。

[66] 立法院公報，第89卷，第45期，院會紀錄，318頁。

[67] 立法院公報，第91卷，第16期，院會紀錄，341頁；第91卷，第24期，院會紀錄，348頁。

3. 第8屆第1會期第8次會議（101.04.20），民進黨黨團、親民黨黨團、台灣團結聯盟黨團，提案邀請馬英九總統赴立法院進行國情報告。第8屆第1會期第8次會議（101.04.20）經併案討論後逐付二讀，交付黨團協商，並由國民黨黨團、民進黨黨團、親民黨黨團及台灣團結聯盟黨團共同負責召集協商。提列院會討論事項，決議：協商後再行處理。第8屆第1會期第13次會議（101.05.29），決議：「協商後再行處理。」[68]

4. 第8屆第8會期第9次會議（104.11.13），國民黨黨團，針對兩岸雙方領導人於本（104）年11月7日在新加坡會面，建請依據立法院職權行使法第15條之2規定，邀請總統於馬習會後至本院進行國情報告，請公決案。決議：逐付二讀，交付黨團協商，並由國民黨黨團負責召集協商。[69]

第十五條之三（印送書面報告之期限）
總統應於立法院聽取國情報告日前三日，將書面報告印送全體委員。

第十五條之四（立法委員就國情報告提出問題之相關程序）
立法委員於總統國情報告完畢後，得就報告不明瞭處，提出問題；其發言時間、人數、順序、政黨比例等事項，由黨團協商決定。
就前項委員發言，經總統同意時，得綜合再做補充報告。

---

[68] 立法院公報，第101卷，第25期，院會紀錄，275頁；第101卷，第43期，院會紀錄，274頁。
[69] 立法院公報，第104卷，第85期，院會紀錄，472頁。

第十五條之五（立法委員對國情報告所提問題送請總統參考）
立法委員對國情報告所提問題之發言紀錄，於彙整後送請總統參考。

第三章　聽取報告與質詢（16～28-2）

第十六條（提出施政報告與質詢之規定）
行政院依憲法增修條文第三條第二項第一款向立法院提出施政方針及施政報告，依下列之規定：
一、行政院應於每年二月一日以前，將該年施政方針及上年七月至十二月之施政報告印送全體立法委員，並由行政院院長於二月底前提出報告。
二、行政院應於每年九月一日以前，將該年一月至六月之施政報告印送全體立法委員，並由行政院院長於九月底前提出報告。
三、新任行政院院長應於就職後兩週內，向立法院提出施政方針之報告，並於報告日前三日將書面報告印送全體立法委員。
立法院依前項規定向行政院院長及行政院各部會首長提出口頭質詢之會議次數，由程序委員會定之。

相關法規

🔍 中華民國憲法增修條文

第3條第2項第1款

　　行政院依左列規定，對立法院負責，憲法第五十七條之規定，

停止適用：

一、行政院有向立法院提出施政方針及施政報告之責。立法委員在開會時，有向行政院院長及行政院各部會首長質詢之權。

案例

◇逾期提出施政報告

1.江宜樺（任期102.02.18～103.12.08），因開議日（102.09.17）質詢議程未達成協議，行政院院長未進行施政報告及詢答，第8屆第4會期第6次會議（102.10.18），提出施政報告並備質詢。[70]

2.賴清德（任期106.09.08～108.01.14），因開議日第9屆第5會期第1次會議（107.02.27），軍人年改陳抗發生意外事件，本次會議議事日程未及進行，改第9屆第5會期第2次會議（107.03.02），開始施政報告質詢。[71]

▲◇就職後兩週內提出報告

1.唐飛（任期89.05.20～89.10.06），第4屆第3會期第16次會議（89.05.16），黨團協商結論：於第4屆第3會期第21次會議（89.06.02），提出施政方針，由各黨團推派代表（國民黨2人，其餘黨團1人），每人發言5分鐘，並立即散會。第4屆第3會期第29次會議（89.07.04）起進行施政質詢。[72]

2.張俊雄（任期89.10.06～91.02.01），第4屆第4會期第7次會議（89.10.17），提出施政方針，並答復質詢。[73]

說明：

唐飛因健康因素89年10月3日請辭，內閣改組。

---

[70] 立法院公報，第102卷，第56期上冊，院會紀錄，69頁。
[71] 立法院公報，第107卷，第20期上冊，院會紀錄，32頁。
[72] 立法院公報，第89卷，第32期，院會紀錄，24頁。
[73] 立法院公報，第89卷，第57期，院會紀錄，234頁。

3. 游錫堃（任期91.02.01～93.05.20；93.05.20～94.02.01），第5屆第5會期第19次會議（93.06.01），黨團協商結論：一、6月1日行政院院長列席施政方針報告並答復質詢。各黨團質詢順序及人數如下：國民黨黨團4人、無黨聯盟1人、親民黨黨團3人、台聯黨團1人、民進黨黨團6人。以輪流交叉方式進行，每人詢答時間15分鐘（未參加黨團委員依例得先行質詢）。[74]

說明：

本次詢答僅有1日。（陳水扁總統續任）

4. 吳敦義（任期98.09.10～101.02.06），第7屆第4會期第1次會議（98.09.18），黨團協商結論（98.09.11）：定於9月18日（星期五）舉行第4會期第1次會議，邀請行政院院長率同各部會首長列席施政方針報告並答復質詢，質詢人數由國民黨黨團推派5人、民進黨黨團推派3人及無黨團結聯盟黨團推派1人進行，當日質詢順序及嗣後第4會期施政總質詢順序及人數，均授權議事處依例辦理。[75]

5. 張俊雄（任期96.05.21～97.05.20），第6屆第5會期第14次會議（96.05.29），黨團協商結論：第5會期第15次會議（96.06.01）（星期五）邀請新任行政院院長率同各部會首長列席報告施政方針，並備質詢。當日由各黨團推派代表2人進行質詢，質詢順序授權議事處依例辦理。[76]

說明：

本次詢答僅有1日。

6. 陳冲（任期101.02.06～102.02.18），第8屆第1會期第13次會議（101.05.25），黨團協商結論（101.05.24）：第8屆第1會期第14次會議（101.06.01）（星期五）邀請新任行政院院長

[74] 立法院公報，第93卷，第31期，院會紀錄，28頁。
[75] 立法院公報，第98卷，第46期上冊，院會紀錄，89及90頁。
[76] 立法院公報，第96卷，第46期，院會紀錄，48及49頁。

率同各部會首長列席施政方針報告並答復質詢，質詢人數由國民黨黨團推派6人、民進黨黨團推派5人、台灣團結聯盟黨團及親民黨黨團各推派2人進行，未參加黨團委員得優先發言，每人詢答時間15分鐘，質詢順序依例授權議事處辦理。[77]

說明：

因總統馬英九將於101年5月20日就職，陳冲101年5月10日率內閣總辭，惟於101年5月20日重新擔任行政院院長。本次詢答僅有1日，惟當日並未舉行詢答。[78]

7. 毛治國（任期103.12.08～105.02.01），第8屆第6會期第12次會議（103.12.05），黨團協商結論：12月12日（星期五）及12月15日（星期一）邀請新任行政院院長率同各部會首長列席施政方針報告及提出中華民國104年度中央政府總預算案因應處理報告並答復質詢，質詢人數由國民黨黨團推派10人、民進黨黨團推派10人、台灣團結聯盟黨團推派3人進行，未參加黨團委員並得發言，每人詢答時間20分鐘，質詢順序由台灣團結聯盟黨團、民進黨黨團、國民黨黨團、未參加黨團委員之順序輪流交叉方式進行。[79]

說明：

本次詢答僅有2日。

8. 蘇貞昌（任期108.01.14～109.05.20；109.05.20～），第10屆第1會期第12次會議（109.05.12），黨團協商結論（109.05.11）：五、各黨團同意109年5月29日（星期五）邀請新任行政院院長進行施政方針報告，報告完畢後，由民進黨黨團6人、國民黨黨團5人、民眾黨黨團2人、時代力量黨團2人，輪流交叉進行質詢，每人發言15分鐘，未參加黨團委員得優先發言。當日

---

[77] 立法院公報，第101卷，第39期，院會紀錄，48頁。
[78] 立法院公報，第101卷，第51期下冊，院會紀錄，358頁。
[79] 立法院公報，第103卷，第87期下冊，院會紀錄，437及438頁。

不處理臨時提案。

說明：

蔡英文總統續任，行政院院長蘇貞昌總辭後新任。本次詢答僅有1日。

◇未於就職後兩週內提出報告

1. 游錫堃（任期91.02.01～93.05.20；93.05.20～94.02.01），第5屆第1會期第1次會議（91.02.19），黨團協商結論（91.02.19）：2月26日行政院院長施政報告後，進行政黨質詢。各黨團質詢順序如下：(1)台聯黨(2)親民黨(3)國民黨(4)民進黨共6位委員質詢，其中1位為台聯黨委員。[80]

說明：

因開議日為2月19日，已逾就職後2週。

2. 謝長廷（任期94.02.01～95.01.25），第6屆第1會期第1次會議（94.02.25）施政方針及施政報告，並備質詢。[81]

說明：

因開議日為2月25日，已逾就職後2週。

3. 陳冲（任期101.02.06～102.02.18），第8屆第1會期第1次會議（101.02.24），黨團協商結論：本日會議僅進行行政院院長施政方針及施政報告，下次會議始進行政黨質詢。[82]

說明：

因開議日為2月24日，已逾就職後2週。

4. 張善政（任期105.02.01～105.05.20），第9屆第1會期第1次會議（105.02.19），黨團協商結論：一、各黨團同意定於2月19日（星期五）舉行第9屆第1會期第1次會議，邀請行政院院長

---

[80] 立法院公報，第91卷，第14期上冊，院會紀錄，190頁。
[81] 立法院公報，第94卷，第9期，院會紀錄，18頁。
[82] 立法院公報，第101卷，第2期上冊，院會紀錄，34頁。

率同各部會首長列席進行施政方針及施政報告並答復質詢，報告後隨即進行政黨質詢，質詢人數由民進黨黨團推派4人、國民黨黨團推派2人、時代力量黨團及親民黨黨團各推派1人進行，當日質詢順序依親民黨黨團、時代力量黨團、國民黨黨團、民進黨黨團之順序輪流交叉方式進行，本會期日後有關質詢期間之順序及人數，均依例授權議事處辦理。[83]

說明：

因開議日為2月19日，已逾就職後2週。

5. 蘇貞昌（任期95.01.25～96.05.21），第6屆第3會期第1次會議（95.02.21），黨團協商結論（95.01.20）：一、95年2月21日（星期二）邀請行政院院長率同各部會首長列席報告施政方針及施政報告並答復質詢，質詢人數由各黨團推派2人，本次質詢順序及本會期日後有關質詢期間之順序及人數，均授權議事處依往例處理。[84]

說明：

此例係休會中，應不適用第3款。

6. 蘇貞昌（任期108.01.14～109.05.20；109.05.20～），第9屆第7會期第1次會議（108.02.15），黨團協商結論（108.01.17）：2月15日（星期五）邀請行政院院長率同各部會首長列席進行施政方針及施政報告並答復質詢，報告後隨即進行政黨質詢，當日質詢人數由民進黨黨團推派4人、國民黨黨團推派2人、時代力量黨團及親民黨黨團各推派1人進行，質詢順序依民進黨黨團、親民黨黨團、時代力量黨團、國民黨黨團之順序輪流交叉方式進行，有關質詢期間之順序及人數，均依例授權議事處辦理。[85]

---

[83] 立法院公報，第105卷，第1期上冊，院會紀錄，7頁。

[84] 立法院公報，第95卷，第7期上冊，院會紀錄，39頁。

[85] 立法院公報，第108卷，第16期上冊，院會紀錄，1及2頁。

說明：

此例係休會中，應不適用第3款。

◇當日未提出施政報告

1. 陳冲（任期101.02.06～102.02.18），第8屆第1會期第14次會議（101.06.01），（因為開放瘦肉精、油電價雙漲、證所稅等政策）施政質詢留待協商處理。[86]第8屆第2會期第1次會議（101.09.18），黨團協商結論：一、為依憲法增修條文規定處理委員柯建銘等43人對行政院院長提出之不信任案，交付全院委員會審查，定於9月21日（星期五）上午10時10分召開全院委員會進行審查，審查完畢後，定於9月22日（星期六）上午10時起加開院會進行不信任案投票表決，投票時間1小時，並與9月18日（星期二）視為1次會，請各黨團分別推派1人擔任投開票監察員。二、全院委員會審查時，先由提案人說明提案要旨5分鐘，其他委員每人發言時間5分鐘。三、本（第1）次會議報告事項結束後立即休息，不處理臨時提案。報告院會，柯委員建銘等43人對行政院人陳冲院長人提之不信任案已依憲法增修條文及立法院職權行使法規定進行處理程序，本日會議不進行行政院院長施政報告並備質詢之議程，現在請行政院陳院長、江副院長人部會首長先行離席。[87]改至第8屆第2會期第2次會議（101.09.28）施政報告。[88]

2. 林全（任期105.05.20～106.09.08），第9屆第1會期第15次會議（105.05.31），（因為美豬案）施政質詢未進行。[89]改至第9屆第1會期第16次會議（105.06.02）報告施政方針並備質

---

[86] 立法院公報，第101卷，第51期下冊，院會紀錄，358頁。

[87] 立法院公報，第101卷，第51期上冊，院會紀錄，7頁。

[88] 立法院公報，第101卷，第52期上冊，院會紀錄，44頁。

[89] 立法院公報，第105卷，第44期，院會紀錄，325頁。

詢。[90]

3. 賴清德（任期106.09.08～108.01.14），第9屆第6會期第1次會議（107.09.21），（因為促轉會案）施政質詢未進行。改至第9屆第6會期第2次會議（107.10.02）報告施政方針並備質詢。[91]

4. 蘇貞昌（任期108.01.14～109.05.20；109.05.20～），第9屆第8會期第1次會議（108.09.17），（因為禁止中共代理人法案等）本次會議僅處理報告事項第46案。[92]改至第9屆第8會期第3次會議（108.09.27）施政報告並備質詢。[93]

◇當日僅提出施政報告未質詢

1. 陳冲（任期101.02.06～102.02.18），第8屆第1會期第1次會議（101.02.24），黨團協商結論：一、本日會議僅進行行政院院長施政方針及施政報告，下次會議始進行政黨質詢（瘦肉精案）。[94]

2. 江宜樺（任期102.02.18～103.12.08），第8屆第3會期第1次會議（102.02.26），主席：謝謝江院長的施政方針及施政報告，下次會議再進行政黨質詢，相關質詢順序依序遞延（核四案）。[95]

3. 毛治國（任期103.12.08～105.02.01）

    (1) 第8屆第7會期第1次會議（104.02.24），黨團協商結論（104.02.16）：第2次會議進行對行政院院長施政方針報告質詢，故第1次會議僅提出施政方針及施政報告。[96]

---

[90] 立法院公報，第105卷，第44期，院會紀錄，18頁。

[91] 立法院公報，第107卷，第80期，院會紀錄，23頁。

[92] 立法院公報，第108卷，第66期下冊，院會紀錄，129頁。

[93] 立法院公報，第108卷，第67期，院會紀錄，14頁。

[94] 立法院公報，第101卷，第2期上冊，院會紀錄，34頁。

[95] 立法院公報，第102卷，第7期上冊，院會紀錄，251頁。

[96] 立法院公報，第104卷，第13期，院會紀錄，4頁以下。

(2) 第8屆第8會期第3次會議（104.09.25），黨團協商結論：
本日會議進行行政院院長施政報告後，即行休息（卡式台
胞證案），9月29日（星期二）開始進行政黨質詢，[97]惟因
颱風停止上班，當日會議未舉行。[98]

說明：
第8屆第8會期第1次會議（104.09.15）及第8屆第8會期第2次
會議（104.09.18），先處理法案（金融控股公司法等）。

◇行政院副院長代行報告施政方針及施政報告並答復質詢
第1屆第73會期第1次會議（73.02.24），行政院孫院長運璿因病
請假，由邱副院長代行報告施政方針及施政報告並答復質詢。[99]

第十七條（重要事項發生或施政方針變更時之報告與質詢）
行政院遇有重要事項發生，或施政方針變更時，行政院院長或
有關部會首長應向立法院院會提出報告，並備質詢。
前項情事發生時，如有立法委員提議，十五人以上連署或附
議，經院會議決，亦得邀請行政院院長或有關部會首長向立法
院院會報告，並備質詢。

案例

▲停建核四或有無替代方案等相關事宜
第4屆第4會期第1次臨時會（90.01.30），協商結論（90.01.29）：
邀請行政院院長（張俊雄）列席，就停建核四或有無替代方案等

---

[97] 立法院公報，第104卷，第60期，院會紀錄，50頁。
[98] 立法院公報，第104卷，第63期，院會紀錄，347頁。
[99] 立法院公報，第73卷，第17期，院會紀錄，85頁。

相關事宜提出報告並備質詢。詢答時間每人10分鐘。[100]

☆急迫性及重要性之金融改革法案

第4屆第5會期第1次臨時會第1次會議（90.06.26），總統（陳水扁）因行政院呈稱存款保險條例第17條之1條文修正案等6項急迫性及重要性之金融改革法案，須儘速完成立法及修法程序，乃咨請立法院召開臨時會（來文日期90.06.19）。黨團協商結論（90.06.20）：三、是否邀請行政院院長列席說明，定於6月21日下午繼續協商。6月26日開會日，對邀請行政院院長列席報告有異議，經過記名表決，會議決議通過邀請行政院院長（張俊雄）於6月26日下午列席報告上開法案，並備質詢。[101]

▲民航業者要求政府擔保航空第三責任兵險事項

第4屆第6會期第2次會議（90.09.27），黨團協商結論：一、原定9月27日處理法案，上午變更議程為邀請行政院院長（張俊雄）率同有關人員列席報告民航業者要求政府擔保航空第三責任兵險事項並備質詢，下午繼續處理法案。二、……新黨2人，無黨團結聯盟1人，國民黨5人，民進黨1人，親民黨2人，未參加黨團委員1人，詢答時間每人10分鐘。[102]

☆挑戰二○○八國家發展重點計畫

第5屆第1會期第18次會議（91.05.28），第5屆第1會期第15次院會決議通過，邀請行政院院長（游錫堃）報告「挑戰二○○八國家發展重點計畫」，預計動支1兆7,180億元國家預算事宜，並備質詢。[103]詢答時間每人15分鐘。[104]

---

[100] 立法院公報，第90卷，第6期，院會紀錄，115頁。
[101] 立法院公報，第90卷，第43期，臨時會議事錄，3-6頁。
[102] 立法院公報，第90卷，第46期下冊，院會紀錄，809頁。
[103] 立法院公報，第91卷，第36期，院會紀錄，428頁。
[104] 立法院公報，第91卷，第38期上冊，院會紀錄，29頁。

▲擴大公共建設投資計畫方案

第5屆第4會期第15次會議（92.12.12），黨團協商結論（92.12.04）：邀請行政院院長（游錫堃）率同相關部會首長列席報告「擴大公共建設投資計畫方案」並備質詢。詢答時間每人10分鐘。[105]

▲終止「國統會」及「國統綱領」相關決策

第6屆第3會期第3次會議（95.03.06），黨團協商結論（95.03.02）：邀請行政院院長（蘇貞昌）率同內政部部長、外交部部長、國防部部長及陸委會主任委員列席本院報告終止「國統會」及「國統綱領」相關決策並備詢。詢答時間每人10分鐘。[106]

☆塑化劑事件

第7屆第7會期第17次會議（100.06.10），院會決議通過（逕付二讀）邀請行政院院長（吳敦義）至本院院會針對「塑化劑事件」提出報告並備質詢。[107]

▲核四案專案報告

第8屆第3會期第3次會議（102.03.08），協商結論（102.02.26）：邀請行政院院長（江宜樺）列席，提出核四案專案報告並備質詢。詢答時間每人15分鐘。[108]

▲十二年國教政策專案報告

第8屆第3會期第1次臨時會第1次會議（102.06.14），黨團協商結論（102.06.10）：邀請行政院院長（江宜樺）列席，提出十二年國教政策專案報告並備質詢。詢答時間每人15分鐘。[109]

---

[105] 立法院公報，第92卷，第59期下冊，院會紀錄，59頁。
[106] 立法院公報，第95卷，第9期，院會紀錄，272頁。
[107] 立法院公報，第100卷，第49期上冊，院會紀錄，65及66頁。
[108] 立法院公報，第102卷，第7期上冊，院會紀錄，19頁；第102卷，第8期上冊，院會紀錄，32頁。
[109] 立法院公報，第102卷，第46期下冊，院會紀錄，630及631頁。

◇施政報告，併予專案報告卡式臺胞證報告

第8屆第8會期第3次會議（104.09.25）（併予報告），朝野黨團共同聲明（104.09.25），邀請行政院院長（毛治國）率同各部會首長列席進行施政報告，併予專案報告卡式臺胞證報告，並答復質詢。[110]

◇施政報告併予報告國道五號遊覽車事故檢討

第9屆第3會期第1次會議（106.02.17）（併予報告），邀請行政院院長（林全）率同各部會首長列席進行施政方針及施政報告，併予報告國道五號遊覽車事故檢討，並答復質詢。[111]

▲815供氣中斷致大潭電廠跳機停電事件

第9屆第3會期第3次臨時會第1次會議（106.08.21），黨團協商結論（106.08.17）：於8月21日（星期一）邀請行政院院長（賴清德）率相關部會首長就815供氣中斷致大潭電廠跳機停電事件至立法院進行專案報告並備質詢。詢答時間每人12分鐘。[112]

▲針對核二廠2號機重啓之能源政策、因應花蓮震災防救災機制及國土安全規劃、穩定物價機制問題併予報告

第9屆第5會期第2次會議（107.03.02）（併予報告），黨團協商結論（107.02.26）：於107年2月27日開議日邀請行政院院長（賴清德）率同各部會首長列席進行施政方針及施政報告（有關針對核二廠2號機重啓之能源政策、因應花蓮震災防救災機制及國土安全規劃、穩定物價機制問題併予報告）並答復質詢。[113] 惟當日並無進行議程，故順延至107年3月2日報告。

---

[110] 立法院公報，第104卷，第60期，院會紀錄，50頁。
[111] 立法院公報，第106卷，第17期上冊，院會紀錄，24頁。
[112] 立法院公報，第106卷，第72期，黨團協商紀錄，188頁。
[113] 立法院公報，第107卷，第20期下冊，黨團協商紀錄，311頁。

▲能源政策專案報告

第9屆第5會期第11次會議（107.05.04），黨團協商結論（107.04.17）：於5月4日（星期五）邀請行政院院長（賴清德）列席，提出能源政策專案報告並備質詢。發言時間分配民、國各2小時，時、親各45分鐘。[114]

◇823中南部水災之治水機制專案報告

第9屆第6會期第1次會議（107.09.25），談話會（107.09.14）無異議通過（施政報告及專案報告各1日），9月21日（星期五）邀請行政院院長（賴清德）率同各部會首長列席進行施政報告並答復質詢；9月25日（星期二）邀請行政院院長率同相關部會首長列席提出有關823中南部水災之治水機制專案報告並備質詢。發言時間分配民、國各2小時，時、親各45分鐘。[115]

▲普悠瑪事故等東部交通輸運問題做專案報告

第9屆第6會期第10次會議（107.11.27），黨團協商結論（107.10.22）：1個月內邀請行政院院長（賴清德）率同相關部會首長列席普悠瑪事故等東部交通輸運問題做專案報告。發言時間分配民、國各2小時，時、親各45分鐘。[116]第9屆第6會期第10次會議（107.11.27），行政院院長提出1021普悠瑪事故等東部交通輸運問題專案報告並備質詢。

▲針對武漢肺炎防疫機制併予報告

第10屆第1會期第1次會議（109.02.21）（併予報告），黨團協商結論（109.02.14）：2月21日（星期五）邀請行政院院長（蘇貞昌）率同各部會首長列席進行施政方針及施政報告（含有關針對武漢肺炎防疫機制併予報告）並答復質詢，報告後隨即進行政黨質詢。

---

[114] 立法院公報，第107卷，第35期，院會紀錄，125及126頁。
[115] 立法院公報，第107卷，第79期，全院委員談話會紀錄，279頁以下。
[116] 立法院公報，第107卷，第87期，黨團協商紀錄，361頁。

解釋

司法院釋字第520號解釋（核四預算停止執行）

預算案經立法院通過及公布手續為法定預算，其形式上與法律相當，因其內容、規範對象及審議方式與一般法律案不同，本院釋字第391號解釋曾引學術名詞稱之為措施性法律。因施政方針或重要政策變更涉及法定預算之停止執行時，則應本行政院對立法院負責之憲法意旨暨尊重立法院對國家重要事項之參與決策權，依照中華民國憲法增修條文第3條及立法院職權行使法第17條規定，由行政院院長或有關部會首長適時向立法院提出報告並備質詢。

第十八條（質詢之種類）

立法委員對於行政院院長及各部會首長之施政方針、施政報告及其他事項，得提出口頭或書面質詢。

前項口頭質詢分為政黨質詢及立法委員個人質詢，均以即問即答方式為之，並得採用聯合質詢。但其人數不得超過三人。

政黨質詢先於個人質詢進行。

案例

◇口頭質詢委員如不在場視為棄權

第9屆第8會期第9次會議（108.11.12），主席：現在進行質詢，輪到質詢委員如不在場，視為棄權。[117]

說明

實務上立法委員如因故無法出席口頭質詢者，得提出書面質詢代之。

---

[117] 立法院公報，第108卷，第88期，院會紀錄，148頁。

◇不同黨籍委員聯合質詢

　　第9屆第7會期第4次會議（108.03.08），陳委員雪生（國民黨）、楊委員曜（民進黨）聯合質詢，詢答時間為30分鐘。[118]

◇人事同意權得採聯合質詢

　　第8屆第4會期第2次會議（102.09.24）黨團協商結論（102.09.18），審計長林慶隆被提名人同意權案，每位委員詢答時間為15分鐘，並得採聯合質詢，但其人數不得超過3人。[119]

第十九條（政黨質詢）

每一政黨詢答時間，以各政黨黨團提出人數乘以三十分鐘行之。但其人數不得逾該黨團人數二分之一。

前項參加政黨質詢之委員名單，由各政黨於行政院院長施政報告前一日向秘書長提出。

代表政黨質詢之立法委員，不得提出個人質詢。

政黨質詢時，行政院院長及各部會首長皆應列席備詢。

案例

▲政黨提出人數每人詢答15分鐘

　　第8屆第1會期第13次會議（101.05.25），黨團協商結論：二、定於6月1日（星期五）邀請新任行政院院長（陳冲）率同各部會首長列席施政方針報告並答復質詢，質詢人數由國民黨黨團推派6人、民進黨黨團推派5人、台灣團結聯盟黨團及親民黨黨團各推派2人進行，未參加黨團委員得優先發言，每人詢答時間15分鐘，質詢順序依例授權議事處辦理。[120]

---

[118] 立法院公報，第108卷，第18期，院會紀錄，62頁。

[119] 立法院公報，第102卷，第48期下冊，院會紀錄，22頁。

[120] 立法院公報，第101卷，第43期，院會紀錄，289頁。

▲政黨提出人數每人詢答20分鐘

第8屆第6會期第12次會議（103.12.05），黨團協商結論，12
月12日（星期五）及12月15日（星期一）邀請新任行政院院長
（毛治國）率同各部會首長列席施政方針報告及提出中華民國
104年度中央政府總預算案因應處理報告並答復質詢，質詢人數
由國民黨黨團推派10人、民進黨黨團推派10人、台灣團結聯盟
黨團推派3人進行，未參加黨團委員並得發言，每人詢答時間20
分鐘，質詢順序由台灣團結聯盟黨團、民進黨黨團、國民黨黨
團、未參加黨團委員之順序輪流交叉方式進行。

第二十條（個人質詢）

立法委員個人質詢應依各委員會之種類，以議題分組方式進
行，行政院院長及與議題相關之部會首長應列席備詢。

議題分組進行質詢，依立法院組織法第十條第一項各款順序。
但有委員十五人連署，經議決後得變更議題順序。

立法委員個人質詢，以二議題為限，詢答時間合計不得逾三十
分鐘。如以二議題進行時，各議題不得逾十五分鐘。

相關法規

🔍 立法院組織法

第10條第1項

立法院依憲法第六十七條之規定，設下列委員會：

一、內政委員會。

二、外交及國防委員會。

三、經濟委員會。

四、財政委員會。

五、教育及文化委員會。

六、交通委員會。

七、司法及法制委員會。

八、社會福利及衛生環境委員會。

案例

▲變更議題順序經黨團協商決定者

第4屆第3會期第30次會議（89.07.14），黨團協商結論（89.07.13）：7月28日委員個人質詢，交通組與衛生環境及社會福利組，質詢順序相互對調。[121]

第二十一條（質詢之登記）

施政方針及施政報告之質詢，於每會期集會委員報到日起至開議後七日內登記之。

立法委員為前項之質詢時，得將其質詢要旨以書面於質詢日前二日送交議事處，轉知行政院。但遇有重大突發事件，得於質詢前二小時提出。委員如採用聯合質詢，應併附親自簽名之同意書面。

已質詢委員，不得再登記口頭質詢。

第二十二條（口頭質詢答復）

依第十七條及第十八條提出之口頭質詢，應由行政院院長或質詢委員指定之有關部會首長答復；未及答復部分，應於二十日內以書面答復。但質詢事項牽涉過廣者，得延長五日。

---

[121] 立法院公報，第89卷，第45期，院會紀錄，319頁。

第二十三條（書面質詢與答復應列入議事日程）

立法委員行使憲法增修條文第三條第二項第一款之質詢權，除依第十六條至第二十一條規定處理外，應列入議事日程質詢事項，並由立法院送交行政院。

行政院應於收到前項質詢後二十日內，將書面答復送由立法院轉知質詢委員，並列入議事日程質詢事項。但如質詢內容牽涉過廣者，答復時間得延長五日。

相關法規

🔍 中華民國憲法增修條文

第3條第2項第1款

　　行政院依左列規定，對立法院負責，憲法第五十七條之規定，停止適用：

一、行政院有向立法院提出施政方針及施政報告之責。立法委員在開會時，有向行政院院長及行政院各部會首長質詢之權。

說明

實務上最後1次院會散會前所收之書面質詢，因不及排入議程，為維護委員職權之行使，仍將其列入公報紀錄，並送交行政院。

第二十四條（質詢提出之限制）

質詢之提出，以說明其所質詢之主旨為限。

質詢委員違反前項規定者，主席得予制止。

第二十五條（答復之限制）

質詢之答復，不得超過質詢範圍之外。

被質詢人除為避免國防、外交明顯立即之危害或依法應秘密之事項者外，不得拒絕答復。

被質詢人違反第一項規定者，主席得予制止。

第二十六條（親自出席備詢或請假）

行政院院長、副院長及各部會首長應親自出席立法院院會，並備質詢。因故不能出席者，應於開會前檢送必須請假之理由及行政院院長批准之請假書。

案例

◇非政務官之部會副首長不得上院會發言臺備詢

第5屆第3會期第3次會議（92.03.14），主席宣告：行政院院長及各部會首長列席本院院會備詢，係就其政策答復委員質詢，因此非政務官之部會副首長，不得上臺發言備詢，但必要時，得提供資料，請行政院院長答復。[122]

◇部會首長請假應註明具體的公務

第5屆第5會期第4次會議（93.03.02），主席宣告：本院對行政院院長施政報告進行口頭質詢期間，行政院各部會及直屬機關首長，依憲法有親自出席院會並備質詢之義務，除非出國或有特別重要且迫切的公務需要首長親自處理的公務，不宜請假而委由副首長代表出席，以視對憲法之尊重，並重視本院委員之質詢權利，請游院長確實督促各部會首長注意，也請在請假的時候，註

---

122 立法院公報，第92卷，第14期上冊，院會紀錄，432頁。

明具體的公務。[123]

第二十七條（質詢事項不得為討論議題）
質詢事項，不得作為討論之議題。

說明

本條目的在避免質詢事項以辯論的方式進行，成為院會之討論議題，恐引發倒閣的危機。

案例

▲質詢事項作為討論之議題

第4屆第4會期第1次臨時會（90.01.30、31），黨團協商結論（90.01.29）：一、定於1月30日邀請行政院院長（張俊雄）列席，就停建核四或有無替代方案等相關事宜提出報告並備質詢。二、1月31日就核四應否停建（委員鄭永金等人提案）進行討論並議決⋯⋯上午11時進行表決。[124]

說明：

此一案例是否為本條之例外，有不同意見，即有謂：「⋯⋯同一會次當中，行政院就核四停建案報告備詢後，繼之以討論並作議決，理當視為係依照釋字第五二○號解釋所為之獨立的特殊案例。否則，應當修正相關規範以為肆應，俾免矛盾。⋯⋯。」[125]

---

[123] 立法院公報，第93卷，第11期上冊，院會紀錄，198頁。
[124] 立法院公報，第90卷，第6期，院會紀錄，115頁。
[125] 李基勝，質詢與諮詢疑義之研析，收錄於立法原理與制度，立法院法制局，2002.12，331頁。

第二十八條（預決算案報告之詢答程序）

行政院向立法院提出預算案編製經過報告之質詢，應於報告首日登記，詢答時間不得逾十五分鐘。

前項質詢以即問即答方式為之。但經質詢委員同意，得採綜合答復。

審計長所提總決算審核報告之諮詢，應於報告日中午前登記；其詢答時間及答復方式，依前二項規定處理。

行政院或審計部對於質詢或諮詢未及答復部分，應於二十日內以書面答復。但內容牽涉過廣者，得延長五日。

說明

行政院應於何時將下年度預算案提出於立法院，因憲法第59條規定為會計年度開始3個月前，而預算法第46條規定為會計年度開始4個月前，二者並不一致，實務上係採後者，會計年度開始4個月前，即9月1日前，故行政院最遲應於8月31日將下年度預算案提出於立法院。

相關法規

 中華民國憲法

第59條

　　行政院於會計年度開始三個月前，應將下年度預算案提出於立法院。

預算法

第11條

　　政府預算，每一會計年度辦理一次。

第12條

政府會計年度於每年一月一日開始，至同年十二月三十一日終了，以當年之中華民國紀元年次爲其年度名稱。

第16條

預算分左列各種：
一、總預算。
二、單位預算。
三、單位預算之分預算。
四、附屬單位預算。
五、附屬單位預算之分預算。

第27條

政府非依法律，不得於其預算外增加債務；其因調節短期國庫收支而發行國庫券時，依國庫法規定辦理。

第30條

行政院應於年度開始九個月前，訂定下年度之施政方針。

第41條

各機關單位預算及附屬單位預算，應分別依照規定期限送達各該主管機關。

各國營事業機關所屬各部門或投資經營之其他事業，其資金獨立自行計算盈虧者，應附送各該部門或事業之分預算。

各部門投資或經營之其他事業及政府捐助之財團法人，每年應

由各該主管機關就以前年度投資或捐助之效益評估，併入決算辦理後，分別編製營運及資金運用計畫送立法院。

　　政府捐助基金累計超過百分之五十之財團法人及日本撤退臺灣接收其所遺留財產而成立之財團法人，每年應由各該主管機關將其年度預算書，送立法院審議。

第46條

　　中央政府總預算案與附屬單位預算及其綜計表，經行政院會議決定後，交由中央主計機關彙編，由行政院於會計年度開始四個月前提出立法院審議，並附送施政計畫。

第48條

　　立法院審議總預算案時，由行政院長、主計長及財政部長列席，分別報告施政計畫及歲入、歲出預算編製之經過。

第51條

　　總預算案應於會計年度開始一個月前由立法院議決，並於會計年度開始十五日前由總統公布之；預算中有應守秘密之部分，不予公布。

第52條

　　法定預算附加條件或期限者，從其所定。但該條件或期限爲法律所不許者，不在此限。

　　立法院就預算案所爲之附帶決議，應由各該機關單位參照法令辦理。

第53條

總預算案於立法院院會審議時，得限定議題及人數，進行正反辯論或政黨辯論。

各委員會審查總預算案時，各機關首長應依邀請列席報告、備詢及提供有關資料，不得拒絕或拖延。

第91條

立法委員所提法律案大幅增加歲出或減少歲入者，應先徵詢行政院之意見，指明彌補資金之來源；必要時，並應同時提案修正其他法律。

第92條

未依組織法令設立之機關，不得編列預算。

第93條

司法院得獨立編列司法概算。

行政院就司法院所提之年度司法概算，得加註意見，編入中央政府總預算案，併送立法院審議。

司法院院長認為必要時，得請求列席立法院司法及法制委員會會議。

第96條

地方政府預算，另以法律定之。

前項法律未制定前，準用本法之規定。

🔍 中央政府總預算案審查程序（37.10.08通過，最新修正日期98.05.01）

第1條（適用範圍）

中央政府總預算案之審查，依本程序之規定。

第2條（院會之報告與詢答）

總預算案函送本院後，定期由行政院院長、主計長及財政部部長列席院會，分別報告施政計畫及歲入、歲出預算編製之經過。

立法委員對於前項各首長報告，得就施政計畫及關於預算上一般重要事項提出質詢；有關外交、國防機密部分之質詢及答復，以秘密會議行之。

第3條（審查之分配）

總預算案由各委員會分別審查，其分配如下：

一、內政委員會：

（一）內政部（不含社會司及兒童局）、中央選舉委員會、蒙藏委員會、行政院大陸委員會、行政院原住民族委員會、行政院客家委員會、行政院海岸巡防署預算案。

（二）前目各機關之所屬機關、特種基金及其捐助之財團法人預算案。

（三）行政院、臺灣省政府、臺灣省諮議會、福建省政府預算案。

二、外交及國防委員會：

（一）外交部、僑務委員會、國防部、行政院國軍退除役官兵輔導委員會預算案。

（二）前目各機關之所屬機關、特種基金及其捐助之財團法人

　　　　　預算案。

　　（三）國家安全局預算案。

三、經濟委員會：

　　（一）經濟部、行政院農業委員會、行政院經濟建設委員會、行政院公平交易委員會預算案。

　　（二）前目各機關之所屬機關、特種基金及其捐助之財團法人預算案。

四、財政委員會：

　　（一）財政部、中央銀行、行政院金融監督管理委員會、行政院主計處、審計部預算案。

　　（二）前目各機關之所屬機關、特種基金及其捐助之財團法人預算案。

　　（三）災害準備金、第二預備金及其他不屬於各委員會審查之預算案。

五、教育及文化委員會：

　　（一）教育部、行政院文化建設委員會、國立故宮博物院、行政院新聞局、行政院青年輔導委員會、行政院體育委員會、中央研究院、行政院國家科學委員會、行政院原子能委員會預算案。

　　（二）前目各機關之所屬機關、特種基金及其捐助之財團法人預算案。

六、交通委員會：

　　（一）交通部、行政院公共工程委員會、國家通訊傳播委員會預算案。

　　（二）前目各機關之所屬機關、特種基金及其捐助之財團法人預算案。

七、司法及法制委員會：

　　（一）法務部、行政院研究發展考核委員會、行政院人事行政局預算案。

　　（二）司法院、考試院預算案。

（三）前二目各機關之所屬機關、特種基金及其捐助之財團法
　　　人預算案。

（四）總統府、國史館及其所屬機關、國家安全會議預算
　　　案。

（五）立法院、監察院預算案。

八、社會福利及衛生環境委員會：

（一）行政院衛生署、行政院環境保護署、內政部社會司及兒
　　　童局、行政院勞工委員會、行政院消費者保護委員會預
　　　算案。

（二）前目各機關之所屬機關、特種基金及其捐助之財團法人
　　　預算案。

　　總預算案提報院會前，應由財政委員會研擬年度總預算案審查
日程，並依前項規定研擬年度總預算案審查分配表併同總預算案提
報院會後，交付財政委員會依分配表及日程將預算書分送各委員會
審查。

第4條（秘密會議）

　　各委員會審查總預算案，有關外交、國防機密部分，以秘密會
議行之。

第5條（委員會之報告與詢答）

　　各委員會審查總預算案時，得邀請有關機關首長列席報告、備
詢及提供有關資料，並進行詢答、處理。

第6條（總預算案完竣之彙整）

　　各委員會審查總預算案完竣後，應將審查報告函送財政委員

會。

財政委員會應於院會決定之時限內，依各委員會審查報告彙總整理提出年度總預算案審查總報告提報院會；如發現各委員會審查意見相互牴觸時，應將相互牴觸部分併列總報告中。

第7條（審查總報告提報院會之說明）

年度總預算案審查總報告提報院會時，由各委員會各推召集委員一人出席說明；有關外交、國防機密部分，以秘密會議行之。

第8條（追加預算案及特別預算案）

追加預算案及特別預算案，其審查程序與總預算案同，但必要時經院會聽取編製經過報告並質詢後，得逕交財政委員會會同有關委員會審查並提報院會。

前項審查會議由財政委員會召集委員擔任主席。

第9條（施行日）

本程序經院會通過後施行。

本程序中華民國九十六年十二月七日院會通過之條文，自立法院第七屆立法委員就職日起施行。

決算法

第2條第1項

政府之決算，每一會計年度辦理一次，年度終了後二個月，為該會計年度之結束期間。

第3條

政府之決算，應按其預算分左列各種：

一、總決算。

二、單位決算。

三、單位決算之分決算。

四、附屬單位決算。

五、附屬單位決算之分決算。

第14條

附屬單位決算中關於營業基金決算，應就執行業務計畫之實況，根據會計紀錄編造之，並附具說明，連同業務報告及有關之重要統計分析，分送有關機關。

各國營事業所屬各部門，其資金獨立，自行計算盈虧或轉投資其他事業，其股權超過百分之五十者，應附送各該部門或事業之分決算。

第21條

中央主計機關應就各單位決算，及國庫年度出納終結報告，參照總會計紀錄，編成總決算書，並將各附屬單位決算包括營業及非營業者，彙案編成綜計表，加具說明隨同總決算，一併呈行政院，提經行政院會議通過，於會計年度結束後四個月內，提出於監察院。

各級機關決算之編送程序及期限，由行政院定之。

第22條

特別預算之收支，應於執行期滿後，依本法之規定編造其決

算；其跨越兩個年度以上者，並應由主管機關依會計法所定程序，分年編送年度會計報告。

政府捐助基金累計超過百分之五十之財團法人及日本撤退臺灣接收其所遺留財產而成立之財團法人，每年應由各該主管機關將其年度決算書，送立法院審議。

第26條

審計長於中央政府總決算送達後三個月內完成其審核，編造最終審定數額表，並提出審核報告於立法院。

第26條之1

審計長應於會計年度中將政府之半年結算報告，於政府提出後一個月內完成其查核，並提出查核報告於立法院。

第27條

立法院對審核報告中有關預算之執行、政策之實施及特別事件之審核、救濟等事項，予以審議。

立法院審議時，審計長應答覆質詢，並提供資料；對原編造決算之機關，於必要時，亦得通知其列席備詢，或提供資料。

第28條

立法院應於審核報告送達後一年內完成其審議，如未完成，視同審議通過。

總決算最終審定數額表，由立法院審議通過後，送交監察院，由監察院咨請總統公告；其中應守秘密之部分，不予公告。

🔍 中央政府總決算審核報告案審查程序（40.10.16通過，最新修正日期96.12.07）

第1條（適用範圍）

中央政府總決算審核報告案之審查，依本程序之規定。

第2條（審計長報告及詢答）

總決算審核報告案函送本院後，定期由審計長列席院會報告審核經過並備諮詢。

第3條（總報告提報院會）

總決算審核報告案交付審查後，由財政委員會按機關別，會同有關委員會聯席審查，並由財政委員會召集委員擔任主席。

前項聯席審查會議，得邀請審計長列席說明並備諮詢及提供各項有關資料。

第4條（總報告提報院會）

總決算審核報告案審查完竣後，應即提出總報告提報院會。

第5條（施行日）

本程序經院會通過後施行。

本程序中華民國九十六年十二月七日院會通過之條文，自立法院第七屆立法委員就職日起施行。

解釋

司法院釋字第41號解釋（政府投資超過該事業資本一半者為國營事業）

國營事業轉投資於其他事業之資金，應視為政府資本，如其數額超過其他事業資本50%者，該其他事業即屬於國營事業管理法第3條第1項第3款之國營事業。

說明

依預算法第12條規定，政府會計年度於每年1月1日開始，至同年12月31日終了，所以總預算案應於會計年度開始1個月前，即11月底前由立法院議決，並於會計年度開始15日前，即12月16日前，由總統公布之。惟實務上均較上述日期延遲。下表為第7屆至第9屆總預算案提出日期、立法院三讀日期及總統公布日期明細表，每屆之第1列為總預算案提出日期，由行政院每年9月前提出；第2列為立法院總預算案（公務預算）三讀日期及總統公布日期；第3列為立法院總預算案（附屬單位預算）三讀日期及總統公布日期。

案例

☆第7屆至第9屆總預算案提出日期、三讀日期、公布日期之明細表[126]

會期 \ 屆		第7屆	第8屆	第9屆
2	提出日期	97.08.28	101.08.31	105.08.31
	公務預算三讀／公布	98.01.15/98.02.02	102.01.15/102.02.06	106.01.19/106.02.22
	附屬預算三讀／公布	98.06.15/98.07.22	未完成審議	106.11.21/106.12.27

---

[126] 立法院國會圖書館網址：https://npl.ly.gov.tw/do/www/homePage；總統府公報影像系統網址：https://lis.ly.gov.tw/presidentc/ttsweb?@0:0:1:presidentdb@@0.511087464765182。

屆 會期		第7屆	第8屆	第9屆
4	提出日期	98.08.31（註）	102.08.31	106.08.31
	公務預算 三讀／公布	99.01.12/99.02.11	103.01.14/103.02.05	107.01.30/107.02.05
	附屬預算 三讀／公布	99.06.08/99.07.28	104.01.13/104.02.04	107.12.07/107.12.26
6	提出日期	99.08.31	103.08.29	107.08.31
	公務預算 三讀／公布	100.01.12/100.02.09	104.01.23/104.02.04	108.01.10 /108.01.30
	附屬預算 三讀／公布	100.06.13/100.07.20	104.06.15/104.07.15	108.11.08 /108.12.04
8	提出日期	100.08.31	104.08.31	108.08.30
	公務預算 三讀／公布	100.12.13/101.01.18	104.12.18/105.01.06	109.01.20/109.02.05
	附屬預算 三讀／公布	101.12.14/102.01.16	105.12.30/106.01.26	109.05.22/109.06.17

作者製表

註：98年9月10日內閣改組，經檢討調整後98年9月24日重提，並撤回原預算案。

▲預算案詢答（含特別預算案）共1.5日，總決算案詢答0.5日，人數由黨團協商定之

第9屆第4會期第2次會議（106.09.29），黨團協商結論（106.09.28）：一、10月13日（星期五）及10月17日（星期二）上午邀請行政院院長、主計長、財政部、經濟部部長列席報告「107年度中央政府總預算案」及「107年度至108年度中央政府流域綜合治理計畫第3期特別預算案」編製經過並備質詢。質詢人數由民進黨黨團推派7人、國民黨黨團推派17人、時代力量黨團及親民黨黨團各推派3人進行，質詢順序依民、親、時、國為之，質詢順序依例授權議事處辦理。二、10月17日（星期二）下午

邀請審計部審計長列席報告105年度中央政府總決算審核報告案審核經過並備諮詢。諮詢人數由民進黨黨團推派5人、國民黨黨團推派3人、時代力量黨團及親民黨黨團各推派1人進行，諮詢順序依親、時、國、民為之，諮詢順序依例授權議事處辦理。三、上述議案詢答完畢後即交審查，各黨團同意不提出復議。質（諮）詢委員名單請於10月12日（星期四）下午5時前送至議事處彙整……。[127]

▲預算案及特別預算案報告畢，分別詢答1日，人數依政黨比例

第9屆第6會期第5次會議（107.10.23），黨團協商結論（107.10.22）：一、國民黨黨團針對「108年度中央政府總預算案」及「中央政府前瞻基礎建設計畫第2期特別預算案」之復議案，予以撤回。各黨團同意將上開預算案列入第6次會議報告事項第2案處理，決定如下：10月26日（星期五）及10月30日（星期二）邀請行政院院長、主計長、財政部部長、國家發展委員會主任委員及相關部會首長列席報告108年度施政計畫、「108年度中央政府總預算案」及「中央政府前瞻基礎建設計畫第2期特別預算案」編製經過並備質詢。10月26日（星期五）上開預算案報告後，隨即針對108年度施政計畫、「108年度中央政府總預算案」進行質詢，10月30日（星期二）針對「中央政府前瞻基礎建設計畫第2期特別預算案」進行質詢。各日質詢人數為20人，分別由民進黨黨團推派9人、國民黨黨團推派7人、時代力量黨團及親民黨黨團各推派2人進行，質詢順序依時、國、民、親為之，質詢順序依例授權議事處辦理。二、上述質詢委員名單請於10月25日（星期四）中午12時前送至議事處彙整；議案詢答完畢後即交審查，各黨團同意不提出復議；另第6次院會不舉行國是論壇及不處理臨時提案……。[128]

---

[127] 立法院公報，第106卷，第76期，院會紀錄，129及130頁。
[128] 立法院公報，第107卷，第91期，院會紀錄，200及201頁。

▲預算案詢答時間由黨團協商者

1. 第4屆第4會期第5次會議（89.09.29、10.02、03、05），黨團協商結論（89.09.28），預算編製經過詢答，定於9月29日（星期五）、10月2日（星期一）、10月3日（星期二）、10月5日（星期四）及10月6日（星期五）舉行，並視爲1次會；……各黨團質詢順序及人數如下：民進黨使用4小時（每人8分鐘，共30人）……。朝野黨團協商結論（89.10.05）：因行政院總辭，內閣改組，針對當前情況及總預算進行發言。各黨團發言比例，依國民黨6人、民進黨3人、親民黨2人、新黨1人、無黨籍聯盟1人每人發言3分鐘。[129]

2. 第4屆第5會期第7次會議（90.04.06），黨團協商結論（90.04.04）：4月12日（星期四）下午總預算追加減預算案編製經過並備質詢，各黨團發言人數及時間如下：每位委員詢答時間不得逾10分鐘。[130]

第二十八條之一（機密預決算之審議原則）
立法院對於行政院或審計長向立法院提出預算案編製經過報告及總決算審核報告，其涉及國家機密者，以秘密會議行之。

第二十八條之二（追加預算案及特別預算案之審查程序）
追加預算案及特別預算案，其審查程序與總預算案同。但必要時，經院會聽取編製經過報告並質詢後，逕交財政委員會會同有關委員會審查，並提報院會處理。
前項審查會議由財政委員會召集委員擔任主席。

---

[129] 立法院公報，第89卷，第54期，院會紀錄，273及274頁。
[130] 立法院公報，第90卷，第17期上冊，院會紀錄，423頁。

說明

本條係將中央政府總預算案審查程序第8條提升法律位階，並做文字修正。

相關法規

 預算法

第82條

追加預算之編造、審議及執行程序，均準用本法關於總預算之規定。

第83條

有左列情事之一時，行政院得於年度總預算外，提出特別預算：
一、國防緊急設施或戰爭。
二、國家經濟重大變故。
三、重大災變。
四、不定期或數年一次之重大政事。

第84條

特別預算之審議程序，準用本法關於總預算之規定。但合於前條第一款至第三款者，為因應情勢之緊急需要，得先支付其一部。

案例

☆特別預算以總預算追加預算方式處理
擴大公共建設計畫之預算
第5屆第3會期第13次會議（92.05.23）報告事項第2案及第3案、

行政院函請審議92年度中央政府總預算追加預算案及修正案（含擴大公共建設計畫之預算）（來文日期92.05.19），院會決定，交預算及決算委員會會同有關委員會併案審查。第5屆第3會期（92.05.26）預算及決算、內政及民族、外交及僑務、科技及資訊、國防、經濟及能源、財政、教育及文化、交通、司法、法制、衛生環境及社會福利委員會聯席審查。第5屆第3會期第15次會議（92.06.05），三讀通過。[131]92年6月18日總統令公布。

特別條例立法過程：

第5屆第2會期第16次會議（92.01.03），報告事項第43案、行政院函請審議「擴大公共建設振興經濟條例草案」（來文日期91.12.18），交經濟及能源、內政及民族、衛生環境及社會福利、預算及決算4委員會審查。經濟及能源、內政及民族、衛生環境及社會福利、預算及決算4委員會（92.01.06、08）審查。第5屆第2會期第17次會議（92.01.10），台聯黨團擬具「擴大公共建設振興經濟條例第二條條文修正草案」，逕付二讀，併案討論。第5屆第3會期第10次會議（92.05.02），三讀通過擴大公共建設振興經濟暫行條例。[132] 92年5月2日總統令公布（全文14條，定自92.05.05施行，93.05.04當然廢止）。

☆特別預算（自91年起）

1. 中央政府基隆河整體治理計畫特別預算（316億1,573萬元）

　(1) 第5屆第1會期第1次臨時會第1次會議（91.07.15），報告事項第1案、委員賴勁麟等85人，要求召開臨時會，儘速

---

131 立法院公報，第92卷，第31期第1冊，院會紀錄，1頁；第92卷，第34期第1冊，院會紀錄，359頁以下；第92卷，第35期中冊，委員會紀錄，195頁以下。

132 立法院公報，第92卷，第5期第1冊，院會紀錄，8頁；第92卷，第25期第1冊，院會紀錄，56頁。

通過「基隆河整治特別預算案」，第2案、行政院函請審議「中央政府基隆河整體治理計畫（前期計畫）特別預算」案（來文日期91.06.14），以上2案併案決定：定於7月15日（星期一）舉行會議，邀請行政院院長、主計長、財政部部長、經濟部部長列席報告編製經過，並備質詢。

(2) 第5屆第1會期預算及決算、內政及民族、經濟及能源、財政、交通5委員會第1次聯席會議（91.07.16）審查。

(3) 第5屆第1會期第1次臨時會第1次會議（91.07.17），討論事項1、預算及決算委員會會同有關委員會報告審查行政院函請審議「中央政府基隆河整體治理計畫（前期計畫）特別預算」案，發言完畢，表決1案（國民黨黨團及親民黨黨團提案、民進黨黨團及台聯黨黨團提案，通過後者），本案於二讀後繼續進行三讀。[133]

(4) 91年7月31日總統令公布。

特別條例立法過程：

第4屆第5會期第2次會議（90.02.27），報告事項第5案、委員廖學廣等210人擬具「基隆河流域整體重建特別條例」，院會決定：交科技及資訊委員會審查。第4屆第5會期科技及資訊委員會第9次、第10次、第20次全體委員會議（90.04.04、23、05.31）審查，其間第4屆第5會期第11次、第15次會議（90.05.01、25），提報院會改交科技及資訊、經濟及能源2委員會聯席審查，院會決定：退回程序委員會重新安排。第4屆第6會期第3次會議（90.10.04）另定期討論，協商結論（90.10.04）：修正名稱為「基隆河流域整治特別條例」，及相關條文，第4屆第6會期第4次會議（90.10.11），依協商結

---

133 立法院公報，第91卷，第55期，院會紀錄，3頁及109頁以下；第91卷，第55期，委員會紀錄，153頁以下。

論進行二讀，完成三讀。[134]90年10月31日總統令公布（全文8條，施行期間10年，100.10.31廢止）。

2. **中央政府嚴重急性呼吸道症候群防治及紓困特別預算（500億）**

(1) 第5屆第3會期第11次會議（92.05.09），黨團協商結論（92.05.12、13）：同意中央政府嚴重急性呼吸道症候群防治及紓困特別預算案編列第12次院會議程報告事項，並於前述法案（就業服務法）完成立法程序後，邀請行政院院長、主計長、財政部部長率同相關部會首長列席報告編製經過，並備質詢。

(2) 第5屆第3會期第12次會議（92.05.16），報告事項第2案、行政院函請審議「中央政府嚴重急性呼吸道症候群防治及紓困特別預算案」案（來文日期92.05.12）。程序委員會意見：擬請院會依朝野協商結論處理，無異議通過。

(3) 第5屆第3會期預算及決算、內政及民族、科技及資訊、國防、經濟及能源、財政、教育及文化、交通、衛生環境及社會福利委員會第1次聯席會議（92.05.19）審查完竣。

(4) 第5屆第3會期第13次會議（92.05.23），當日作成協商結論，依協商結論二讀，完成三讀。[135]

(5) 92年5月26日總統令公布。

特別條例立法過程：
第5屆第3會期第10次會議（92.05.02），報告事項2、國民黨黨團、親民黨黨團擬具「嚴重急性呼吸道症候群防治特別條

---

[134] 立法院公報，第90卷，第8期上冊，院會紀錄，3頁；第90卷，第22期下冊，委員會紀錄，59頁以下；第90卷，第47期中冊，院會紀錄，501頁以下。

[135] 立法院公報，第92卷，第29期第1冊，院會紀錄，3頁；第92卷，第29期第3冊，院會紀錄，243頁；第92卷，第31期第1冊，院會紀錄，73-85頁；第92卷，第32期下冊，委員會紀錄，177頁以下。

例草案」，3、台聯黨團擬具「嚴重急性呼吸道症候群疫情救災特別預算條例草案」，4、民進黨黨團擬具「嚴重急性呼吸道症候群應變處理條例草案」，5、委員陳景峻等擬具「嚴重急性呼吸道症候群防治重建特別條例草案」，6、行政院函請審議「嚴重急性呼吸道症候群應變處理條例草案」（來文日期92.04.28）。院會決定：依協商結論處理。協商結論（92.04.30）：一、同意無黨聯盟黨團所提「嚴重急性呼吸道症候群防治及紓困條例草案」列入第10次會議併案處理。二、「嚴重急性呼吸道症候群防治特別條例草案」等6案併案逕付二讀，改列爲第10次會議討論事項第2案，並於協商後立即處理。5月2日當日協商完畢，二讀依協商結論條文通過，名稱爲「嚴重急性呼吸道症候群防治及紓困暫行條例」，續行三讀通過。[136]92年5月2日總統令公布（全文19條，93.12.31當然廢止）。

3. 93年中央政府擴大公共建設投資計畫特別預算（365億2,330萬元）

   (1) 第5屆第5會期全院委員談話會（93.08.10），建請本院召開臨時會審議「93年度中央政府擴大公共建設投資計畫特別預算案」等20案，表決通過。[137]第5屆第5會期第1次臨時會第1次會議（93.08.11），報告事項1、建請本院召開臨時會審議「93年度中央政府擴大公共建設投資計畫特別預算案」（來文日期93.07.21）……。

   (2) 第5屆第5會期第1次臨時會第1次會議（93.08.11），協商結論（93.08.09）：一、8月11日（星期三）上午10時邀請行政院院長率同相關部會首長列席報告「93年度中央政

---

136 立法院公報，第92卷，第25期第1冊，院會紀錄，1、43頁及230頁以下。

137 立法院公報，第93卷，第36期，院會紀錄，419-422頁。

府擴大公共建設投資計畫特別預算案」及「93年度中央政府總預算追加預算案」案等之編製經過，並備質詢，各黨團質詢人數及順序如下：國民黨黨團5人、親民黨黨團4人、台灣團結聯盟3人、無黨團結聯盟2人、民進黨黨團6人，以輪流交叉方式進行，每人詢答時間15分鐘。二、8月12日及13日由各委員會審查預算案及其他法案。……四、8月19日及20日院會處理預算案及其他法案（視為1次會），……等（協商結論有異議，表決結果，多數通過贊成協商結論）。

(3) 第5屆第5會期預算及決算、財政、交通3委員會第1次聯席會議（93.08.13），審查完竣。

(4) 第5屆第5會期第1次臨時會第4次會議（93.08.24），黨團協商結論（93.08.24），有關「93年度擴大公共建設投資計畫特別預算案」審查時，不符立法院各委員會組織法第10條之1之規定，各黨團為時效考量，同意補正依審查報告更正本提報院會處理，並列入第4次會議議程討論事項第11案。[138]

(5) 第5屆第5會期第1次臨時會第4次會議（93.08.24），二讀表決2案，續行三讀通過。[139]

(6) 93年9月1日總統令公布。

(7) 94年特別預算904億9,800萬元，94年6月29日總統令公布。95年特別預算969億9,430萬元，95年7月19日總統令公布。96年特別預算758億8,630萬元，96年8月8日總統令公布。97年特別預算為1,299億9,810萬元，97年8月1日總統令公布。

---

[138] 立法院公報，第93卷，第37期上冊，院會紀錄，127頁。
[139] 立法院公報，第93卷，第37期上冊，院會紀錄，209-213頁。

特別條例立法過程：

第5屆第4會期第15次會議（92.12.16），黨團協商結論（92.12.15）：一、「擴大公共建設投資條例草案」等相關議案（行政院提案、委員李桐豪提案、台聯黨團提案），列入第16次院會報告事項處理，並交付委員會審查。第5屆第4會期第16次會議（92.12.19），報告事項25、委員李桐豪等64人，……26、台聯黨團，……27、行政院函請審議「擴大公共建設投資條例草案」案（來文日期92.10.16），交經濟及能源、財政、預算及決算3委員會，與相關提案併案審查。第5屆第4會期經濟及能源、財政、預算及決算3委員會（92.12.22），審查完竣，須交黨團協商。第5屆第5會期第21次會議（93.06.11），當日協商，依協商結論進行逐條討論，表決1案，續行三讀通過「擴大公共建設投資特別條例」。[140]93年6月23日總統令公布（全文16條，98.12.31屆滿，當然廢止）。

4. **中央政府石門水庫及其集水區整治計畫第1期特別預算**（139億7,000萬元）

　(1) 第6屆第3會期全院委員談話會（95.06.12），委員曾永權等102人，建請本院召開臨時會審議相關重大法案，三、「中央政府石門水庫及其集水區整治計畫第1期特別預算案」。院會表決，多數通過。

　(2) 第6屆第3會期第1次臨時會第1次會議（95.06.13），報告事項5、「中央政府石門水庫及其集水區整治計畫第1期特別預算案」（來文日期95.05.25）。黨團協商結論（95.06.13）：詢答分配人數，依政黨比例由國民黨黨團4人、民進黨黨團4人、親民黨黨團、台聯黨團各推派2人、無盟推派1人，順序授權議事處依例辦理。6月13日下午行

---

[140] 立法院公報，第92卷，第59期上冊，院會紀錄，101頁；第92卷，第60期上冊，院會紀錄，9頁；第93卷，第3期下冊，委員會紀錄，137頁以下；第92卷，第34期第1冊，院會紀錄，245-251頁。

政院院長、主計長、財政部部長、經濟部部長及相關部會首長列席報告編製經過，並備質詢。詢答完畢，交預算及決算委員會會同有關委員會審查。

(3) 第6屆第3會期臨時會預算及決算、內政及民族、經濟及能源、財政、交通、衛生環境及社會福利6委員會第1次聯席會議（95.06.15），審查完竣，須交黨團協商。

(4) 黨團協商結論（95.06.19），本案依協商結論處理，第6屆第3會期第1次臨時會第4次會議（95.06.30），三讀通過。[141]

(5) 95年7月19日總統令公布。

(6) 第2期特別預算110億3,000萬元，98年1月23日總統令公布。

特別條例立法過程：

第6屆第2會期第5次會議（94.10.07），報告事項26、委員林正峰等40人擬具「石門水庫及其集水區整治特別條例草案」，院會決定，交經濟及能源、內政及民族、預算及決算3委員會審查。第6屆第2會期經濟及能源、內政及民族、預算及決算3委員會第4次聯席會議（94.12.26），審查完竣，須交黨團協商。第6屆第2會期第19次會議（95.01.13），黨團協商結論，第4條第3項再修正，其他條文照協商會議及審查會條文通過，依協商結論進行二讀，完成三讀。[142]95年1月27日總統公布（全文8條，施行期間6年，101.01.26屆滿，當然廢止）。

5. 易淹水地區水患治理計畫第1期特別預算（309億6,500萬元）

(1) 第6屆第3會期第6次會議（95.03.24），報告事項32、行政

---

[141] 立法院公報，第95卷，第35期，院會紀錄，5、52、56及63頁；第95卷，第35期，委員會紀錄，105頁；第95卷，第36期，院會紀錄，29頁。

[142] 立法院公報，第94卷，第49期，院會紀錄，4頁；第95卷，第2期下冊，委員會紀錄，294頁；第95卷，第5期上冊，院會紀錄，554-557頁。

　　院函請審議「中央政府易淹水地區水患治理計畫第1期特別預算案」（來文日期95.03.10），院會決定，依朝野協商結論定於3月28日（星期二）上午邀請行政院院長蘇貞昌、主計長許璋瑤、財政部部長何志欽及經濟部部長黃營杉列席報告編製經過，並備質詢。

(2) 第6屆第3會期第6次會議（95.03.28），詢答完畢。交預算及決算委員會會同有關委員會審查。

(3) 第6屆第3會期預算及決算、內政及民族、經濟及能源、財政、衛生環境及社會福利5委員會第1次聯席會議（95.05.01），依慣例送朝野協商。

(4) 第6屆第3會期第1次臨時會第4次會議（95.06.30），黨團協商結論（95.06.14、19）：本案依協商結論處理，進行二讀，續行三讀通過。[143]

(5) 95年7月19日總統令公布。

(6) 第2期特別預算445億元，97年1月16日總統令公布。
第3期特別預算404億5,500萬元，100年2月1日總統令公布。

特別條例立法過程：

第6屆第1會期第14次會議（94.05.27），報告事項34、委員賴士葆等……，35、無黨聯盟……，50、行政院函請審議「水患治理特別條例草案」（來文日期94.05.18），院會決定，交經濟及能源、內政及民族、預算及決算3委員會審查。第6屆第2會期第3次會議（94.05.27），國民黨黨團提案，第6屆第2會期第4次會議（94.09.30），親民黨黨團提案……。第6屆第2會期經濟及能源、內政及民族、預算及決算3委員會第1次至第3次聯席會議（94.09.29、10.06、12.15），審查完竣，須交黨

---

[143] 立法院公報，第95卷，第12期上冊，院會紀錄，6及125頁；第95卷，第26期，院會紀錄，456頁；第95卷，第36期，院會紀錄，17頁。

團協商。黨團協商結論（95.01.04、10、13）：依協商結論進行逐條討論，第6屆第2會期第19次會議（95.01.13），三讀通過。[144]95年1月27日總統令公布（全文16條，施行期間8年，103.01.26屆滿，當然廢止）。

6. **中央政府振興經濟消費券發放特別預算（856億5,302萬2,000元）**

(1) 第7屆第2會期第12次會議（97.12.09），黨團協商結論，12月16日（星期二）邀請行政院院長、主計長、財政部部長、經濟建設委員會主任委員列席報告「中央政府振興經濟消費券發放特別預算案」編製經過並備質詢。質詢人數依政黨比例由國民黨黨團10人、民進黨黨團8人及無黨團結聯盟2人推派代表進行，質詢順序授權議事處依例辦理。上述全部詢答完畢後，本案即交財政委員會會同有關委員會審查，各黨黨團同意不提出復議。

(2) 第7屆第2會期第13次會議（97.12.12），報告事項35、行政院函請審議「中央政府振興經濟消費券發放特別預算案」（來文日期97.12.08），院會決定，依朝野黨團協商結論。詢答完畢。中央政府振興經濟消費券發放特別預算案交財政委員會會同有關委員會審查。

(3) 第7屆第2會期財政、內政、經濟、教育及文化委員會第1次聯席會議（97.12.17），審查完竣，不須交黨團協商。

(4) 第7屆第2會期第15次會議（97.12.26），三讀通過。[145]

(5) 97年12月31日總統令公布。

---

[144] 立法院公報，第94卷，第40期上冊，院會紀錄，8頁；第94卷，第79期下冊，院會紀錄，125頁；第95卷，第5期上冊，院會紀錄，549-553頁。

[145] 立法院公報，第97卷，第71期，院會紀錄，298及299頁；第97卷，第73期上冊，院會紀錄，6頁；第98卷，第2期，委員會紀錄，496頁；第98卷，第3期第1冊，院會紀錄，39頁。

特別條例立法過程：

第7屆第2會期第11次會議（97.11.28），報告事項41、行政院函請審議「振興經濟消費券發放特別條例草案」（來文日期97.11.24），院會決定，交經濟、財政、內政3委員會審查。第7屆第2會期經濟、財政、內政3委員會第1次聯席會議（97.12.01），審查完竣，須交黨團協商。第7屆第2會期第12次會議（97.12.05），黨團協商結論：法律名稱、第1條、第3條至第6條，均送院會表決……。表決後，三讀通過，附帶決議4項照協商內容通過。[146]97年12月5日總統令公布（全文10條，98.09.30屆滿，當然廢止）。

7. 98年度中央政府振興經濟擴大公共建設特別預算（1,491億6,250萬6,000元）

(1) 第7屆第3會期第1次會議（98.02.20），黨團協商結論（98.02.19）：一、2月24日（星期二）邀請行政院院長、主計長、財政部部長、經濟建設委員會主任委員列席報告「98年度中央政府振興經濟擴大公共建設特別預算案」編製經過並備質詢。質詢人數依政黨比例由國民黨黨團10人、民進黨黨團7人及無黨團結聯盟1人推派代表進行，質詢順序授權議事處依例辦理。上述全部詢答完畢後，本案即交財政委員會會同有關委員會審查，各黨黨團同意不提出復議。報告事項22、行政院函請審議「98年度中央政府振興經濟擴大公共建設特別預算案」（來文日期98.02.12），院會決定，同協商結論。

(2) 第7屆第3會期第3次會議（98.03.06），黨團協商結論（98.03.05）：「98年度中央政府振興經濟擴大公共建設特別預算案」於98年4月10日（星期五）前完成立法程

---

[146] 立法院公報，第97卷，第69期，院會紀錄，8頁；第97卷，第71期，院會紀錄，51及52頁；第97卷，第72期，委員會紀錄，327頁。

序，必要時加開院會處理。委員會審查時應讓本院委員充分發言（即加開2次委員會）。

(3) 第7屆第3會期財政、內政、經濟、教育及文化、交通、司法及法制、社會福利及衛生環境委員會第1次聯席會議（98.03.16），審查完竣，須交黨團協商。

(4) 第7屆第3會期第8次會議（98.04.10），黨團協商結論（98.04.09）：依協商內容進行二讀，續行三讀通過。[147]

(5) 98年4月30日總統令公布。

(6) 99年度1,910億9,421萬元，99年6月23日總統令公布。
    100年度1,589億4,328萬4,000元，100年1月19日總統令公布。

特別條例立法過程：

第7屆第2會期第11次會議（97.11.28），報告事項42、行政院函請審議「振興經濟擴大公共建設投資特別條例草案」（來文日期97.11.24），院會決定，交經濟、財政2委員會審查（有異議，表決多數通過）。第7屆第2會期經濟、財政2委員會第2次聯席會議（97.12.11），審查完竣，須交黨團協商。第7屆第2會期第17次會議（98.01.13），黨團協商結論（98.01.13）：依協商結論進行二讀，續行三讀通過。[148]98年1月23日總統令公布（全文17條，自公布日施行至101.12.31止，屆滿當然廢止）。

8. 98至101年度中央政府莫拉克颱風災後重建特別預算（1,164億7,952萬1,000元）

---

[147] 立法院公報，第98卷，第6期上冊，院會紀錄，4及36頁；第98卷，第8期，院會紀錄，64及65頁；第98卷，第13期，院會紀錄，509頁；第98卷，第19期上冊，院會紀錄，118頁。

[148] 立法院公報，第97卷，第69期，院會紀錄，8及9頁；第98卷，第1期，委員會紀錄，469頁；第98卷，第5期第2冊，院會紀錄，215-221頁。

(1) 第7屆第4會期第3次會議（98.10.02），報告事項18、行政院函請審議「99年度中央政府總預算案（含附屬單位預算及綜計表——營業及非營業部分）」、「99年度振興經濟擴大公共建設特別預算案」及「98至101年度莫拉克颱風災後重建特別預算案」，並撤回原送之預算案（來文日期98.09.24），院會決定，10月5日（星期一）邀請行政院院長、主計長、財政部部長及內政部部長列席報告「98至101年度莫拉克颱風災後重建特別預算案」編製經過，並備質詢。詢答完畢，交財政委員會會同有關委員會審查。財政、內政、經濟、教育及文化、交通、社會福利及衛生環境6委員會報告審查（98.10.08、12），審查完竣，須交黨團協商。

(2) 第7屆第4會期第8次會議（98.11.10），協商結論（98.11.06、09）：本案進行二讀時，逐依協商結論依次分組處理，續行三讀通過。[149]

(3) 98年11月20日總統令公布。

特別條例立法過程：

第7屆第3會期全院委員談話會（98.08.25），黨團協商結論（98.08.21）：本會期第1次臨時會第1次會議定於8月25日（星期二）下午、8月26日（星期三）及8月27日（星期四）舉行，並視為1次會，處理「莫拉克颱風災後重建特別條例草案」相關議案。第7屆第3會期第1次臨時會第1次會議（98.08.25），報告事項1、行政院函請審議「莫拉克颱風災後重建特別條例草案」（98.08.20），院會決定，與民進黨黨團「莫拉克颱風災後重建特別條例草案」2案依朝野黨團協商結論，併案逕付二讀。第7屆第3會期第1次臨時會第1次會議

---

[149] 立法院公報，第98卷，第49期，院會紀錄，3頁；第98卷，第62期，院會紀錄，56-69頁。

（98.08.27），黨團協商結論（98.08.27）：本案進行逐條討論時，逕依協商結論處理通過，續行三讀通過。[150]98年8月28日總統令公布（全文30條，自公布日施行，適用期間3年，100.05.24修正第30條，延長2年，103.08.29期滿廢止）。

9. **曾文南化烏山頭水庫治理及穩定南部地區供水特別預算（540億元為原則，100年度支應285億元）編入100年度中央政府振興經濟擴大公共建設特別預算**

(1) 第7屆第6會期第1次會議（99.09.24），黨團協商結論（99.09.20）：二、10月11日（星期一）、10月12日（星期二）及10月13日（星期三）上午邀請行政院院長、主計長、財政部部長、經濟部部長與經濟建設委員會主任委員列席報告「100年度中央政府總預算案」、「100年度中央政府振興經濟擴大公共建設特別預算案」及「100年度至102年度中央政府易淹水地區水患治理計畫第3期特別預算案」（來文日期99.08.31）編製經過並備質詢。質詢人數由國民黨黨團26人、民進黨黨團17人及無黨團結聯盟黨團3人推派代表進行，質詢順序授權議事處依例辦理。

(2) 第7屆第6會期第2次會議（99.10.01），報告事項24、行政院函請審議「100年度中央政府總預算案（含附屬單位預算及綜計表──營業及非營業部分）」、「100年度中央政府振興經濟擴大公共建設特別預算案」及「100年度至102年度中央政府易淹水地區水患治理計畫第3期特別預算案」案（來文日期99.08.31）。院會決定，同協商結論。

(3) 第7屆第6會期財政、內政、經濟、教育及文化、交通、社會福利及衛生環境委員會第1次聯席會議（99.11.04），審查完竣，須交黨團協商。

(4) 第7屆第6會期第13次會議（99.12.28），黨團協商結論

---

150 立法院公報，第98卷，第45期，院會紀錄，1、56、81及122頁。

（99.12.24、27、28）：依協商結論進行二讀，完成三讀。[151]

(5) 100年1月19日總統令公布。

特別條例立法過程：

第7屆第5會期第2次會議（99.02.26），報告事項11、委員李俊毅等提案，……12、行政院函請審議「曾文南化烏山頭水庫治理及穩定南部地區供水特別條例草案」（來文日期99.02.12），……18、委員賴清德等提案，……23、委員陳淑慧等提案，逕付二讀，與相關提案併案協商，並由國民黨黨團及民進黨黨團共同召集協商。黨團協商結論（99.03.29、04.08、14）：依協商內容進行二讀，第7屆第5會期第9次會議（99.04.20），三讀通過。[152]99年5月12日總統令公布（全文10條，自公布日施行6年，105.05.11屆滿廢止）。

10. 中央政府流域綜合治理計畫第1期特別預算（126億4,900萬元）

(1) 第8屆第5會期第8次會議（103.05.02），報告事項176、行政院函請審議「中央政府流域綜合治理計畫第1期特別預算案」（來文日期103.04.17），院會決定，定期舉行會議，邀請行政院院長、主計長、財政部部長、經濟部部長及相關部會首長列席報告編製經過，並備質詢。

(2) 第8屆第5會期第11次會議（103.05.23），黨團協商結論（103.05.22）：一、定於5月23日（星期五）下午邀請行政院院長、主計長、財政部部長、經濟部部長及相關部會首長列席報告「中央政府流域綜合治理計畫第1期特別預

---

[151] 立法院公報，第99卷，第51期第1冊，院會紀錄，103及104頁；第99卷，第52期，院會紀錄，5頁；第99卷，第70期，委員會紀錄，139頁；第100卷，第1期，院會紀錄，42-52頁。

[152] 立法院公報，第99卷，第10期，院會紀錄，2-4頁；第99卷，第26期中冊，院會紀錄，252-258頁。

算案」編製經過並備質詢。質詢人數由國民黨黨團推派5人、民進黨黨團推派5人、台灣團結聯盟黨團推派1人代表進行，未參加黨團委員得優先發言，每人發言時間15分鐘；質詢順序依例授權議事處辦理。上述質詢名單請於5月23日（星期五）下午2時前送交議事處彙整，逾時視同放棄。上述特別預算案詢答完畢後，即交財政委員會會同有關委員會審查，各黨團同意不提出復議。

(3) 第8屆第5會期財政、內政、經濟委員會第1次聯席會議（103.05.26），審查完竣，不須交黨團協商。

(4) 第8屆第5會期第12次會議（103.05.30），三讀通過。[153]

(5) 103年6月18日總統令公布。

(6) 第2期特別預算298億2,280萬元，104年12月2日總統令公布。

第3期特別預算234億7,800萬元，107年1月3日總統令公布。

特別條例立法過程：

第8屆第4會期第11次會議（102.11.22），報告事項23、行政院函請審議「流域綜合治理特別條例草案」（來文日期102.11.14），院會決定，交經濟、內政、財政3委員會審查。第8屆第4會期經濟、內政、財政3委員會第3次聯席會議（102.11.27），審查完竣，須交黨團協商。第8屆第4會期第18次會議（103.01.14），黨團協商結論（103.01.02、08、13）：依協商結論進行二讀，完成三讀。[154]103年1月29日總

---

153 立法院公報，第103卷，第31期，院會紀錄，25頁；第103卷，第41期，院會紀錄，120頁以下；第103卷，第43期第1冊，院會紀錄，115頁；第103卷，第45期，院會紀錄，287頁。

154 立法院公報，第102卷，第71期上冊，院會紀錄，23頁；第102卷，第78期，委員會紀錄，88頁；第103卷，第8期第6冊，院會紀錄，374-379頁。

統令公布（全文16條，自公布日施行至108.12.31止，屆滿廢止）。

11.中央政府前瞻基礎建設計畫

第1期特別預算（1,070億7,084萬7,000元）

(1) 第9屆第3會期第2次臨時會第1次會議（106.07.13），報告事項第3案、行政院函請審議「中央政府前瞻基礎建設計畫第1期特別預算案（106年度至107年度）」案（來文日期106.07.11）。第9屆第3會期第2次全院委員談話會（106.07.13），表決通過，一、定於106年7月13日（星期四）至7月21日（星期五）召開第3會期第2次臨時會，7月13日（星期四）中午舉行程序委員會，7月13日（星期四）下午舉行第1次會議，並與7月14日（星期五）為1次會，邀請行政院院長率相關部會首長列席報告「中央政府前瞻基礎建設計畫第1期特別預算案」編製經過並備質詢。

(2) 第9屆第3會期第2次臨時會第1次會議（106.07.13），無法進行詢答。

(3) 第9屆第3會期第2次臨時會第1次會議（106.07.14），表決通過，交財政委員會會同有關委員會審查。

(4) 第9屆第3會期第2次臨時會財政、內政、經濟、教育及文化、交通、司法及法制、社會福利及衛生環境7委員會第1次聯席會議（106.07.19），審查完竣（全案保留），須交黨團協商，表決通過，委員提復議，表決復議不通過。

(5) 第9屆第3會期第3次全院委員談話會（106.08.18），柯委員建銘等提案照案通過，中央政府前瞻基礎建設計畫第1期特別預算案（106年度至107年度）及「國民體育法修正草案」等案列為本次臨時會之特定議案（經表決結果，多數通過）。

(6) 第9屆第3會期第3次臨時會第2次會議（106.08.31），黨團協商（106.08.22、23、24），無結論，二讀時，（表決）

通過，完成三讀。[155]

(7) 106年9月13日總統令公布。

第2期特別預算（2,229億5,405萬4,000元）

(1) 第9屆第6會期第1次會議（107.09.25），報告事項46、行政院函請審議「108年度中央政府總預算案（含附屬單位預算及綜計表——營業及非營業部分）」及「中央政府前瞻基礎建設計畫第2期特別預算案」（來文日期107.08.31），院會決定，另定期處理（原決定：退回程序委員會重新提出；嗣經復議，作如上決定）。

(2) 第9屆第6會期第5次會議（107.10.23），黨團協商結論（107.10.22）：國民黨黨團撤回上開復議，各黨團同意列入第6次會議報告事項第2案處理，10月30日（星期二）針對「中央政府前瞻基礎建設計畫第2期特別預算案」進行質詢。各日質詢人數為20人，分別由民進黨黨團推派9人、國民黨黨團推派7人、時代力量黨團及親民黨黨團各推派2人進行，質詢順序依時、國、民、親為之，質詢順序依例授權議事處辦理。

(3) 第9屆第6會期第6次會議（107.10.30），詢答完畢，交財政委員會會同有關委員會審查。

(4) 第9屆第6會期財政、內政、外交及國防、經濟、教育及文化、交通、司法及法制、社會福利及衛生環境8委員會第1次聯席會議（107.11.28），審查完竣，須交黨團協商。

(5) 第9屆第6會期第15次會議（107.12.28），黨團協商結論（107.12.25）：依協商結論進行二讀，續行三讀通過。[156]

---

[155] 立法院公報，第106卷，第71期上冊，院會紀錄，5-9頁及137頁以下；第106卷，第71期上冊，委員會紀錄，368頁以下；第106卷，第72期，院會紀錄，170頁；第106卷，第73期第5冊，院會紀錄，251頁。

[156] 立法院公報，第107卷，第79期，院會紀錄，7頁；第107卷，第87期，黨團協商紀錄，361頁；第107卷，第91期，院會紀錄，147頁；

(6) 108年1月16日總統令公布。

特別條例立法過程：

第9屆第3會期第7次會議（106.03.31），黨團協商結論（106.
03.31）：一、各黨團同意「前瞻基礎建設特別條例草案」交
經濟、財政、內政、教育及文化、交通、社會福利及衛生環境
6委員會審查，並不提出復議。二、本條例草案付委後，委員
會召開聯席會議審查時，舉行6場公聽會（1天1場次），邀請
相關人員出席表達意見。三、行政院依本條例所編列之特別預
算案送至本院後，各黨團同意由財政委員會為主審委員會，其
召集委員均得排定審查，不受輪值排定議程限制……院會報
告事項59、行政院函請審議「前瞻基礎建設特別條例草案」
（來文日期106.03.23），照協商結論交經濟、財政、內政、
教育及文化、交通、社會福利及衛生環境6委員會審查。第9屆
第3會期第10次至第14次會議，陸續有黨團及委員提出不同版
本。第9屆第3會期經濟、財政、內政、教育及文化、交通、
社會福利及衛生環境6委員會第5次聯席會議（106.05.15），
審查完竣，須交黨團協商，點名表決通過，有委員提復
議，點名表決不通過。第9屆第3會期第1次全院委員談話會
（106.06.14），將上開議案列入特定議案，記名表決通過。
第9屆第3會期第1次臨時會第4次會議（106.07.05），定期處
理，各黨團同意廣泛討論由國民黨黨團推派15人、時代力量黨
團推派3人、親民黨黨團推派2人、民進黨黨團推派5人發言。
進行逐條討論時，協商有共識之條文全部不發言，無共識之條
文由國民黨黨團推派3人、時代力量推派1至2人、親民黨黨團
推派1至2人、民進黨黨團推派1至2人發言。另外，各黨團在總
人數不變之下，可自行調整各條發言的人數。發言完畢，二讀

第108卷，第2期下冊，委員會紀錄，468頁；第108卷，第6期第1冊，
院會紀錄，45-95頁。

保留條文經記名表決通過，續行三讀通過。[157]106年7月7日總統令公布（全文15條，自公布日施行）。

12.**新式戰機採購特別預算**（2,472億2,883萬元）

(1) 第9屆第8會期第9次會議（108.11.08），報告事項2、行政院函請審議「中央政府新式戰機採購特別預算案（109年度至115年度）」案（來文日期108.10.31）。院會決定，依11月5日協商結論定於11月12日（星期二）邀請行政院院長、主計長、財政部部長、國防部部長及相關部會首長列席報告編製經過並備質詢。

(2) 第9屆第8會期財政、外交及國防2委員會第1次聯席會議（108.11.13），審查完竣（須黨團協商）。協商結論（108.11.20）：新增決議2項，其餘照審查會意見通過。

(3) 第9屆第8會期第11次會議（108.11.22），三讀通過。[158]

(4) 108年12月11日總統令公布。

特別條例立法過程：

第9屆第8會期第2次會議（108.09.20），報告事項8、行政院函請審議「新式戰機採購特別條例草案」案（來文日期108.09.06）。院會決定，交外交及國防、財政2委員會審查。第9屆第8會期外交及國防、財政2委員會第1次聯席會議（108.09.23），審查完竣（須黨團協商）。黨團協商結論（108.10.24）：第4條修正通過，如附件，其餘均照審查會意見通過，通過附帶決議4項。第9屆第8會期第7次會議

---

[157] 立法院公報，第106卷，第29期上冊，院會紀錄，1及9頁；第106卷，第59期，委員會紀錄，252-257頁；第106卷，第67期第4冊，委員會紀錄，381-395頁；第106卷，第70期上冊，院會紀錄，105及106頁。

[158] 立法院公報，第108卷，第88期，院會紀錄，9頁；第108卷，第94期，委員會紀錄，355頁以下；第108卷，第96期上冊，院會紀錄，72頁；第108卷，第96期上冊，黨團協商紀錄，315及316頁。

（108.10.29），三讀通過。[159]108年10月29日總統令公布（全文6條，自公布日施行至115.12.31）。

13. **中央政府嚴重特殊傳染性肺炎防治及紓困振興特別預算（600億元）**

   (1) 第10屆第1會期第2次會議（109.03.03），報告事項第2案、行政院函請審議「中央政府嚴重特殊傳染性肺炎防治及紓困振興特別預算案（109.01.15～110.06.30）」案（來文日期109.02.27）。院會決定，依黨團協商結論（109.03.02），增列行政院函請審議「中央政府嚴重特殊傳染性肺炎防治及紓困振興特別預算案」納入第2次會議報告事項，並於3月3日（星期二）邀請行政院院長、主計長、財政部部長及相關部會首長列席報告編製經過並備質詢，質詢人數由民進黨黨團及國民黨黨團各推派6人、民眾黨黨團及時代力量黨團各推派2人，未參加黨團委員得優先發言。

   (2) 第10屆第1會期財政、內政、經濟、教育及文化、交通、社會福利及衛生環境委員會第2次聯席會議（109.03.09），審查完竣案，須交由黨團協商。

   (3) 第10屆第1會期第4次會議（109.03.13），依黨團協商結論（109.03.12）進行二讀，三讀通過。

   (4) 109年3月18日總統令公布。

特別條例立法過程：

第10屆第1會期第1次會議（109.02.21），黨團協商結論：將行政院之嚴重特殊傳染性肺炎防治及紓困振興特別條例草案（來文日期109.02.20）及相關各黨團、委員之草案，

---

[159] 立法院公報，第108卷，第66期上冊，院會紀錄，7頁；第108卷，第68期，委員會紀錄，1頁以下；第108卷，第80期，院會紀錄，137、143及144頁。

如附表，增列本次會議報告事項，並同原列之草案，併案
逕付二讀，由院長召集協商。第10屆第1會期第1次會議
（109.02.25），黨團協商結論（109.02.24）：依協商結論進
行二讀，完成三讀。109年2月25日總統令公布（全文19條，
自公布日施行至115.12.31）。

14. **中央政府嚴重特殊傳染性肺炎防治及紓困振興特別預算追加預算（1,500億元）**

(1) 第10屆第1會期第10次會議（109.04.24），報告事項第2
案、行政院函請審議「中央政府嚴重特殊傳染性肺炎防治
及紓困振興特別預算追加預算案」。院會決定，依黨團協
商結論（109.04.20），定於4月24日（星期五）邀請行政
院院長、主計長、財政部部長及相關部會首長列席報告編
製經過並備質詢，質詢人數由民進黨黨團及國民黨黨團各
推派10人、民眾黨黨團及時代力量黨團各推派2人，未參
加黨團委員得優先發言。

(2) 第10屆第1會期財政、內政、經濟、教育及文化、交通、
社會福利及衛生環境委員會第3次聯席會議（109.04.29、
30），審查完竣案，須交由黨團協商。

(3) 第10屆第1會期第12次會議（109.05.08），黨團協商結論
（109.05.07），依協商結論進行進行二讀，完成三讀。

(4) 109年5月11日總統令公布。

特別條例修法過程：

第10屆第1會期第8次會議（109.04.10），黨團協商結論
（109.04.08），將行政院函請審議之「嚴重特殊傳染性肺炎
防治及紓困振興特別條例第九條之一、第十一條修正草案」
（收文日期109.04.06），及委員曾銘宗等19人擬具「嚴重特
殊傳染性肺炎防治及紓困振興特別條例部分條文修正草案」，
納入109年4月10日院會報告事項，併案逕付二讀，由院長於
109年4月13日下午2時30分召集協商。各黨團同意109年4月7
日院會報告事項之時代力量黨團擬具「嚴重特殊傳染性肺炎防

治及紓困振興特別條例部分條文修正草案」，原付委決定，提請復議，重行決定逕付二讀，併上開法案處理。第10屆第1會期第9次會議（109.04.21），黨團協商結論（109.04.20），依協商結論進行二讀，完成三讀。109年4月21日總統令公布（增訂第9條之1條文；並修正第11條條文）。

第四章　同意權之行使（29～31）

第二十九條（同意權行使程序及表決）
立法院依憲法第一百零四條或憲法增修條文第五條第一項、第六條第二項、第七條第二項行使同意權時，不經討論，交付全院委員會審查，審查後提出院會以無記名投票表決，經超過全體立法委員二分之一之同意為通過。

說明

憲法規定行使同意權之對象
憲法規定人事同意權在民主國家，係指其重要政府官員的任命，均須經過代表民意的國會認可，國會的同意賦予其任命間接的民意基礎，才有行使政府權力的正當性。
1. 審計長：中華民國憲法第104條規定：「監察院設審計長，由總統提名，經立法院同意任命之。」
2. 司法院大法官並爲院長、副院長及其他大法官等15人：中華民國憲法增修條文第5條第1項規定：「司法院設大法官十五人，並以其中一人爲院長、一人爲副院長，由總統提名，經立法院同意任命之，自中華民國九十二年起實施，不適用憲法第七十九條之規定。司法院大法官除法官轉任者外，不適用憲法第八十一條及有關法官終身職待遇之規定。」

3. 考試院院長、副院長及其他委員7至9人：中華民國憲法增修條文第6條第2項規定：「考試院設院長、副院長各一人，考試委員若干人，由總統提名，經立法院同意任命之，不適用憲法第八十四條之規定。」考試院組織法第3條規定：「考試院考試委員之名額，定為十九人。」109年1月8日修正公布考試院組織法第3條規定：「考試院考試委員之名額，定為七人至九人。考試院院長、副院長及考試委員之任期為四年。總統應於前項人員任滿三個月前提名之；前項人員出缺時，繼任人員之任期至原任期屆滿之日為止。考試委員具有同一黨籍者，不得超過委員總額二分之一。」

4. 監察院院長、副院長及其他委員等29人：中華民國憲法增修條文第7條第2項規定：「監察院設監察委員二十九人，並以其中一人為院長、一人為副院長，任期六年，由總統提名，經立法院同意任命之。憲法第九十一條至第九十三條之規定停止適用。」

法律規定行使同意權之對象

本條並未規定法律位階同意權行使對象之程序，目前實務上均透過黨團協商結論之案例，循例辦理。有關法律規定行使同意權之對象如下：

1. 公平交易委員會委員：公平交易委員會組織法第4條第1項規定：「本會置委員七人，均為專任，任期四年，任滿得連任，由行政院院長提名經立法院同意後任命之，行政院院長為任命時，應指定一人為主任委員，一人為副主任委員。」

2. 國家通訊傳播委員會委員：國家通訊傳播委員會組織法第4條第1項規定：「本會置委員七人，均為專任，任期四年，任滿得連任，由行政院院長提名經立法院同意後任命之，行政院院長為提名時，應指定一人為主任委員，一人為副主任委員。但本法第一次修正後，第一次任命之委員，其中三人之任期為二年。」

3. 中央選舉委員會委員：中央選舉委員會組織法第3條第1項及第2項規定：「本會置委員九人至十一人，其中一人為主任委員，特任，對外代表本會；一人為副主任委員，職務比照簡任第十四職

等；其餘委員七人至九人。主任委員、副主任委員及委員均由行政院院長提名經立法院同意後任命。委員任期爲四年，任滿得連任一次。但本法施行後，第一次任命之委員，其中五人之任期爲二年。」

4. 最高法院檢察署檢察總長1人：法院組織法第66條第8項規定：「最高法院檢察署檢察總長由總統提名，經立法院同意任命之，任期四年，不得連任。」

5. 促進轉型正義委員會委員9人：促進轉型正義條例第8條第1項規定：「促轉會置委員九人，由行政院長提名經立法院同意後任命之。行政院長爲提名時，應指定一人爲主任委員，一人爲副主任委員。主任委員、副主任委員及其他委員三人爲專任；其餘四人爲兼任。但全體委員中，同一政黨之人數不得逾三人；同一性別之人數不得少於三人。」

案例

▲法律位階同意權之行使

第6屆第2會期第17次會議（94.12.30），黨團協商結論：一、95年1月11日及12日加開院會，並與13日視爲1次院會，處理行政院函請本院行使國家通訊傳播委員會委員同意權案及其他議案。二、行政院函請本院行使國家通訊傳播委員會委員同意權乙案，由程序委員會編列第18次會議（95.01.06）報告事項，並立即交付科技及資訊、教育及文化2委員會審查，審查後隨即提報95年1月12日院會，上午行使同意權，同意權之行使方式，以秘密投票方式行之，並以出席委員過半數同意通過。[160]

說明

因法無明文規定法律位階同意權之行使處理程序，實務上均循上例

---

[160] 立法院公報，第95卷，第4期，院會紀錄，219頁。

處理。

☆同意權時程以復議通過，重行決定提案（議）方式

1. 第9屆第2會期第4次會議（105.09.30），民進黨黨團針對第1次會議報告事項第3案「總統咨，茲依據中華民國憲法增修條文第五條規定，提名許宗力、蔡烱燉、許志雄、張瓊文、黃瑞明、詹森林、黃昭元等七位為司法院大法官，並以許宗力為院長、蔡烱燉為副院長，咨請同意案」之決定，提出復議，請公決案。記名表決結果：「民進黨黨團所提復議案通過。」現有民進黨黨團及國民黨黨團分別提出一項重行決定之提案，記名表決結果：照民進黨黨團提案通過。[161]

2. 第9屆第4會期第1次臨時會第1次會議（107.01.05），民進黨黨團，針對第9屆第4會期第8次會議報告事項第2案、總統咨，為監察院第5屆監察委員現有缺額11名……提出復議，請公決案。表決結果：「民進黨黨團所提復議案通過。」民進黨黨團提議將總統咨請本院行使監察院監察委員人事同意權2案併案交全院委員會審查，審查及投票表決時程建議如下……。[162]

3. 第9屆第7會期第1次臨時會第1次會議（108.06.17），委員柯建銘等64人，針對第9屆第7會期第16次會議報告事項第2案、總統咨，茲依據中華民國憲法增修條文第5條規定，提名楊惠欽、蔡宗珍、謝銘洋、呂太郎等4位為司法院大法官，咨請同意案院會所作之決定提出復議。表決結果：「復議案通過。」民進黨黨團提議將總統咨請本院行使司法院大法官人事同意權案交全院委員會審查，審查及投票表決時程建議如下……。[163]

---

[161] 立法院公報，第105卷，第68期，院會紀錄，9-14頁。
[162] 立法院公報，第107卷，第18期，院會紀錄，2-6頁。
[163] 立法院公報，第108卷，第63期，院會紀錄，4-8頁。

☆同意權時程於復議通過後，以修正動議方式

第8屆第5會期第1次臨時會第4次會議（103.06.27），民進黨黨團，針對第8屆第5會期第1次臨時會第1次會議「監察院人事同意權案」審查時程之決定，提出復議，請公決案。無異議，通過。國民黨黨團針對第8屆第5會期第1次臨時會第4次會議有關「監察院人事同意權案」審查時程提出修正動議，表決結果：本案通過。[164]

☆同意權時程於復議不通過時，以提案建請方式

第8屆第5會期第1次臨時會第1次會議（103.06.13），民進黨黨團及台聯黨團所提復議案不予通過，國民黨黨團提案建請考試院／監察院人事同意權案審查時程，無異議，照案通過。[165]

☆◎程序委員會議中提議同意權時程

1. 第7屆第7會期第15次會議（100.05.24），程序委員會，委員建議5月30日舉行，如院會另有決定，依院會決定，經程序委員會通過。惟第7屆第7會期第14次會議（100.05.24）黨團協商結論：行使司法院大法官被提名人同意權案，全院委員會審查及院會行使同意權投票日程，同意於院會以表決方式決定，第7屆第7會期第15次會議（100.05.27），國民黨黨團提議6月9日召開全院委員會審查，6月14日投票表決，院會無異議通過。

2. 第9屆第8會期第6次程序委員會（108.10.22），民進黨黨團提案中選會被提名人同意權案於10月29日舉行，通過。

3. 第10屆第1會期第11次程序委員會（109.05.19），民進黨黨團提案促轉會及通傳會等被提名人同意權案於5月26日舉行，通過。

---

[164] 立法院公報，第103卷，第49期上冊，院會紀錄，3-6頁。

[165] 立法院公報，第103卷，第48期，院會紀錄，5頁以下。

說明：

通傳會同意權的議程經109年5月22日黨團協商改爲討論事項。

◇總統撤回提名

1. 第7屆第1會期第18次會議（97.07.08），總統撤回第11屆考試委員張俊彥（因故婉拒）提名。[166]

2. 第9屆第2會期第1次會議（105.09.13），總統撤回司法院院長謝文定、副院長林錦芳（懇辭）提名。[167]

☆同意權行使案不適用改交協商

第9屆第5會期第11次會議（107.05.08），立法院行使促進轉型正義委員會委員同意權案時，國民黨黨團依立法院職權行使法第68條第2項規定，提出異議，改交黨團協商，經主席裁示不適用上述條文規定且實務上並無案例而予以不受理，國民黨黨團對該裁示有異議，主席乃提付院會表決，多數通過不受理國民黨黨團之提案。[168]

解釋

司法院釋字第632號解釋（監察委員）

監察院院長、副院長與監察委員皆係憲法保留之法定職位，故確保監察院實質存續與正常運行，應屬所有憲法機關無可旁貸之職責。總統如消極不爲提名，或立法院消極不行使同意權，致監察院無從行使職權、發揮功能，國家憲政制度之完整因而遭受破壞，自爲憲法所不許。

司法院釋字第613號解釋（通傳會委員）

基於權力分立原則，行使立法權之立法院對行政院有關通傳會委員之人事決定權固非不能施以一定限制，以爲制衡，惟制衡仍有其界

---

[166] 立法院公報，第97卷，第48期下冊，院會紀錄，334頁。

[167] 立法院公報，第105卷，第66期上冊，院會紀錄，1頁。

[168] 立法院公報，第107卷，第52期下冊，院會紀錄，424頁。

限，除不能牴觸憲法明白規定外，亦不能將人事決定權予以實質剝奪或逕行取而代之。關於委員任滿提名及出缺提名之規定，將剝奪自行政院之人事決定權，實質上移轉由立法院各政黨（團）與由各政黨（團）依其在立法院所占席次比例推薦組成之審查會共同行使，影響人民對通傳會應超越政治之公正性信賴，違背通傳會設計爲獨立機關之建制目的，與憲法所保障通訊傳播自由之意旨亦有不符。是上開規定應自本解釋公布之日起，至遲於中華民國97年12月31日失其效力。

司法院釋字第645號解釋（公投會委員）

公民投票法第35條第1項規定：「行政院公民投票審議委員會，置委員二十一人，任期三年，由各政黨依立法院各黨團席次比例推荐，送交主管機關提請總統任命之。」關於委員之任命，實質上完全剝奪行政院依憲法應享有之人事任命決定權，顯已逾越憲法上權力相互制衡之界限，自屬牴觸權力分立原則，應自本解釋公布之日起，至遲於屆滿1年時，失其效力。

第三十條（審查範圍）
全院委員會就被提名人之資格及是否適任之相關事項進行審查與詢問，由立法院咨請總統通知被提名人列席說明與答詢。
全院委員會於必要時，得就司法院院長副院長、考試院院長副院長及監察院院長副院長與其他被提名人分開審查。

相關法規

📎 司法院組織法（36.03.31公布，最新修正日期109.06.10）
第4條
　　大法官應具有下列資格之一：
一、曾任實任法官十五年以上而成績卓著者。

二、曾任實任檢察官十五年以上而成績卓著者。

三、曾實際執行律師業務二十五年以上而聲譽卓著者。

四、曾任教育部審定合格之大學或獨立學院專任教授十二年以上，講授法官法第五條第四項所定主要法律科目八年以上，有專門著作者。

五、曾任國際法庭法官或在學術機關從事公法學或比較法學之研究而有權威著作者。

六、研究法學，富有政治經驗，聲譽卓著者。

　　具有前項任何一款資格之大法官，其人數不得超過總名額三分之一。

　　第一項資格之認定，以提名之日為準。

考試院組織法（36.03.31公布，最新修正日期109.01.18）

第4條

　　考試委員應具有下列各款資格之一：

一、曾任大學教授十年以上，聲譽卓著，有專門著作者。

二、高等考試及格二十年以上，曾任簡任職滿十年，成績卓著，而有專門著作者。

三、學識豐富，有特殊著作或發明者。

　　前項資格之認定，以提名之日為準。

監察院組織法（36.03.31公布，最新修正日期109.01.08）

第3條之1

　　監察院監察委員，須年滿三十五歲，並具有左列資格之一：

一、曾任立法委員一任以上或直轄市議員二任以上，聲譽卓著者。

二、任本俸十二級以上之法官、檢察官十年以上，並曾任高等法院、高等行政法院以上法官或高等檢察署以上檢察官，成績優

異者。

三、曾任簡任職公務員十年以上，成績優異者。

四、曾任大學教授十年以上，聲譽卓著者。

五、國內專門職業及技術人員高等考試及格，執行業務十五年以上，聲譽卓著者。

六、清廉正直，富有政治經驗或主持新聞文化事業，聲譽卓著者。

七、對人權議題及保護有專門研究或貢獻，聲譽卓著者；或具與促進及保障人權有關之公民團體實務經驗，著有聲望者。

具前項第七款資格之委員，應為七人，不得從缺，並應具多元性，由不同族群、專業領域等代表出任，且任一性別比例不得低於三分之一，提名前並應公開徵求公民團體推薦人選。

第一項所稱之服務或執業年限，均計算至次屆監察委員就職前一日止。

審計部組織法（18.10.29公布，最新修正日期99.05.05）

第2條

審計長應具有左列資格之一：

一、曾任審計長，成績卓著者。

二、曾任副審計長五年以上，或審計官九年以上，成績優良者。

三、曾任專科以上學校會計、審計課程教授十年以上，聲譽卓著，或具有會計、審計學科之權威著作者。

四、曾任高級簡任官六年以上，聲譽卓著，並富有會計、審計學識經驗者。

五、曾任監察委員六年以上，富有會計、審計學識經驗，聲譽卓著者。

案例

▲院長副院長與其他被提名人分開審查

第8屆第1會期第4次會議（101.03.20），黨團協商（101.03.15）：
4月11日對考試院副院長、4月12日對2位考試委員被提名人同意
權案進行審查。[169]

第三十一條（同意權行使結果）
同意權行使之結果，由立法院咨復總統。如被提名人未獲同
意，總統應另提他人咨請立法院同意。

案例

☆被提名人未獲同意者

1. 第5屆第1會期第22次會議（91.06.20），不同意林菊枝為第6
   屆大法官、不同意李進勇、林筠、郭吉仁、趙揚清為第3屆監
   察委員、不同意張博雅為第10屆考試院副院長。[170]
2. 第7屆第1會期第17次會議（97.07.04），不同意沈富雄先生為
   第4屆監察委員並為副院長，不同意陳耀昌、尤美女、許炳進
   為第4屆監察委員。[171]
3. 第8屆第5會期第2次臨時會第1次會議（103.07.29），馬英九
   總統提名余騰芳等11人均未獲得超過全體立法委員二分之一之
   同意票，依法不同意為監察院第5屆監察委員。[172]

---

[169] 立法院公報，第101卷，第10期，院會紀錄，336頁。
[170] 立法院公報，第91卷，第56期第5冊，院會紀錄，112-114頁。
[171] 立法院公報，第97卷，第47期，院會紀錄，329及330頁。
[172] 立法院公報，第103卷，第50期，院會紀錄，4及5頁。

第五章　覆議案之處理（32～35）

第三十二條（覆議之標的）
行政院得就立法院決議之法律案、預算案、條約案之全部或一部，經總統核可後，移請立法院覆議。

相關法規

🔍 中華民國憲法增修條文

第3條第2項第2款

　　行政院依左列規定，對立法院負責，憲法第五十七條之規定，停止適用：

二、行政院對於立法院決議之法律案、預算案、條約案，如認為有窒礙難行時，得經總統之核可，於該決議案送達行政院十日內，移請立法院覆議。立法院對於行政院移請覆議案，應於送達十五日內作成決議。如為休會期間，立法院應於七日內自行集會，並於開議十五日內作成決議。覆議案逾期未議決者，原決議失效。覆議時，如經全體立法委員二分之一以上決議維持原案，行政院院長應即接受該決議。

案例

◇法律案之一部提出覆議

　　公民投票法覆議案：第5屆第4會期第16次會議（92.12.19），全院委員會報告審查行政院函，為貴院通過「公民投票法」，經研議確有部分條文窒礙難行，依憲法增修條文第3條第2項第2款規

定，移請貴院覆議案。[173]

第三十三條（覆議案之審查）
覆議案不經討論，即交全院委員會，就是否維持原決議予以審查。
全院委員會審查時，得由立法院邀請行政院院長列席說明。

案例

☆未邀請行政院院長列席說明

第8屆第3會期第1次臨時會第1次會議（102.06.13），會計法第99條之1覆議案，院會決定：不邀請行政院院長列席說明。[174]

☆因故不邀請到會說明

第3屆第2會期全院委員會第1次會議（85.10.15），審查立刻廢止所有核能電廠之興建計畫，刻正進行之建廠工程應即停工善後，並停止動支任何相關預算且繳回國庫覆議案，主席建請作成決議，行政院院長受反核人士阻礙未能到會說明，建議改為書面審查。[175]

第三十四條（覆議案之表決）
覆議案審查後，應於行政院送達十五日內提出院會以記名投票表決。如贊成維持原決議者，超過全體立法委員二分之一，即維持原決議；如未達全體立法委員二分之一，即不維持原決議；逾期未作成決議者，原決議失效。

---

[173] 立法院公報，第93卷，第2期下冊，院會紀錄，110頁。
[174] 立法院公報，第102卷，第46期中冊，院會紀錄，596頁。
[175] 立法院公報，第85卷，第52期，委員會紀錄，243頁。

相關法規

🔍中華民國憲法增修條文

第3條第2項第2款

　　行政院依左列規定，對立法院負責，憲法第五十七條之規定，停止適用：

二、行政院對於立法院決議之法律案、預算案、條約案，如認為有窒礙難行時，得經總統之核可，於該決議案送達行政院十日內，移請立法院覆議。立法院對於行政院移請覆議案，應於送達十五日內作成決議。如為休會期間，立法院應於七日內自行集會，並於開議十五日內作成決議。覆議案逾期未議決者，原決議失效。覆議時，如經全體立法委員二分之一以上決議維持原案，行政院院長應即接受該決議。

說明

本條維持原決議人數明顯與中華民國憲法增修條文第3條第2項第2款規定不符，依前者規定維持原決議者，須「超過」全體立法委員二分之一，而後者規定：「……如經全體立法委員二分之一以上決議維持原案，行政院院長應即接受該決議。」二分之一以上係指包含二分之一本數，即只要有全體立法委員二分之一維持原決議即可，不須超過亦可。準此，本條文宜儘速修正為宜。

案例

☆覆議案

1. 省政府組織法第4條、第7條及第14條條文修正案。[176]
2. 臨時財產稅條例覆議案：第1屆第2會期第27次會議（37.12. 10）。[177]

---

[176] 周萬來，議案審議──立法院運作實況，2019.11，五版一刷，204頁。
[177] 立法院第1屆第2會期第27次會議，速紀錄，5頁。

3. 兵役法施行法第14條覆議案：第1屆第14會期第17次會議
   （43.11.23），原決議不予維持。[178]

4. 勞動基準法第84條覆議案：第1屆第86會期第11次會議
   （79.10.17），原決議不予維持。[179]

5. 立法院組織法第18條覆議案：第2屆第2會期第2次會議
   （82.09.24），行政院撤回。[180]

6. 立刻廢止所有核能電廠之興建計畫，刻正進行之建廠工程應即
   停工善後，並停止動支任何相關預算且繳回國庫覆議案：第3
   屆第2會期第11次會議（85.10.18），原決議不予維持。[181]

7. 漢翔航空公司設置條例第9條覆議案：第3屆第3會期第1次臨時
   會第1次會議（86.07.28），原決議失效（不足法定人數，無
   法議決，逾期未作成決議）。[182]

8. 財政收支劃分法第8條及第16條之1覆議案：第5屆第1會期第1
   次會議（91.02.19），原決議不予維持（跨屆行使覆議權）。

9. 公民投票法覆議案：第5屆第4會期第16次會議（92.12.19），
   維持原決議。[183]

10. 三一九槍擊事件真相調查特別委員會條例覆議案：第5屆第6
    會期第1次會議（93.09.14），維持原決議。[184]

11. 農會法第46條之1覆議案：第6屆第5會期第16次會議
    （96.06.12），維持原決議。[185]

12. 漁會法第49條之1覆議案：第6屆第5會期第16次會議

---

[178] 立法院公報，第43卷，第14期第4冊，院會紀錄，5及6頁。
[179] 立法院公報，第79卷，第84期，院會紀錄，130頁。
[180] 立法院公報，第82卷，第53期，院會紀錄，444頁。
[181] 立法院公報，第85卷，第57期，院會紀錄，348及349頁。
[182] 立法院公報，第86卷，第32期，附錄，3246頁。
[183] 立法院公報，第93卷，第2期下冊，院會紀錄，152頁。
[184] 立法院公報，第93卷，第39期第1冊，院會紀錄，525-527頁。
[185] 立法院公報，第96卷，第54期下冊，院會紀錄，986及987頁。

（96.06.12），維持原決議。[186]

13.會計法第99條之1覆議案：第8屆第3會期第1次臨時會第1次會議（102.06.13），原決議不予維持。[187]

14.地政士法第51條之1覆議案：第8屆第4會期第1次臨時會第1次會議（103.01.28），原決議不予維持。[188]

第三十五條（休會期間覆議案之處理）

立法院休會期間，行政院移請覆議案，應於送達七日內舉行臨時會，並於開議十五日內，依前二條規定處理之。

相關法規

🔍 **中華民國憲法增修條文**

第4條第4項

　　立法院經總統解散後，在新選出之立法委員就職前，視同休會。

案例

☆休會期間之覆議案

漢翔航空公司設置條例第9條覆議案：第3屆第3會期第1次臨時會第1次會議（86.07.28），本次會議無法舉行，8月12日0時起，原決議失效（不足法定人數，無法議決，逾期未作成決議）。

---

[186] 立法院公報，第96卷，第54期下冊，院會紀錄，987及988頁。

[187] 立法院公報，第102卷，第46期上冊，院會紀錄，1-6頁。

[188] 立法院公報，第103卷，第12期，院會紀錄，1-7頁。

第六章　不信任案之處理（36～41）

第三十六條（不信任案提出之要件）
立法院依憲法增修條文第三條第二項第三款之規定，得經全體立法委員三分之一以上連署，對行政院院長提出不信任案。

相關法規

🔍 中華民國憲法增修條文

第3條第2項第3款

　　行政院依左列規定，對立法院負責，憲法第五十七條之規定，停止適用：

三、立法院得經全體立法委員三分之一以上連署，對行政院院長提出不信任案。不信任案提出七十二小時後，應於四十八小時內以記名投票表決之。如經全體立法委員二分之一以上贊成，行政院院長應於十日內提出辭職，並得同時呈請總統解散立法院；不信任案如未獲通過，一年內不得對同一行政院院長再提不信任案。

案例

☆蕭萬長不信任案

　　委員張俊雄及委員馮定國等82人分別於第4屆第1會期第1次會議（88.02.26），提出對行政院院長蕭萬長不信任案（事由：證交稅調降）。於進行報告事項前提出，先進行黨團協商，確立民進黨黨團2人各5分鐘說明，新黨黨團1人10分鐘說明，發言按國13、民11、新6、無4、民主3、非3比例定之，每人5分鐘。主席裁定交全院委員會審查，於88年3月1日下午2時30分進行審查，

88年3月2日上午11時記名投票表決，不通過。[189]

☆陳冲不信任案

委員柯建銘等43人於第8屆第2會期第1次會議（101.09.18），提出行政院院長陳冲之不信任案（事由：外銷停滯、失業率攀升等）。於進行報告事項前提出，先進行黨團協商，確立提案人5分鐘說明，其他委員每人5分鐘。101年9月21日上午10時10分進行審查，101年9月22日上午10時記名投票表決，不通過。[190]

☆江宜樺不信任案

委員柯建銘等43人於第8屆第4會期第5次會議（102.10.11），提出行政院院長江宜樺之不信任案（事由：發動政爭、非法監聽且違憲亂政等）。於進行報告事項前提出，先進行黨團協商，102年10月14日上午11時30分進行審查，102年10月15日上午9時記名投票表決，不通過。[191]

解釋

司法院釋字第735號解釋（不信任案於臨時會提出案）

不信任案應於規定之時限內，完成記名投票表決，避免懸宕影響政局安定，未限制不信任案須於立法院常會提出。如於立法院休會期間提出不信任案，立法院應即召開臨時會審議之。

第三十七條 （不信任案之審查及表決）

不信任案應於院會報告事項進行前提出，主席收受後應即報告院會，並不經討論，交付全院委員會審查。

全院委員會應自不信任案提報院會七十二小時後，立即召開審

---

[189] 立法院公報，第88卷，第10期，院會紀錄，465及466頁。

[190] 立法院公報，第101卷，第51期上冊，院會紀錄，98-102頁。

[191] 立法院公報，第102卷，第52期，院會紀錄，32-37頁。

查，審查後提報院會表決。

前項全院委員會審查及提報院會表決時間，應於四十八小時內完成，未於時限完成者，視為不通過。

第三十八條（不信任案連署之撤回及參加）

不信任案於審查前，連署人得撤回連署，未連署人亦得參加連署；提案人撤回原提案須經連署人同意。

前項不信任案經主席宣告審查後，提案人及連署人均不得撤回提案或連署。

審查時如不足全體立法委員三分之一以上連署者，該不信任案視為撤回。

第三十九條（不信任案之表決方式）

不信任案之表決，以記名投票表決之。如經全體立法委員二分之一以上贊成，方為通過。

案例

☆不信任案表決不通過

1. 蕭萬長不信任案：第4屆第1會期第1次會議（88.03.02），不通過。
2. 陳冲不信任案：第8屆第2會期第1次會議（101.09.22），不通過。
3. 江宜樺不信任案：第8屆第4會期第5次會議（102.10.15），不通過。

第四十條（不信任案結果）

立法院處理不信任案之結果，應咨送總統。

第四十一條（再提不信任案之限制）

不信任案未獲通過，一年內不得對同一行政院院長再提不信任案。

第七章　彈劾案之提出（42～44）

第四十二條（彈劾案之依據）

立法院依憲法增修條文第四條第七項之規定，對總統、副總統得提出彈劾案。

相關法規

🔍 中華民國憲法增修條文

第4條第7項

　　立法院對於總統、副總統之彈劾案，須經全體立法委員二分之一以上之提議，全體立法委員三分之二以上之決議，聲請司法院大法官審理，不適用憲法第九十條、第一百條及增修條文第七條第一項有關規定。

第四十三條（提議彈劾案之程序）

依前條規定彈劾總統或副總統，須經全體立法委員二分之一以上提議，以書面詳列彈劾事由，交由程序委員會編列議程提報院會，並不經討論，交付全院委員會審查。

全院委員會審查時，得由立法院邀請被彈劾人列席說明。

第四十四條（提出彈劾案之表決）

全院委員會審查後，提出院會以無記名投票表決，如經全體立法委員三分之二以上贊成，向司法院大法官提出彈劾案。

相關法規

🔍 中華民國憲法增修條文

第2條第10項

　　立法院提出總統、副總統彈劾案，聲請司法院大法官審理，經憲法法庭判決成立時，被彈劾人應即解職。

第七章之一　罷免案之提出及審議（44-1）

第四十四條之一（罷免案之提出及審議）

立法院依憲法增修條文第二條第九項規定提出罷免總統或副總統案，經全體立法委員四分之一之提議，附具罷免理由，交由程序委員會編列議程提報院會，並不經討論，交付全院委員會於十五日內完成審查。

全院委員會審查前，立法院應通知被提議罷免人於審查前七日

內提出答辯書。

前項答辯書，立法院於收到後，應即分送全體立法委員。

被提議罷免人不提出答辯書時，全院委員會仍得逕行審查。

全院委員會審查後，即提出院會以記名投票表決，經全體立法委員三分之二同意，罷免案成立，當即宣告並咨復被提議罷免人。

相關法規

🔍 中華民國憲法增修條文

第2條第9項

總統、副總統之罷免案，須經全體立法委員四分之一之提議，全體立法委員三分之二之同意後提出，並經中華民國自由地區選舉人總額過半數之投票，有效票過半數同意罷免時，即為通過。

案例

☆罷免案不成立

1. 第6屆第3會期全院委員談話會（95.06.12），建請立法院召開臨時會審議相關重大法案

   特定事項：罷免陳水扁總統提案。院會決定：通過。[192]第6屆第3會期第1次臨時會第3次會議（95.06.27），一、全院委員會報告併案審查委員丁守中等112人「對陳水扁總統提出罷免案」、委員羅世雄等70人「對陳水扁總統提出罷免案」及委員呂學樟等57人「對陳水扁總統提出罷免案」案。院會決定：罷免總統案未獲得全體立法委員三分之二之同意，罷免總統案不

---

[192] 立法院公報，第95卷，第35期，院會紀錄，56-64頁。

成立。[193]

2. 第6屆第4會期第2次會議（95.09.29），委員呂學樟等60人，
再次提出罷免案

院會決定：10月11日、12日召開全院委員會審查，並於10
月13日提報院會記名投票表決。第6屆第4會期第3次會議
（95.10.13）全院委員會報告審查委員呂學樟等60人「對陳水
扁總統提出罷免案」案。院會決定：罷免總統案未獲得全體立
法委員三分之二之同意，罷免總統案不成立。[194]

說明：

本法並未規定罷免案相關審查程序，國民黨黨團及親民黨黨團
於陳水扁總統罷免案，曾提出並經全院委員會通過「全院委員
會審查總統罷免案審查程序」及議程配當表。[195]

3. 第6屆第4會期第7次會議（95.11.10），委員鄭金玲、黃義交
等60人，提出對陳水扁總統罷免案

院會決定：95年11月22日（星期三）、11月23日（星期四）
召開全院委員會併案審查，提報95年11月24日（星期五）院
會記名投票表決。第6屆第4會期第9次會議（95.11.24）罷免
總統案未獲得全體立法委員三分之二之同意，罷免總統案不成
立。[196]

---

[193] 立法院公報，第95卷，第36期，院會紀錄，1-8頁。
[194] 立法院公報，第95卷，第40期，院會紀錄，24-30頁。
[195] 立法院公報，第95卷，第40期，院會紀錄，24頁。
[196] 立法院公報，第95卷，第54期，院會紀錄，243頁。

第八章　文件調閱之處理（45～53）

第四十五條（調閱組織及權限）

立法院經院會決議，得設調閱委員會，或經委員會之決議，得設調閱專案小組，要求有關機關就特定議案涉及事項提供參考資料。

調閱委員會或調閱專案小組於必要時，得經院會之決議，向有關機關調閱前項議案涉及事項之文件原本。

案例

☆調閱委員會

1. 90年度補助臺灣省各縣市政府科目預算調閱委員會
   第4屆第5會期第13次會議（90.05.11），表決通過（幕僚單位：預算中心）。

2. 海軍光華二號調閱委員會
   第4屆第5會期第17次會議（90.06.06），無異議通過（跨屆未處理）。

3. 國家安全局預算外秘密帳戶調閱委員會
   第4屆第6會期第13次會議（91.01.17），表決通過（幕僚單位：議事處）。

4. 海軍光華二號調閱委員會
   第5屆第1會期第7次會議（91.04.02），無異議通過（幕僚單位：國防委員會）。

5. 通訊監聽執行情形調閱委員會（後改為通訊監察執行情形調閱委員會）
   第5屆第1會期第17次會議（91.05.24），協商決定（幕僚單

位：司法委員會）。

6. **行政院金融重建基金處理36家農漁會信用部調閱委員會**
   第5屆第3會期第13次會議（92.05.23），協商決定（幕僚單位：財政委員會）。

7. **幻象機採購案調閱委員會**
   第5屆第3會期第13次會議（92.05.23），協商決定（幕僚單位：國防委員會）。

8. **行政院金融重建基金處理8家信用合作社調閱委員會**
   第5屆第5會期第6次會議（93.03.12），協商決定。

9. **民間參與高速公路電子收費系統建置及營運甄審過程調閱委員會**
   第5屆第5會期第12次會議（93.04.20），協商決定（幕僚單位：交通委員會）。

10. **三一九槍擊事件啟動國安機制相關文件調閱委員會**
    第5屆第5會期第1次臨時會第4次會議（93.08.24），表決通過（幕僚單位：國防委員會）。

11. **通訊保障及監察調閱委員會**
    第6屆第1會期第14次會議（94.05.27），協商決定（幕僚單位：司法委員會）。

12. **美國牛肉進口決策調閱委員會**
    第6屆第3會期第12次會議（95.05.05），協商決定（幕僚單位：衛生環境及社會福利委員會）。

13. **通訊監察執行情形調閱委員會**
    第7屆第4會期第13次會議（98.12.15），協商決定（幕僚單位：司法委員會）。

☆◎調閱專案小組

1. **金融調查資料調閱專案小組**
   第4屆第3會期第32次會議（89.07.25），函送金檢調閱報告書。

2. 海軍光華六號採購案調閱專案小組

   第6屆第2會期國防委員會第15次全體委員會議（94.12.19）。

3. 國防部投資管理銷售公司之經過及與法國軍事交流情形調閱專
   案小組

   第7屆第1會期外交及國防委員會第11次全體委員會議
   （97.04.03）。

4. 獵雷艦調閱專案小組

   第9屆第4會期外交及國防委員會第6次全體委員會議
   （106.10.19）。

5. 獵雷艦採購案財政部所屬公股行庫聯貸案真相調閱專案小組

   第9屆第4會期財政委員會第7次全體委員會議（106.10.18）。

6. 促轉會張天欽事件調閱小組運作要點

   第9屆第6會期司法及法制委員會第9次全體委員會議
   （107.10.25）。

解釋

司法院釋字第325號解釋（調閱文件）

立法院為行使憲法所賦予之職權，除依中華民國憲法第57條第1款
及第67條第2項辦理外，得經院會或委員會之決議，要求有關機關
就議案涉及事項提供參考資料，必要時並得經院會決議調閱文件原
本，受要求之機關非依法律規定或其他正當理由不得拒絕。但國家
機關獨立行使職權受憲法之保障者，如司法機關審理案件所表示之
法律見解、考試機關對於應考人成績之評定、監察委員為糾彈或糾
正與否之判斷，以及訴訟案件在裁判確定前就偵查、審判所為之處
置及其卷證等，監察院對之行使調查權，本受有限制，基於同一理
由，立法院之調閱文件，亦同受限制。

司法院釋字第585號解釋（調查權）

立法院調查權乃立法院行使其憲法職權所必要之輔助性權力，基於
權力分立與制衡原則，立法院調查權所得調查之對象或事項，並非
毫無限制。除所欲調查之事項必須與其行使憲法所賦予之職權有重

大關聯者外，凡國家機關獨立行使職權受憲法之保障者，即非立法院所得調查之事物範圍。又如行政首長依其行政權固有之權能，對於可能影響或干預行政部門有效運作之資訊，均有決定不予公開之權力，乃屬行政權本質所具有之行政特權。立法院行使調查權如涉及此類事項，即應予以適當之尊重。如於具體案件，就所調查事項是否屬於國家機關獨立行使職權或行政特權之範疇，或就屬於行政特權之資訊應否接受調查或公開而有爭執時，立法院與其他國家機關宜循合理之途徑協商解決，或以法律明定相關要件與程序，由司法機關審理解決之。

立法院調查權行使之方式，並不以要求有關機關就立法院行使職權所涉及事項提供參考資料或向有關機關調閱文件原本之文件調閱權為限，必要時並得經院會決議，要求與調查事項相關之人民或政府人員，陳述證言或表示意見，並得對違反協助調查義務者，於科處罰鍰之範圍內，施以合理之強制手段，本院釋字第325號解釋應予補充。惟其程序，如調查權之發動及行使調查權之組織、個案調查事項之範圍、各項調查方法所應遵守之程序與司法救濟程序等，應以法律為適當之規範。於特殊例外情形，就特定事項之調查有委任非立法委員之人士協助調查之必要時，則須制定特別法，就委任之目的、委任調查之範圍、受委任人之資格、選任、任期等人事組織事項、特別調查權限、方法與程序等妥為詳細之規定，並藉以為監督之基礎。各該法律規定之組織及議事程序，必須符合民主原則。其個案調查事項之範圍，不能違反權力分立與制衡原則，亦不得侵害其他憲法機關之權力核心範圍，或對其他憲法機關權力之行使造成實質妨礙。如就各項調查方法所規定之程序，有涉及限制人民權利者，必須符合憲法上比例原則、法律明確性原則及正當法律程序之要求。

司法院釋字第633號解釋（三一九事件）

中華民國95年5月1日修正公布之三一九槍擊事件真相調查特別委員會條例（以下簡稱真調會條例）第4條第2項、第8條、第8條之1、第8條之2第1項、第2項、第3項關於報告並公布部分、第5項、

第6項、第8條之3、第11條第2項關於調用行政機關人員部分、第4項、第15條第1項規定,與憲法及本院釋字第585號解釋意旨並無不符。

同條例第8條之2第3項關於罰鍰部分、第4項規定,與本院釋字第585號解釋意旨不符;第11條第3項規定與憲法所要求之權力分立制衡原則不符,均應自本解釋公布之日起失其效力。

本件暫時處分之聲請,關於同條例上開規定部分因本案業經作成解釋,已無須予以審酌;同條例其他條文部分之釋憲聲請既應不受理,則該部分暫時處分之聲請亦失所附麗,併予指明。

司法院釋字第729號解釋（調閱偵查資料）

檢察機關代表國家進行犯罪之偵查與追訴,基於權力分立與制衡原則,且為保障檢察機關獨立行使職權,對於偵查中之案件,立法院自不得向其調閱相關卷證。立法院向檢察機關調閱已偵查終結而不起訴處分確定或未經起訴而以其他方式結案之案件卷證,須基於目的與範圍均屬明確之特定議案,並與其行使憲法上職權有重大關聯,且非屬法律所禁止者為限。如因調閱而有妨害另案偵查之虞,檢察機關得延至該另案偵查終結後,再行提供調閱之卷證資料。其調閱偵查卷證之文件原本或與原本內容相同之影本者,應經立法院院會決議;要求提供參考資料者,由院會或其委員會決議為之。因調閱卷證而知悉之資訊,其使用應限於行使憲法上職權所必要,並注意維護關係人之權益(如名譽、隱私、營業秘密等)。本院釋字第325號解釋應予補充。

第四十六條（調閱委員會及小組設立之限制）
調閱委員會或調閱專案小組之設立,均應於立法院會期中為之。但調閱文件之時間不在此限。

第四十七條（被調閱文件機關之處理方式）

受要求調閱文件之機關，除依法律或其他正當理由得拒絕外，應於五日內提供之。但相關資料或文件原本業經司法機關或監察機關先為調取時，應敘明理由，並提供複本。如有正當理由，無法提供複本者，應提出已被他機關調取之證明。

被調閱文件之機關在調閱期間，應指派專人將調閱之文件送達立法院指定場所，以供查閱，並負保管責任。

第四十八條（機關或人員違反調閱規定之處理）

政府機關或公務人員違反本法規定，於立法院調閱文件時拒絕、拖延或隱匿不提供者，得經立法院院會之決議，將其移送監察院依法提出糾正、糾舉或彈劾。

第四十九條（調閱組織所需工作人員之指派）

調閱委員會所需之工作人員，由秘書長指派之。

調閱專案小組所需之工作人員，由立法院各委員會或主辦委員會就各該委員會人員中指派之。

調閱委員會及調閱專案小組於必要時，得請求院長指派專業人員協助之。

　說明

實務上院長指派專業人員，例如法制局及預算中心等相關人員，但不限於院內，例如立法院90年度補助臺灣省各縣市政府科目預算調閱委員會第1次會議（90.05.17），調閱人員，除院內專業人員

外，由各黨團推派院外專業人員1名，調閱相關資料。[197]

> **第五十條**（查閱人員之限制及應遵守事項）
> 立法院所調取之文件，限由各該調閱委員會、調閱專案小組之委員或院長指派之專業人員親自查閱之。
> 前項查閱人員，對機密文件不得抄錄、攝影、影印、誦讀、錄音或為其他複製行為，亦不得將文件攜離查閱場所。

> **第五十一條**（文件調閱終結後應提出報告）
> 調閱委員會或調閱專案小組應於文件調閱處理終結後二十日內，分向院會或委員會提出調閱報告書及處理意見，作為處理該特定議案之依據。

案例

◇調閱報告書及處理意見逾期提報院會

　　「民間參與高速公路電子收費系統建置及營運甄審過程調閱委員會」調閱報告書，經93年11月9日第10次全委員會議決議：「調閱處理終結，調閱報告書及處理意見提報院會。」並於93年12月13日以台立高字第0938700049號函[198] 送議事處，顯已逾文件調閱處理終結後20日內。

---

[197] 立法院公報，第90卷，第38期，委員會紀錄，267-269頁。

[198] 立法院第5屆第6會期第12次會議議案關係文書，院總第756號 委員提案第5511號之1。

第五十二條（保密義務）
文件調閱之調閱報告書及處理意見未提出前，其工作人員、專業人員、保管人員或查閱人員負有保密之義務，不得對文件內容或處理情形予以揭露。但涉及外交、國防或其他依法令應秘密事項者，於調閱報告及處理意見提出後，仍應依相關法令規定保密，並依秘密會議處理之。

第五十三條（不得為最後決議之情形及例外）
調閱委員會或調閱專案小組未提出調閱報告書及處理意見前，院會或委員會對該特定議案不得為最後之決議。但已逾院會或各該委員會議決之時限者，不在此限。
前項調閱專案小組之調閱報告書及處理意見，應經該委員會議決後提報院會處理。

第九章　委員會公聽會之舉行（54～59）

第五十四條（公聽會之舉行及秘密會議）
各委員會為審查院會交付之議案，得依憲法第六十七條第二項之規定舉行公聽會。如涉及外交、國防或其他依法令應秘密事項者，以秘密會議行之。

相關法規

🔍 中華民國憲法

第67條

立法院得設各種委員會。

各種委員會得邀請政府人員及社會上有關係人員到會備詢。

解釋

司法院釋字第461號解釋（備詢人員）

參謀總長並非憲法增修條文第3條第2項第1款之部會首長，亦非依法獨立行使職權，不受外部干涉之人員，屬於憲法第67條第2項之政府人員，除有正當理由外，不得拒絕委員會應邀到會備詢；司法、考試、監察院院長，本於五院間相互尊重之立場，並依循憲政慣例，得不受邀請備詢。

案例

▲進入議案內容協商，不得舉行公聽會

第4屆第4會期第9次會議（89.10.27），朝野協商（89.10.26）決定，為尊重審查會職權，朝野進入議案內容協商時，不得舉行公聽會。[199]

☆同意權案舉行全院公聽會

第9屆第7會期第1次臨時會第1次全院委員會公聽會（108.06.24），「行使司法院大法官同意權案」公聽會。本案係報告事項提報院會時，經提復議並通過，院會決定，6月24日舉行司法院大法官人事同意權案公聽會，由各黨團推薦學者專家代表8人參加，依政黨比例由民進黨黨團推薦4人、國民黨黨團推薦2人、時代力量黨團及親民黨黨團各推薦1人；各黨團審查小組委員亦依上述

---

[199] 立法院公報，第89卷，第58期，院會紀錄，36頁。

比例推派委員組成。發言時程及順序：每位學者專家及審查小組委員發言時間均為10分鐘，綜合答復30分鐘；先由學者專家發言，次由審查小組委員發言，最後由學者專家綜合答復。各黨團所舉薦的學者專家、審查小組委員如不在場，得由各黨團互相調換次序。

第五十五條（舉行公聽會之要件）
公聽會須經各委員會輪值之召集委員同意，或經各委員會全體委員三分之一以上之連署或附議，並經議決，方得舉行。

案例

▲經由黨團協商結論召開者
第9屆第3會期第7次會議（106.03.31），黨團協商結論（106.03.31）：「前瞻基礎建設特別條例草案」付委後，委員會召開聯席會議審查時，舉行6場公聽會（1天1場次）。[200]

第五十六條（公聽會之主席及出席人員）
公聽會以各委員會召集委員為主席，並得邀請政府人員及社會上有關係人員出席表達意見。
前項出席人員，應依正反意見之相當比例邀請，並以不超過十五人為原則；其人選由各委員會決定之。
應邀出席人員非有正當理由，不得拒絕出席。

---

[200] 立法院公報，第106卷，第29期上冊，院會紀錄，1及2頁。

說明

實務上委員會舉行公聽會，係提供不同意見之交流，委員自由參加，未出席者，不須請假，亦不會列缺席，主席於開會時，亦不會宣告開會人數等。

相關法規

立法院各委員會組織法

第14條

聯席會議，由主辦之委員會召集之。

第15條

聯席會議之主席，由主辦之委員會召集委員擔任之。

案例

▲聯席會之公聽會主席為主辦委員會之召集委員

第9屆第3會期第7次會議（106.03.31），黨團協商結論：一、各黨團同意「前瞻基礎建設特別條例草案」交經濟、財政、內政、教育及文化、交通、社會福利及衛生環境6委員會審查，並不提出復議。[201]

說明

協商過程國民黨建議公聽會主席由6委員會召委輪流擔任，結果因立法院各委員會組織法第14條及第15條之規定，故仍由主辦之經濟委員會召集委員擔任之。

---

[201] 立法院公報，第106卷，第33期下冊，院會紀錄，939頁。

第五十七條（公聽會前之準備）

舉行公聽會之委員會，應於開會日五日前，將開會通知、議程等相關資料，以書面送達出席人員，並請其提供口頭或書面意見。

同一議案舉行多次公聽會時，得由公聽會主席於會中宣告下次舉行日期，不受五日之限制，但仍應發出書面通知。

立法院對應邀出席人員，得酌發出席費。

相關法規

立法院邀請學者專家出席會議支給出席費要點（107.01.19院長核定修正）

第4點

　　每次會議，以邀請十五人以內為宜，每人以支給新臺幣二千五百元為上限，如係由遠地前往（三十公里以外），參照國內出差旅費報支要點規定覈實支給交通費。

第五十八條（公聽會報告之提出）

委員會應於公聽會終結後十日內，依出席者所提供之正、反意見提出公聽會報告，送交本院全體委員及出席者。

第五十九條（公聽會報告之效力）

公聽會報告作為審查該特定議案之參考。

第十章　行政命令之審查（60～63）

第六十條（各機關訂定之命令應提報院會）

各機關依其法定職權或基於法律授權訂定之命令送達立法院後，應提報立法院會議。

出席委員對於前項命令，認為有違反、變更或牴觸法律者，或應以法律規定事項而以命令定之者，如有十五人以上連署或附議，即交付有關委員會審查。

說明

本章規定係屬立法監督，且性質上為事後之監督，依中央法規標準法第7條規定：「各機關依其法定職權或基於法律授權訂定之命令，應視其性質分別下達或發布，並即送立法院。」行政命令已下達或發布後，才送立法院，由立法院決定是否為事後之審查。委員或黨團提案將行政命令（改）交付有關委員會審查時，依上開規定應有理由認為該行政命令有違反、變更或牴觸法律者，或應以法律規定事項而以命令定之者，惟實務上院會並未要求須附上相關說明。

相關法規

🔍 **中央法規標準法**（59.08.31公布，最新修正日期93.05.19）

第7條

　　各機關依其法定職權或基於法律授權訂定之命令，應視其性質分別下達或發布，並即送立法院。

案例

☆對交付委員會審查之決定提出異議

1. 第6屆第5會期第14次會議（96.05.25），報告事項第59案、教育部函送「國立臺灣民主紀念館組織規程」及編制表、「國立臺灣民主紀念館辦事細則」，請查照案。程序委員會意見：擬請院會將本案交法制、教育及文化2委員會。國民黨黨團、親民黨黨團提議：本案改為交法制、教育及文化2委員會審查，有異議。表決：多數通過。[202]

2. 第9屆第7會期第16次會議（108.05.31），報告事項第108案、教育部函，為修正「性別平等教育法施行細則第十三條條文」，請查照案。國民黨黨團、親民黨黨團提議本案改為交教育及文化委員會審查，有異議（對於是否可以表決，本有爭議，最後仍循上例），記名表決，多數通過。[203]

說明

依上開法條文義，「即交付」應係指只要符合法定連署或附議人數規定者，毋庸表決，逕行交付有關委員會審查，故上開案例應屬特例，似不宜再予以援用。相同規定者，例如立法院職權行使法第68條。

第六十一條（行政命令審查之期限）

各委員會審查行政命令，應於院會交付審查後三個月內完成之；逾期未完成者，視為已經審查。但有特殊情形者，得經院會同意後展延；展延以一次為限。

前項期間，應扣除休會期日。

---

202 立法院公報，第96卷，第46期，院會紀錄，10頁。
203 立法院第9屆第7會期第16次會議，議事錄，105頁。

說明

行政命令審查主體為委員會，故該行政命令有無申請展延之特殊情形者，應屬委員會之職權，惟實務之運用卻由黨團為之，即委員會來函表示已逾審查期限，提報院會存查，而於院會時，再由黨團提議展延期限，院會再予以同意。例如第7屆第5會期第6次會議（99.03.26），報告事項第164案、本院經濟委員會函，為院會交付審查經濟部函送「大陸地區人民來臺投資許可辦法」及「大陸地區之營利事業在臺設立分公司或辦事處許可辦法」、中華民國98年7月3日訂定發布「大陸地區人民來臺投資許可辦法」及「大陸地區之營利事業在臺設立分公司或辦事處許可辦法」，定自中華民國98年6月30日施行等2案，均已逾立法院職權行使法第61條所定審查期限，茲依規定提報院會存查，請查照案。主席：針對報告事項第164案，民進黨黨團提議展延審查期限，請問院會，有無異議？（無）無異議，通過。本案作如下決定：同意展延審查期限。[204]

案例

☆逾審查期限之申請展延

　第9屆第6會期第4次會議（107.10.12），報告事項第62案、「中華民國107年度再生能源電能躉購費率及其計算公式」，院會決定同意展延審查期限。惟該案係107年3月9日台立議字第1070700386號函請經濟委員會審查，而該委員會107年10月2日台立經字第1074201720號函，已逾立法院職權行使法第61條所定審查期限，送院會存查，至於會議當日係由何人提議展延審查期限，該次會議紀錄並未載明。[205]

---

[204] 立法院公報，第99卷，第18期，院會紀錄，29及30頁。
[205] 立法院公報，第107卷，第82期，院會紀錄，6及7頁。

☆展延後逾期之存查

第9屆第6會期第2次會議（107.10.02），報告事項第129案、教育及文化、社會福利及衛生環境2委員會函，為院會交付審查教育部、衛生福利部會銜函送「中途學校員額編制準則」案，經提第9屆第4會期第8次會議報告後決定：展延審查期限，復逾立法院職權行使法第61條所定審查期限，茲依規定函請提報院會存查，請查照案。[206]

☆行政命令屆期連續

勞動部函為修正「勞動基準法施行細則部分條文」案，經提第8屆第8會期第14次會議報告後，決定：「交社會福利及衛生環境委員會審查。」105年3月28日舉行第9屆第1會期社會福利及衛生環境委員會第10次全體委員會議，對本案進行審查，並提報第9屆第1會期第8次會議，決議：一、本案不予備查，通知勞動部更正或廢止。二、社會福利及衛生環境委員會通過決議一併送勞動部。[207]

說明

行政命令是否適用屆期不連續原則，一直存有爭議。如採肯定說，等於棄守立法院之事後監督機制，如要兼顧屆期不連續及立法監督，或可要求行政機關因屆期關係重送該等行政命令，但也會因此延長其不確定性；如採否定說，除可以確保立法之事後監督機制外，也不用行政機關重送，而且行政命令逾期未完成審查視為審查，也不受屆期之影響。此外，實務上如行政命令提報院會，因委員或黨團之異議而被退回程序委員會時，基於對委員或黨團之尊重，所以程序委員會是不會主動再將該等議案排入議程，只能由委員或黨團提出增列議程，如未提出增列，此時該等行政命令因

---

[206] 立法院公報，第107卷，第80期，院會紀錄，13頁。
[207] 立法院公報，第105卷，第15期，院會紀錄，64-68頁。

未提報院會，所以一直存在程序委員會，何時會被提出，充滿不確定性，宜修法明定程序委員會未於一定期間將行政命令提報院會者，視為備（存）查。

第六十二條（行政命令違法之救濟程序）

行政命令經審查後，發現有違反、變更或牴觸法律者，或應以法律規定事項而以命令定之者，應提報院會，經議決後，通知原訂頒之機關更正或廢止之。

前條第一項視為已經審查或經審查無前項情形之行政命令，由委員會報請院會存查。

第一項經通知更正或廢止之命令，原訂頒機關應於二個月內更正或廢止；逾期未為更正或廢止者，該命令失效。

案例

☆老年農民福利津貼申領及核發辦法

第3屆第5會期第7次會議（87.04.03），報告事項，院會決議：本案應通知原機關更正或廢止之，並作成1項附帶決議案。[208]

☆國際機場園區發展條例施行細則第11條

第7屆第6會期第15次會議（100.01.10），討論事項，院會決議：函請交通部更正或廢止，並作成1項附帶決議案。[209]

☆勞動基準法施行細則部分條文

第9屆第1會期第8次會議（105.04.08），討論事項，院會決議：本案不予備查，通知勞動部更正或廢止。社會福利及衛生環境委

---

[208] 立法院公報，第87卷，第17期，院會紀錄，136頁。
[209] 立法院公報，第100卷，第12期下冊，院會紀錄，298頁。

員會通過決議一併送勞動部。[210]

☆委員會以函的方式報請院會存查

交通委員會104年3月30日台立交字第1042400502號函，主旨：
院會交付審查飛航安全調查委員會函，爲修正民用航空器及公務
航空器飛航事故調查作業處理規則案，業經審查完竣，復請查
照，提報院會存查（無附件）。[211]

☆委員會審查報告決議報請院會備查者，均列入報告事項

第9屆第6會期第12次會議（107.12.07），報告事項第300案、
本院司法及法制委員會函，爲院會交付審查中央研究院函爲修
正「中央研究院處務規程」部分條文暨「中央研究院編制表」
案，業經審查完竣，同意備查，請查照案。院會決定：准予備
查。[212]議案關係文書：立法院司法及法制委員會107年11月26日
台立司字第1074301305號函，主旨：院會交付本會會同教育及
文化委員會審查中央研究院函爲修正「中央研究院處務規程」部
分條文暨「中央研究院編制表」案，業經審查完竣，復請查照，
提報院會。說明二、檢附審查報告1份。

☆委員會報請院會存查，可否改列討論事項

第8屆第2會期第14次會議（101.12.21），報告事項第191案、社
會福利及衛生環境委員會函，爲院會交付審查行政院衛生署函送
「全民健康保險扣取及繳納補充保險費辦法」，業經審查完竣，
准予備查，請查照案。民進黨黨團有異議（擬請改列討論事項，
後修正爲退回程序委員會），院會決定，退回程序委員會重新提
出。[213]

---

210 立法院公報，第105卷，第19期下冊，院會紀錄，74頁

211 立法院第8屆第7會期第8次會議議案關係文書，院總第55號 政府提案
　　第9974號之2。

212 立法院公報，第107卷，第111期上冊，院會紀錄，33頁。

213 立法院公報，第102卷，第1期第1冊，院會紀錄，29頁。

說明：

依立法院議事規則第14條第3項規定，「經委員會審查報請院會不予審議之議案，應列入報告事項，但有出席委員提議，十五人以上連署或附議，經表決通過，應交付程序委員會改列討論事項。」似可參採之。

☆逾期始為更正者

第5屆第1會期第7次會議（91.04.02），報告事項第106案、修正「核能發電後端營運基金收支保管及運用辦法」第14條條文，請查照案。經朝野協商後，改交經濟及能源委員會審查。第5屆第1會期第16次會議（91.05.21），討論事項第2案、經濟及能源委員會報告審查行政院函送修正「核能發電後端營運基金收支保管及運用辦法」第14條條文，不予修正，請行政院依立法院職權行使法第62條第3項處理。立法院於91年5月29日函知行政院處理，行政院卻於93年5月12日函送立法院，排入第5屆第5期第19次會議（93.06.01），報告事項第27案，並改交審查在案，後續即無下文。[214]

說明：

依本條規定，行政命令逾期不為更正者，逾期當日即失其效力。惟因立法院並無管控該等案件之進度，而行政機關如怠為處理者，該行政命令外觀仍屬存在，似屬立法監督之漏洞。

◇行政命令經廢止後改為行政規則

「國家人權紀念館籌備處暫行組織規程暨編制表」、「國家人權紀念館籌備處暫行組織規程修正第二條條文及增訂第二條之一條文」及「修正國家人權紀念館籌備處暫行組織規程第三條至第六條條文及其編制表」等3案，經提報第5屆第4會期第14次會議，決定均不予備查，並通知行政院廢止「國家人權紀念館籌備處暫

行組織規程暨編制表」。立法院於92年12月11日函知行政院處理，行政院將上開決議轉呈總統府秘書長。總統府於93年3月4日訂定「總統府國家人權紀念館籌備小組設置要點」，特設總統府國家人權紀念館籌備小組，以執行相關業務。

第六十三條（行政命令審查之準用）
各委員會審查行政命令，本章未規定者，得準用法律案之審查規定。

第十一章　請願文書之審查（64～67）

第六十四條（請願文書之收受）
立法院於收受請願文書，應依下列規定辦理：
一、秘書處收受請願文書後，應即送程序委員會。
二、各委員會收受請願文書後，應即送秘書處收文。
三、立法院會議時，請願人面遞請願文書，由有關委員會召集委員代表接受，並於接見後，交秘書處收文。
四、請願人向立法院集體請願，面遞請願文書有所陳述時，由院長指定之人員接見其代表。
前項請願人，包括經我國認許之外國法人。

相關法規

🔍 請願法（43.12.18制定全文11條，58.12.18公布修正全文12條）

第1條（適用範圍）

人民請願，依本法之規定。

第2條（得請願之事項及受理機關）

人民對國家政策、公共利害或其權益之維護，得向職權所屬之民意機關或主管行政機關請願。

第3條（請願事項不得牴觸憲法或干預審判）

人民請願事項，不得牴觸憲法或干預審判。

第4條（應提起訴訟或訴願事項不得請願）

人民對於依法應提起訴訟或訴願之事項，不得請願。

第5條（請願書記載事項）

人民請願應備具請願書，載明左列事項，由請願人或請願團體及其負責人簽章：

一、請願人之姓名、性別、年齡、籍貫、職業、住址；請願人為團體時，其團體之名稱、地址及其負責人。

二、請願所基之事實、理由及其願望。

三、受理請願之機關。

四、中華民國年、月、日。

第6條（集體請願之陳述應推代表為之）

　　人民集體向各機關請願，面遞請願書，有所陳述時，應推代表為之；其代表人數，不得逾十人。

第7條（受理機關得通知請願人前來答詢）

　　各機關處理請願案件時，得通知請願人或請願人所推代表前來，以備答詢；其代表人數，不得逾十人。

第8條（請願案件之結果應通知請願人）

　　各機關處理請願案件，應將其結果通知請願人；如請願事項非其職掌，應將所當投遞之機關通知請願人。

第9條（對請願人不得脅迫或歧視）

　　受理請願機關或請願人所屬機關之首長，對於請願人不得有脅迫行為或因其請願而有所歧視。

第10條（民意機關代表請願時之準用規定）

　　地方民意機關代表人民向有關民意機關請願時，準用本法之規定。

第11條（請願時不得有暴行等不法行為）

　　人民請願時，不得有聚眾脅迫、妨害秩序、妨害公務或其他不法情事；違者，除依法制止或處罰外，受理請願機關得不受理其請願。

第12條（施行日）

本法自公布日施行。

🔍 立法院程序委員會組織規程
第4條第1項第6款、第2項、第3項

本會職掌如下：

六、關於人民請願文書、形式審核、移送、函復及通知之處理。

人民請願文書，雖未標名請願，而其內容合於請願法第五條規定者，視爲請願文書。

人民向其他機關請願之請願文書，其副本函本院者，送有關委員會存查。

🔍 立法院會客請願參觀訪問旁聽等作業程序及管制要點
第5點

本院受理人民請願時，應依請願法及立法院職權行使法第六十四條第一項各款規定程序辦理。院會日由本院議事處通知本院總務處管理科，並副知警衛隊，各請願人須接受安全檢查，並佩帶識別標幟，始准進入院區及接待室，再由院會主席指定相關委員接見。臨時提出請願申請之人民或請願團體，仍應依前項規定辦理。

第6點

人民依前條規定，集體向本院請願時，如需面遞請願書及另有所陳述，應推派代表爲之，其代表人數不得逾十人。但於非院會日來院請願時，由院長指派人員代表接見。

第7點

　　人民依規定向本院請願時，不得有聚眾脅迫、妨害秩序、妨害公務或其他不法情事；違者，除依法制止外，依請願法第十一條規定，本院得不受理其請願。

第六十五條（請願文書之處理程序）

立法院收受請願文書後，應先由程序委員會審核其形式是否符合請願法規定，其有不符或文字意思表示無法瞭解者，通知其補正。

請願文書之內容明顯非屬立法職權事項，程序委員會應逕行移送權責機關處理；其屬單純之行政事項，得不交審查而逕行函復，或委託相關委員會函復。如顯有請願法第三條、第四條規定情事，依法不得請願者，由程序委員會通知請願人。

說明

對於同一事由，經予適當處理，並已明確答覆後，而仍一再請願者，本法並無相關處理規定，致造成該案件量之不斷重複增加，不但造成立法院作業程序之困擾，亦無助於人民權益之維護，日後宜參考行政程序法第173條：「人民陳情案有下列情形之一者，得不予處理：一、無具體之內容或未具真實姓名或住址者。二、同一事由，經予適當處理，並已明確答覆後，而仍一再陳情者。三、非主管陳情內容之機關，接獲陳情人以同一事由分向各機關陳情者。」增訂不予處理為宜。

相關法規

🔍 請願法

第3條

　　人民請願事項，不得牴觸憲法或干預審判。

第4條

　　人民對於依法應提起訴訟或訴願之事項，不得請願。

第六十六條（請願文書之審查及查復）

請願文書應否成為議案，由有關委員會審查；審查時得先函請相關部會於一個月內查復。必要時得派員先行瞭解，或通知請願人到會說明，說明後應即退席。

請願文書在審查未有結果前，請願人得撤回之。

相關法規

🔍 立法院各委員會組織法

第2條

　　各委員會審查本院會議交付審查之議案及人民請願書，並得於每會期開始時，邀請相關部會作業務報告，並備質詢。

案例

◎審查○○○君等77件請願案

　　第9屆第8會期司法及法制委員會第2次全體委員會議（108.09.23）議事錄，決議：○○○君等77件請願案：各案均不成為議案，依立法院職權行使法第67條第2項規定處理，敘明

理由及處理經過，送由程序委員會報請院會存查，並通知請願人。

第六十七條（成爲或不成爲議案之處理方式）
請願文書經審查結果成為議案者，由程序委員會列入討論事項，經大體討論後，議決交付審查或逕付二讀或不予審議。
請願文書經審查結果不成為議案者，應敘明理由及處理經過，送由程序委員會報請院會存查，並通知請願人。但有出席委員提議，十五人以上連署或附議，經表決通過，仍得成為議案。

案例

☆成為議案案之處理

1. 第1屆第59會期第6次會議：司法、內政2委員會報告民法、土地法案，經審查結果，應成爲議案案。決定：交司法、內政2委員會審查。

2. 第1屆第62會期第6次會議：法制委員會報告宣誓條例，應成爲議案案。決定：交法制委員會審查。

3. 第1屆第63會期第11次會議：交通、財政2委員會報告：台灣省公共汽車客運商業同業公會聯合會為民營公共汽車客運業，應比照公營公共汽車客運業，免徵地價稅及房屋稅，請轉請有關單位修正法規，以示公允，而恤商艱一案，經審查結果，應成爲議案案。決定：交財政、交通2委員會審查。

4. 第1屆第64會期第14次會議：司法、法制2委員會報告「律師法」，應成爲議案案。決定：交司法、法制2委員會與林忠雄等請修正律師法案併案審查。

5. 第1屆第66會期第10次會議：司法委員會報告：中華民國律師公會全國聯合會為擬訂「律師法修正草案」一案，請惠予採納一案，經審查結果，應成爲議案案。決定：交司法、法制2委

員會與林忠雄等請願案及行政院修正草案併案審查

6. 第1屆第67會期第15次會議：司法委員會報告，中華民國律師公會全國聯合會為建議修改刑事訴訟法第27條第1項，並於同條增訂第3項，俾辯護權能充分行使，加強保障人權一案，經審查結果，應成為議案案。決定：交司法、法制2委員會與臺中律師公會請修正刑事訴訟法第27條條文案併案審查。

7. 第1屆第68會期第14次會議：教育委員會報告，大學法應成為議案案。決定：交教育、法制2委員會審查。

8. 第1屆第69會期第26次會議：司法委員會報告，臺北律師公會為請支持刑事訴訟法偵查中得隨時選任辯護人之研議，早日完成立法程序，俾使辯護權得以充分行使，藉以加強保障人民之權益一案，經審查結果，應成為議案案。決定：交司法、法制2委員會與臺中律師公會及中華民國律師公會全國聯合會2請願案合併審查。

9. 第1屆第70會期第17次會議（臨時報告事項）：司法委員會報告，民法親屬與繼承2編一案，經審查結果應成為議案案。決定：其中有關修正「親屬編」部分，交司法、法制2委員會，與行政院函請審議「民法親屬編部分條文修正草案」暨「民法親屬編施行法修正草案」案，併案審查。

10. 第1屆第73會期第19次會議：司法委員會報告，中華民國律師公會全國聯合會暨基隆、臺北、臺中、臺南等律師公會為請修正律師法刪除第50條第2項之規定以維律師尊嚴等5案，經審查結果，均應成為議案案。決定：交司法、法制2委員會與行政院函請審議律師法部分條文修正草案併案審查。

11. 第1屆第76會期第6次會議：司法委員會報告，請修正戡亂時期貪污治罪條例第18條條文以適用刑法假釋之規定等2案經審查結果均應成為議案案。決定：交司法、法制2委員會審查。

12. 第1屆第82會期第7次會議：外交委員會報告，請修正「護照條例施行細則」並廢止「新聞局大眾傳播事業派遣人員申請出國審核辦法」一案經審查結果應成為議案案。決定：一、本案交

外交委員會審查。二、函請行政院於2個月內將「護照條例修正草案」送本院審議，並通盤檢討修正「護照條例施行細則」及「新聞局大眾傳播事業派遣人員申請出國審核辦法」。

13. 第8屆第2會期第10次會議：內政委員會報告審查本院程序委員會函送中華民國消費者文教基金會，針對居住正義五法提出相關辦法與配套措施請願文書，經審查結果，應成為議案案。院會未處理。

☆不成為議案案經院會決定成為議案

第1屆第62會期第15次會議：司法委員會報告：新竹律師公會為建議修改民、刑事訴訟法，廢除有關上訴第三審之限制一案，經審查結果，無成為議案之必要案。決定：本案應成為議案交司法委員會俟修正民事訴訟法、刑事訴訟法時併案審查。[215]

説明

本案由吳委員延環提議成為議案，主席詢問，院會有無異議，無異議，通過。但依現行法規定，尚須15人以上連署或附議，經表決通過，始得成為議案。

第十二章　黨團協商（68～74）

第六十八條（黨團協商之發動）

為協商議案或解決爭議事項，得由院長或各黨團向院長請求進行黨團協商。

立法院院會於審議不須黨團協商之議案時，如有出席委員提出異議，十人以上連署或附議，該議案即交黨團協商。

各委員會審查議案遇有爭議時，主席得裁決進行協商。

---

215 立法院公報，第67卷，第92期，院會紀錄，3及4頁。

說明

黨團協商由院長召集（含黨團請求／提議）時，以院長辦公室函通知各黨團及相關單位。

案例

☆同意權行使案不適用改交協商規定

　　第9屆第5會期第11次會議（107.05.08），行使促進轉型正義委員會委員同意權案時，國民黨黨團依立法院職權行使法第68條第2項規定，提出異議，改交黨團協商，經主席裁示不適用上述條文規定且實務上並無案例而予以不受理，國民黨黨團對該裁示有異議，主席乃提付院會表決，多數通過不受理國民黨黨團之提案。

第六十九條（黨團協商參加者及時間）

黨團協商會議，由院長、副院長及各黨團負責人或黨鞭出席參加；並由院長主持，院長因故不能主持時，由副院長主持。

前項會議原則上於每週星期三舉行，在休會或停會期間，如有必要時，亦得舉行，其協商日期由主席通知。

說明

實務上黨團協商之出席委員並未限制須各黨團負責人或黨鞭，惟協商結論簽署者，仍須各黨團有權簽章之負責人或黨鞭始有效力，但亦可授權其他委員代（行）簽（名）。

案例

▲黨團協商會議原則上於每週星期三舉行

　　第9屆第1會期第2次會議（105.02.26），黨團協商結論：一、各黨團同意朝野黨團協商會議原則上於每週星期三舉行，如有重要

急迫時，於每週星期五或其他時間隨時舉行。[216]

第七十條（審查報告進行黨團協商程序）

議案交由黨團協商時，由該議案之院會說明人所屬黨團負責召集，通知各黨團書面簽名指派代表二人參加，該院會說明人為當然代表，並由其擔任協商主席。但院會說明人更換黨團時，則由原所屬黨團另指派協商主席。

各黨團指派之代表，其中一人應為審查會委員。但黨團所屬委員均非審查會委員時，不在此限。

依第六十八條第二項提出異議之委員，得向負責召集之黨團，以書面簽名推派二人列席協商說明。

議案進行協商時，由秘書長派員支援，全程錄影、錄音、記錄，併同協商結論，刊登公報。

協商結論如與審查會之決議或原提案條文有明顯差異時，應由提出修正之黨團或提案委員，以書面附具條文及立法理由，併同協商結論，刊登公報。

案例

◇院會說明人列有2人者由主席宣布將其中第2人劃除

第1屆第32會期第28次會議（53.01.10），審查報告中列委員潘廉方與楊寶琳2人為本案說明人，與立法院各委員會組織法第11條規定不符，主席表示，因楊委員寶琳不堅持，所以將審查報告上「楊委員寶琳補充」7個字刪除（無異議）。[217]

---

216 立法院公報，第105卷，第3期，院會紀錄，276頁。

217 立法院公報，第53卷，第32期第12冊，院會紀錄，43頁。

◇非院會說明人擔任協商主席

司法及法制委員會報告併案審查「勞動事件法草案」等，併案協商。因該議案之院會說明人為委員周春米，故本案之協商應由周春米擔任協商主席，惟因其與另一召集委員林為洲協調後，該議案即交由林為洲擔任協商主席，並完成協商。

☆未審查先併入協商再補程序

第9屆第4會期第10次會議（106.11.28），三讀通過租賃住宅市場發展及管理條例。因106年10月16日黨團協商結論，已將委員江永昌等及委員吳玉琴等尚未經委員會進行審查之版本，一併納入協商後，再由內政委員會函（106.10.16）請院會將該2版本自該委員會抽出，逕付二讀，與審查完竣之行政院函請審議「租賃住宅市場發展條例草案」案，併案協商，經第9屆第4會期第6次會議（106.10.27）通過。[218]

說明：

實務上因時間緊迫發展出議案在委員會尚未審查，已先併入完成審查報告之議案一併協商，再由該委員會函請院會將該案抽出逕付二讀後，隨即將該協商結論提出，完成二、三讀。

◇委員會協商主席不因其更換委員會而異動

產業創新條例部分條文修正草案等案，第9屆第3會期由經濟委員會召集委員高志鵬擔任協商主席，惟其於同屆第4會期已非經濟委員會召集委員，但仍由其續任協商主席。

說明：

法律明定院會說明人僅有更換黨團時，由原所屬黨團另指派協商主席。惟該委員如無法續任主持者，例如亡故、去職、辭職或無意願時，解釋上得由原所屬黨團另指派協商主席。否則，縱使該

---

[218] 立法院公報，第106卷，第87期上冊，院會紀錄，24及25頁；第106卷，第108期，院會紀錄，82-85頁。

委員未再任該委員會召集委員，甚或更換其他委員會，或跨數會期者，皆仍由其繼續主持協商。

▲勘驗委員會之錄影及錄音

第9屆第2會期第9次會議（105.11.08），黨團協商結論：一、各黨團同意11月9日（星期三），由黨團推派代表共同勘驗105年10月5日社會福利及衛生環境委員會第4次全體委員會議之錄影、錄音。二、各黨團同意「勞動基準法部分條文修正草案」公聽會定於11月15日（星期二）舉行，公聽會之時程及方式，俟前項勘驗完畢後，再行協商。

◇黨團協商會議未及開會且錄影及錄音

1. 第9屆第3會期第1次會議（106.02.21），黨團協商結論：一、國民黨黨團同意交通委員會1席與親民黨黨團司法及法制委員會李鴻鈞委員互換委員會。二、國民黨黨團同意教育及文化委員會1席與親民黨黨團司法及法制委員會高金素梅委員互換委員會。

2. 第9屆第5會期第2次會議（107.03.06），黨團協商結論：一、國民黨黨團同意經濟委員會1席徐志榮與親民黨黨團社福及衛環委員會周陳秀霞委員互換委員會。

3. 第9屆第5會期第8次會議（107.04.17），黨團協商結論（107.04.13）：本（第5）會期經費稽核委員會依政黨比例由民進黨黨團推派4人、國民黨黨團推派3人、時代力量黨團及親民黨黨團各推派1人代表組成，名單請於4月19日（星期四）中午12時前送至議事處彙整，上述名單送交議事處後即不予更換。

4. 第9屆第7會期第2次會議（108.02.22），黨團協商結論（108.02.21）：一、國民黨黨團同意內政委員會徐志榮委員與親民黨黨團社會福利及衛生環境委員會陳怡潔委員互換委員會。二、國民黨黨團同意經濟委員會陳宜民委員與親民黨黨團社會福利及衛生環境委員會周陳秀霞委員互換委員會。

5. 第10屆第1會期第1次會議（109.02.21），黨團協商結論：

一、各黨團同意行政院函請審議之「嚴重特殊傳染性肺炎防治及紓困振興特別條例草案」，及各黨團、委員提出之相關草案，如附表，增列納入第1次會議報告事項。二、各黨團同意本次會議報告事項原列及增列有關「嚴重特殊傳染性肺炎防治及紓困振興特別條例草案」等案，併案逕付二讀，由院長召集協商，於2月24日（星期一）協商完成後，於2月25日（星期二）院會進行處理完成立法，各黨團同意不提出復議；本次會議討論事項僅列上開議案，2月25日（星期二）當日不進行施政質詢及不處理臨時提案。三、2月24日（星期一）協商前有委員提案、併案協商。四、定於2月24日早上10時召集朝野協商。

說明：

本條規定議案進行協商時，由秘書長派員支援，全程錄影、錄音、記錄，併同協商結論，刊登公報。應係指議案之實質內容協商，例如法案或預算案等，至於程序協商部分，例如名單之提供，法案及時排入議程等，較單純且有時間上之急迫性，如一定要踐行開會程序，恐無法及時處理，且徒增人力、資源之耗費。

◇休會期間召開黨團協商會議

108年1月2日時代力量黨團召開入出國及移民法第18條之黨團協商會議（其他黨團未出席，無法進行）。[219]

◇停會期間召開黨團協商會議

108年12月27日院長召開反滲透法草案相關事宜之黨團協商會議（民進黨黨團提議）。108年12月30日繼續協商（有協商共識）。

---

[219] 立法院議案整合暨綜合查詢系統，網址：http://misq.ly.gov.tw/MISQ/IQuery/misq5000QueryMeetingDetailService.action?departmentCode=400A&meetingDate=108%2F01%2F02&meetingTime=13:00。

第七十一條（協商結論）

黨團協商經各黨團代表達成共識後，應即簽名，作成協商結論，並經各黨團負責人簽名，於院會宣讀後，列入紀錄，刊登公報。

說明

實務上各黨團於每會期開議前，皆會（來函）通知議事處，有關該黨團之協商結論簽章之代表人。

案例

◇院會不宣讀屬委員會事務之協商結論

1. 101年5月25日黨團協商結論，有關經濟委員會成立「台灣電力公司燃煤採購及購入電力合約調閱專案小組」、「禽流感防治之相關行政、實驗、試驗、檢驗等相關作為及文件調閱專案小組」、「台灣中油公司原油採購合約調閱專案小組」；教育及文化委員會成立「核能四廠資料調閱專案小組」，請各黨團推派專業人員1人乙案。

2. 102年11月13日黨團協商結論，有關司法及法制委員會成立「監聽調閱專案小組」，請各黨團推派人員乙案。

○無協商結論改依協商共識處理

1. 第9屆第1會期第1次臨時會第1次會議（105.07.25），不當黨產處理條例草案。[220]

2. 第9屆第5會期第1次臨時會第1次會議（107.06.19），陸海空軍軍官士官服役條例。[221]

3. 第9屆第5會期第1次臨時會第2次會議（107.06.25），空氣污

---

[220] 立法院公報，第105卷，第65期上冊，院會紀錄，193頁以下。

[221] 立法院公報，第107卷，第74期第1冊，院會紀錄，215頁。

染防制法。[222]

4. 第9屆第5會期第1次臨時會第2次會議（107.06.27），財團法人法。[223]

5. 第9屆第5會期第1次臨時會第2次會議（107.06.29），公司法。[224]

6. 第9屆第8會期第15次會議（108.12.31），反滲透法。[225]

▲協商結論增訂條文

第9屆第6會期第15次會議（107.12.28），都市更新條例修正草案，協商結論（107.12.24、27）附件一、協商通過條文：（一）協商修正條文：……增訂第12條之1（置於第75條後）。[226]

第七十一條之一 （定期處理協商議案）

議案自交黨團協商逾一個月無法達成共識者，由院會定期處理。

說明

實務上協商期間的起算日，以立法院議事處函請各黨團通知召開協商的發文日期爲準。該日期自第9屆第7會期起，於立法院全球資訊網－議案整合暨綜合查詢系統－右上角之「交付協商」欄位，提供查詢。

---

[222] 立法院公報，第107卷，第75期第1冊，院會紀錄，7頁。
[223] 立法院公報，第107卷，第75期第2冊，院會紀錄，1頁。
[224] 立法院公報，第107卷，第75期第4冊，院會紀錄，334頁。
[225] 立法院公報，第108卷，第106期，院會紀錄，21頁以下。
[226] 立法院公報，第108卷，第6期，院會紀錄，118及119頁。

案例

◇未經協商者，院會暫不處理

第9屆第1會期第11次會議（105.04.29），主席宣告：爲落實協商本旨，今後議案交付協商者，請負責黨團務必召集協商，如未經協商者，院會暫不處理，俟經協商無法達成共識，始依立法院職權行使法第71條之1規定處理。[227]立法院議事處乃於105年5月6日台立議字第1050702550號函通知全體委員、各黨團，並副知各委員會。

▲不受協商期之限制

1. 第9屆第2會期全院委員談話會（106.01.05），黨團協商結論：本臨時會處理之特定議案爲「106年度中央政府總預算案」、「電業法修正草案」、「長期照顧服務法部分條文修正草案」。「長期照顧服務法部分條文修正草案」不受立法院職權行使法第71條之1協商期之限制。[228]

2. 第9屆第2會期第10次會議（105.11.11），黨團協商結論：一、各黨團同意由社會福利及衛生環境委員會撤回併案審查行政院函請審議「勞動基準法部分條文修正草案」等7案之審查報告，由該委員會於11月14日、16日及17日召開3天會議（其中1天爲公聽會，行政機關代表應列席，並對陳述意見負責）審查，待審查完畢；如無共識，委員會議決交黨團協商後，提報院會處理，不受立法院職權行使法第71條之1協商期之限制。[229]

---

[227] 立法院公報，第105卷，第30期，院會紀錄，350及351頁。
[228] 立法院公報，第106卷，第14期中冊，院會紀錄，1138及1139頁。
[229] 立法院公報，第105卷，第87期，院會紀錄，223頁。

第七十二條（協商結論之異議）

黨團協商結論於院會宣讀後，如有出席委員提議，八人以上之連署或附議，得對其全部或一部提出異議，並由院會就異議部分表決。

黨團協商結論經院會宣讀通過，或依前項異議議決結果，出席委員不得再提出異議；逐條宣讀時，亦不得反對。

案例

◇協商結論如有異議，院會不作成決議

第8屆第7會期第6次會議（104.03.31），有關M503協商過程完整報告送立法院內政委員會之協商結論，院會處理時，有異議，不作成決議。[230]

☆協商結論有異議，表決贊成者多數通過

第5屆第5會期第1次臨時會第1次會議（93.08.11），協商結論（93.08.09）：一、定於93年8月10日（星期二），舉行談話會決定召開第5會期第1次臨時會……等。主席：由於幾位委員反對黨團協商結論，進行表決，不足法定人數，重新投票，不足法定人數，表決不成，休息10分鐘，繼續開會，表決結果，多數通過贊成協商結論。[231]

☆協商結論通過後，再就協商結論之附件提出異議

第9屆第6會期第1次臨時會第1次會議（108.01.10），院會上午已處理完畢黨團協商結論，下午繼續進行保留部分處理時，時代力量黨團以該協商結論之附件二未先提供各黨團同意爲由提出異議，經院會於全案二讀後，三讀前，予以處理其提出之更正案，

---

[230] 立法院公報，第104卷，第22期，院會紀錄，75頁。
[231] 立法院公報，第93卷，第36期，院會紀錄，5-8頁。

經表決不通過。[232]

說明

異議係對黨團協商結論之救濟

88年1月25日制定公布立法院職權行使法第72條：「黨團協商結論經院會同意後，出席委員不得反對。」其立法理由：明定黨團協商結論之效力，不得任意反對。反之，院會同意黨團協商結論前，出席委員是可以反對的，惟若無任何限制，則恐架空黨團協商結論。因此，91年1月25日修正公布本條文，其第1項理由：為保障未參加黨團委員對議案表達意見之權利，明訂此類委員得有條件提出異議。黨團如因情勢變更不贊成原協商結論，可依第75條提出異議，無須另為規定。顯見該異議之規定，係保障未參加黨團委員之異議權，及因情事變更等事由而保留黨團對協商結論之救濟，堪稱完備。院會因異議之提出，而須對協商結論予以表決，如贊成者多數，則依協商結論進行處理，反之，則依法定程序處理。原則上，除非有重大變更情事，否則該異議是不會通過的。

惟有謂黨團對協商結論提出異議，似與經協商獲致共識後始作成協商結論再由各黨團負責人簽名後提報院會的意旨混淆，將衍生協商結論荒謬的困境，而認為可採撤簽方式處理。[233]惟如此一來，非但沒解決上述困境，反而產生下述問題：一為架空黨團協商制度，即不循法定程序而將所有參與黨團協商結論之人力、物力全部歸零；二為忽視異議制度，係對黨團協商結論之法定救濟方式，除經由院會循法定程序予以處理外，相關異議及院會處理結果均會呈現在公報紀錄，而撤簽之原因及過程則無公報紀錄；三為黨團協商會議及院會均有實況轉播，滿足民眾知的權利，而撤簽則無。最後，如該協商結論經院會宣讀後，尚未確定前，而撤簽者，更可能

---

232 立法院公報，第108卷，第15期上冊，院會紀錄，337-341頁。
233 周萬來，議案審議——立法院運作實況，2019.11，五版一刷，280頁。

會因為一個人而造成院會程序之不便，及是否須重開黨團協商程序之問題等。惟實務上仍尊重委員撤簽的權利。

再異議之禁止

黨團協商結論經院會宣讀後，無異議通過，或提出異議，由院會就異議部分表決，贊成黨團協商結論通過，即異議不通過，則維持原協商結論，而異議通過，如為部分者，則修正或刪除之，如為全部者，則等同無協商結論。無論該決議是異議通過或不通過，出席委員均不得再提出異議。且該案於逐條宣讀時，亦不得為反對（異議）之表示。

第七十三條（協商議案後之發言限制）

經協商之議案於廣泛討論時，除經黨團要求依政黨比例派員發言外，其他委員不得請求發言。

經協商留待院會表決之條文，得依政黨比例派員發言後，逕行處理。

前二項議案在逐條討論時，出席委員不得請求發言。

案例

▲經協商議案之廣泛討論發言人數

第5屆第4會期第12次會議（92.11.26），黨團協商結論：五、公民投票法草案廣泛討論，每位委員發言10分鐘，國民黨委員7人，民進黨委員10人，親民黨委員5人，台聯黨團委員1人，無黨聯盟委員1人。輪流交叉方式進行。[234]

▲經協商議案之留待表決（保留）條文之發言人數

第9屆第4會期第1次臨時會黨團協商會議紀錄（107.01.18），

---

[234] 立法院公報，第92卷，第55期中冊，院會紀錄，145頁。

三、本案定於107年1月18日（星期四）進行二讀，逐條討論時，非保留條文，宣讀後均予以通過，不再發言；保留條文均暫保留，各保留條文進行處理前，由各黨團推派代表，依親民黨黨團1人、時代力量黨團2人、國民黨黨團、民進黨黨團各3人之順序發言，每人發言時間為3分鐘，輪流交叉發言完畢，即依上開黨團順序進行各保留條文之表決處理（各黨團採1版本）。[235]

第七十四條（議案分發協商之順序）
程序委員會應依各委員會提出審查報告及經院會議決交由黨團協商之順序，依序將議案交由黨團協商。
議案有時效性者，負責召集之黨團及該議案之院會說明人應優先處理。

說明
實務上皆由立法院議事處負責發黨團協商通知。

第十三章　附則（75～77）

第七十五條（連署或附議人數限制之例外）
符合立法院組織法第三十三條規定之黨團，除憲法另有規定外，得以黨團名義提案，不受本法有關連署或附議人數之限制。

---

[235] 立法院公報，第107卷，第19期第10冊，黨團協商紀錄，90頁。

相關法規

立法院組織法

第33條

　　每屆立法委員選舉當選席次達三席且席次較多之五個政黨得各組成黨團；席次相同時，以抽籤決定組成之。立法委員依其所屬政黨參加黨團。每一政黨以組成一黨團為限；每一黨團至少須維持三人以上。

　　未能依前項規定組成黨團之政黨或無黨籍之委員，得加入其他黨團。黨團未達五個時，得合組四人以上之政團；依第四項將名單送交人事處之政團，以席次較多者優先組成，黨（政）團總數合計以五個為限。

　　前項政團準用有關黨團之規定。

　　各黨團應於每年首次會期開議日前一日，將各黨團所屬委員名單經黨團負責人簽名後，送交人事處，以供認定委員所參加之黨團。

　　黨團辦公室由立法院提供之。

　　各黨團置公費助理十人至十六人，由各黨團遴選，並由其推派之委員聘用之；相關費用依前條之規定。

　　前項現職公費助理於中華民國八十七年三月一日至九十四年六月三十日間，由各黨團遴選並由其推派之委員或各該政黨聘用，並實際服務於黨團之助理年資，得辦理勞動基準法工作年資結清事宜。

立法院議事規則

第59條

　　符合立法院組織法第三十三條規定之黨團，除法律另有規定外，得以黨團名義提案，不受本規則有關連署或附議人數之限制。

第七十六條（議事規則之訂定）

立法院議事規則另定之。

相關法規

 立法院議事規則（37.05.20通過，最新修正日期105.11.11），
如後。

第七十七條（施行日）

本法自公布日施行。

本法中華民國九十六年十一月三十日修正之條文，自立法院第
七屆立法委員就職日起施行。

立法院職權行使法──連署或附議人數簡表

條次	內容	人數
5	延長會期（議決）	20
8	逕付二讀（表決）	20
9	重付審查或撤銷（廣泛討論後）（表決）	15
10	全案重付審查（進入逐條討論）（表決），1次為限	25
11	二讀後繼續三讀（表決）	15
17	邀請行政院長或部會首長對重要事項或變更施政方針報告（議決）	15
20	變更質詢議題順序（個人質詢分組）（議決）	15
60	行政命令交付審查（即交有關委員會）	15
67	不成為議案之請願文書得成為議案（表決）	15
68	議案交付黨團協商（即交黨團協商）	10
72	對黨團協商結論異議（表決）	8
75	黨團名義不受人數限制	

作者制表

法律統一用字表

62年第1屆第51會期第5次會議及75年第78會期第17次會議認可

用字舉例	統一用字	曾見用字	說明
公布、分布、頒布	布	佈	
徵兵、徵稅、稽徵	徵	征	
部分、身分	分	份	
帳、帳目、帳戶	帳	賬	
韭菜	韭	韮	
礦、礦物、礦藏	礦	鑛	
釐訂、釐定	釐	厘	
使館、領館、圖書館	館	舘	
穀、穀物	穀	谷	
行蹤、失蹤	蹤	踪	
妨礙、障礙、阻礙	礙	碍	
賸餘	賸	剩	
占、占有、獨占	占	佔	
牴觸	牴	抵	
雇員、雇主、雇工	雇	僱	名詞用「雇」
僱、僱用、聘僱	僱	雇	動詞用「僱」
贓物	贓	臟	
黏貼	黏	粘	
計畫	畫	劃	名詞用「畫」
策劃、規劃、擘劃	劃	畫	動詞用「劃」
蒐集	蒐	搜	
菸葉、菸酒	菸	煙	

用字舉例	統一用字	曾見用字	說明
儘先、儘量	儘	盡	
麻類、亞麻	麻	蔴	
電表、水表	表	錶	
擦刮	刮	括	
拆除	拆	撤	
磷、硫化磷	磷	燐	
貫徹	徹	澈	
澈底	澈	徹	
祇	祇	只	副詞
並	並	并	連接詞
聲請	聲	申	對法院用「聲請」
申請	申	聲	對行政機關用「申請」
關於、對於	於	于	
給與	與	予	給與實物
給予、授予	予	與	給予名位、榮譽等抽象事物
紀錄	紀	記	名詞用「紀錄」
記錄	記	紀	動詞用「記錄」
事蹟、史蹟、遺蹟	蹟	跡	
蹤跡	跡	蹟	
糧食	糧	粮	
覆核	覆	複	
復查	復	複	
複驗	複	復	

新增「法律統一用字表」一則

104年12月16日立法院第8屆第8會期第14次會議通過

用字舉例	統一用字	曾見用字	說明
取消	消	銷	

法律統一用語表

62年3月13日立法院第1屆第51會期第5次會議認可

統一用語	說明
「設」機關	如：「教育部組織法」第五條：「教育部設文化局，……」。
「置」人員	如：「司法院組織法」第九條：「司法院置秘書長一人，特任。……」。
「第九十八條」	不寫為：「第九八條」。
「第一百條」	不寫為：「第一〇〇條」。
「第一百十八條」	不寫為：「第一百『一』十八條」。
「自公布日施行」	不寫為：「自公『佈』『之』日施行」。
「處」五年以下有期徒刑	自由刑之處分，用「處」，不用「科」。
「科」五千元以下罰金	罰金用「科」不用「處」，且不寫為：「科五千元以下『之』罰金」。
「處」五千元以下罰鍰	罰鍰用「處」不用「科」，且不寫為：「處五千元以下『之』罰鍰」。
準用「第〇條」之規定	法律條文中，引用本法其他條文時，不寫「『本法』第〇條」而逕書「第〇條」。如：「違反第二十條規定者，科五千元以下罰金」。
「第二項」之未遂犯罰之	法律條文中，引用本條其他各項規定時，不寫「『本條』第〇項」，而逕書「第〇項」。如刑法第三十七條第四項「依第一項宣告褫奪公權者，自裁判確定時發生效力。」
「制定」與「訂定」	法律之「創制」，用「制定」；行政命令之制作，用「訂定」。
「製定」、「製作」	書、表、證照、冊據等，公文書之製成用「製定」或「製作」，即用「製」不用「制」。

統一用語	說明
「一、二、三、四、五、六、七、八、九、十、百、千」	法律條文中之序數不用大寫，即不寫為「壹、貳、參、肆、伍、陸、柒、捌、玖、佰、仟」。
「零、萬」	法律條文中之數字「零、萬」不寫為：「０、万」。

立法院慣用詞及標點符號

76年8月1日立法院台處議字第1848號函發布

1. 語詞：

　(1) 條文中如僅有一連接詞時，須用「及」字；如有二個連接詞時，則上用「與」字，下用「及」字，不用「暨」字作為連接詞。

　(2) 條文中之「省市政府」或「省政府及直轄市政府」用語，均改為「省（市）政府」。依此體例將「縣市政府」改為「縣（市）政府」；將「鄉、鎮公所」改為「鄉（鎮）公所」；將「鄉、鎮（縣轄市）公所」改為「鄉（鎮、市）公所」；將「鄉、鎮（市）、區公所」改為「鄉（鎮、市、區）公所」。

　(3) 引用他處條文，其條次係連續者，則用「至」字代替中間條次，例如「第三條、第四條、第五條」，改為「第三條至第五條」。項、款、目之引用準此。

　(4) 條文中「第○條之規定」字樣，刪除「之」字，改為「第○條規定」，項、款、目準此。

2. 標點符號：

　(1) 標題不使用標點符號。

　(2) 有「但書」之條文，「但」字上之標點使用句號「。」（惟但書前之「前段」，如以「；」區分為二段以上文字，而但書僅在表明最後段之例外規定時，得在「但」字上使用「，」。例如「前項許可證之申請，應檢具⋯⋯；其屬役男者，並應檢具⋯⋯，但⋯⋯之役男，不在此限」）。

3. 「及」字為連接詞時，「及」字上之標點刪除（但條文太長時，可以寫成「⋯⋯，及⋯⋯」）。

4. 「其」字為代名詞時，其上用分號「；」。如「其組織以法律定之」，「其」字上，須用分號「；」。

質詢（稿）

案由：本院＿＿＿＿＿委員＿＿＿＿＿，＿＿＿＿＿＿＿＿＿＿＿＿＿＿＿
＿＿＿＿＿＿＿＿＿＿＿＿＿＿＿＿＿＿＿＿＿＿＿＿＿＿＿＿＿＿＿＿＿
＿＿＿＿＿＿＿＿＿＿＿＿＿＿＿＿＿＿＿＿＿＿＿＿＿＿＿＿＿＿＿＿＿
＿＿＿＿＿＿＿＿＿＿＿＿＿＿＿＿＿＿＿＿＿＿＿＿＿＿＿＿＿＿＿＿＿
，特向行政院提出質詢。

說明：＿＿＿＿＿＿＿＿＿＿＿＿＿＿＿＿＿＿＿＿＿＿＿＿＿＿＿＿＿＿
＿＿＿＿＿＿＿＿＿＿＿＿＿＿＿＿＿＿＿＿＿＿＿＿＿＿＿＿＿＿＿＿＿
＿＿＿＿＿＿＿＿＿＿＿＿＿＿＿＿＿＿＿＿＿＿＿＿＿＿＿＿＿＿＿＿＿

委員簽名：

備註：
立法院職權行使法第18條第1項：「立法委員對於行政院院長及各部會首長之施政方針、施政報告及其他事項，得提出口頭或書面質詢。」

撤回提案（稿）

（委員版）

委員＿＿＿＿＿＿＿＿＿已先徵得連署人同意，擬請院會同意撤回

「＿＿＿＿＿＿＿＿＿＿＿＿＿＿＿＿＿＿」案。

委員簽名：

年　月　日

備註：

1. 立法院職權行使法第12條第1項：「議案於完成二讀前，原提案者得經院會同意後撤回原案。」
2. 立法院議事規則第8條第2項：「連署人不得發表反對原提案之意見；提案人撤回提案時，應先徵得連署人之同意。」
3. 原提案人有2人以上者，其撤回提案人以主提案人（第1位）為原則，並無要求全部提案人具名。

撤回提案（稿）

（黨團版）

＿＿＿＿＿＿＿＿＿＿＿＿＿黨團，

擬請院會同意撤回「＿＿＿＿＿＿＿＿＿＿＿＿＿＿＿」案。

黨團（章）：

負責人（簽名）：

年　月　日

備註：
1. 立法院職權行使法第12條第1項：「議案於完成二讀前，原提案者得經院會同意後撤回原案。」
2. 立法院職權行使法第75條：「符合立法院組織法第三十三條規定之黨團，除憲法另有規定外，得以黨團名義提案，不受本法有關連署或附議人數之限制。」立法院議事規則第59條：「符合立法院組織法第三十三條規定之黨團，除法律另有規定外，得以黨團名義提案，不受本規則有關連署或附議人數之限制。」

撤回連署（稿）

委　員＿＿＿＿＿＿＿＿＿＿＿＿＿＿＿＿＿＿＿擬撤回

「＿＿＿＿＿＿＿＿＿＿＿＿＿＿＿」案之連署，並已通知原提案人。

委員簽名：

提案人：

　　　　　　　　　　　　　　　　　　年　月　日

備註：

立法院職權行使法第12條僅規定提案人撤回提案之要件，並無連署人得撤回連署之相關規定，實務上為方便委員撤連署之需要，以該案經一讀後，於議事錄確定前，得受理其撤回連署，並同時製作關係文書更正本。

共同聲明（案例）

立法院朝野黨團共同聲明

　　立法院各黨團針對世界衛生組織（WHO）定名之「Coronavirus disease 2019（COVID-19）」所引發之「嚴重特殊傳染性肺炎」疫情擴散，鑑於我國地理位置臨近中國大陸疫區，政府為有效防治，保障國人健康福祉，應積極參與WHO及世界衛生大會（WHA），與全球各國更緊密及全面合作，經協商共同聲明如下：

一、WHO宗旨在於追求全人類的最高健康標準，保障健康權之普世價值，不應該遺漏任何人。WHO作為最重要的國際醫衛組織，應堅定捍衛此宗旨，不該因中國大陸以政治理由，損及臺灣全體人民享有最高水準衛生及健康之權利，且誤將臺灣列為中國大陸疫區的一部分，導致臺灣被部分國家實施出入境管制或停航，本院嚴厲譴責中國大陸阻撓臺灣參加WHO及WHA之打壓行為，我們呼籲WHO應更正其資訊，將臺灣排除於中國大陸疫區之外。

二、臺灣為國際醫療援助提供者，無論在實現全民健康覆蓋、提供緊急醫療援助、醫療專業衛生人員培訓、國際疫情捐款或醫療防疫專業水準等，臺灣的發展經驗不僅卓越且豐富，此可成為許多國家寶貴的參考。臺灣若納入全球防疫體系，將使更多國家受惠，也能使WHO之防疫努力更具成效。

三、臺灣位處全球航道、金融、觀光、商業、貿易等樞紐要地，與全球各地居民交流往來密切，世界各國更該將臺灣納在醫療防疫體系內，讓臺灣成為共同防疫之一員。因應「嚴重特殊傳染性肺炎」全球防疫作戰，在WHO第146屆執行委員會會議期間及前後，臺灣於全球防疫上之重要性、必要性及正當性，獲得國際間廣泛肯定及支持。本院呼籲WHO應仔細聆聽國際社會

的正義聲音，遵守專業中立，儘速尋求適當模式，以完整無礙
之制度化方式接納臺灣參與WHO之組織運作。

四、值此全球抗疫之緊急時刻，本院強烈表達支持政府持續爭取參
與WHO；也要求政府積極結合友邦及理念相近國家等友我力
量，持續爭取參與WHA，以及完整參與包含防疫在內的WHO
其他所有會議、機制及活動，提供專業務實的貢獻。

主持人：游錫堃 蔡其昌

民　進　黨立法院黨團 柯建銘 鄭運鵬 鍾佳濱
國　民　黨立法院黨團 林爲洲 蔣萬安 林奕華
民　眾　黨立法院黨團 賴香伶 張其祿 高虹安
時代力量立法院黨團 邱顯智 陳椒華 王婉諭

備註：共同聲明並無法定格式，如由1個黨團獨立提出者，爲某某
黨團之聲明，並非共同聲明，即共同聲明至少須由2個以上黨團共
同提出，惟未達全部黨團者，標題不能用立法院朝野黨團共同聲
明，即僅能標記參與共同聲明之各黨團名稱。

參 | 立法委員行為法

中華民國88年1月25日公布制定全文31條
中華民國91年1月25日公布修正第28條條文

第一章　總則（1～2）

> **第一條**（立法依據）
> 為維護國會尊嚴，確立立法委員倫理風範及行為準則，健全民主政治發展，依立法院組織法第二條制定本法。
> 本法未規定者，適用其他法律之規定。

相關法規

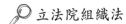 立法院組織法

第2條

　　立法院行使憲法所賦予之職權。

　　前項職權之行使及委員行為之規範，另以法律定之。

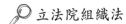 公職人員選舉罷免法（69.05.14公布，最新修正日期109.05.06）

第117條

　　當選人犯第九十七條第一項至第三項、第九十九條第一項、第

二項、第一百條第一項至第三項、第一百零二條第一項第一款或其預備犯或第一百零三條之罪，經法院判處有期徒刑以上之刑而未受緩刑之宣告者，自判決之日起，當然停止其職務或職權。

　　依前項停止職務或職權之人員，經改判無罪時，於其任期屆滿前復職。

案例

◇受有期徒刑以上之刑而未受緩刑之宣告者，自判決之日當然停權
　　內政部101年9月27日台內民字第10103212801號函，公職人員當選人犯公職人員選舉罷免法第117條規定所列之罪，經法院判處有期徒刑以上之刑而未受緩刑之宣告者，自判決之日起，當然停止其職務或職權，與當事人是否收到自治監督機關之停權函無涉。

◇停職通知，僅為觀念通知而非行政處分
　　內政部96年12月6日台內民字第09601873671號函，地方公職人員因犯公職人員選舉罷免法第117條第1項所列之罪，經停止職務或職權者，所為之停職通知，僅為觀念通知而非行政處分；停止職務（權）期間，所為職務上行為不具任何效力。

◇停權者仍計入總額計算
　　內政部101年5月21日台內民字第1010198310號函，地方制度法第46條第1項第4款規定，鄉（鎮、市）民代表會主席、副主席罷免案，應有代表總額過半數之出席，及出席總數三分之二以上之同意罷免為通過。該條所指代表總額與同法第45條第1項規定鄉（鎮、市）民代表會主席、副主席之選舉，應有代表「總額」過半數之出席所定之總額相同。爰旨揭依公職人員選舉罷免法第117條規定停職（權）中之鄉（鎮、市）民代表，仍應計列於代表總額內。

◇復職之生效時點，自法院改判無罪之日起發生效力
　　內政部99年1月7日台內民字第0980236894號函，有關停止職務

或職權之人員，經改判無罪時，於其任期屆滿前復職之規定，審酌「當然停止職務（權）」之性質及生效時點，為求衡平，並基於保障當事人權益起見，其復職之生效時點，自法院改判無罪之日起發生效力。

◇停權期間各項費用之支給標準

內政部97年6月17日台內民字第0970090882號令，地方民意代表因公職人員選舉罷免法第117條第1項規定當然停權期間及因案羈押期間，於「地方民意代表費用支給及村里長事務補助費補助條例」配合檢討修正前，其各項費用依下列方式支給：（一）研究費：依規定支給。（二）出席費、交通費、膳食費及出國考察費：不予支給。（三）春節慰勞金：地方民意代表部分，按停職期間之月數比例扣減後發給；助理部分，則仍依規定支給。（四）保險費、健康檢查費、助理補助費、為民服務費：依規定核實支給。（五）特別費：直轄市、縣（市）議會議長、副議長或鄉（鎮、市）民代表會主席、副主席之特別費，不得支領；至議長或代表會主席之特別費，則由代理人在不重複支領之情形下，依規定檢據具領。

第二條（立法委員關係人之範圍）
本法所稱立法委員關係人，係指下列人員：
一、立法委員之配偶及其直系親屬。
二、立法委員之公費助理。

相關法規

🔍 立法院組織法

第32條

　　立法委員每人得置公費助理八人至十四人，由委員聘用；立

法院應每年編列每一立法委員一定數額之助理費及其辦公事務預算。公費助理與委員同進退；其依勞動基準法所規定之相關費用，均由立法院編列預算支應之。

前項立法委員辦公事務等必要費用之項目及標準如附表，自中華民國一百零二年一月一日施行。

第二章　倫理規範（3～7）

第三條（代表人民行使立法權）
立法委員代表人民依法行使立法權，應恪遵憲法，效忠國家，增進全體人民之最高福祉。

第四條（貫徹政治倫理及擔負政治責任）
立法委員應努力貫徹值得國民信賴之政治倫理。如有違反公共利益及公平正義原則，應以誠摯態度面對民眾，勇於擔負政治責任。

第五條（從事政治活動應公正議事）
立法委員從事政治活動，應符合國民期待，公正議事，善盡職責，不損及公共利益，不追求私利。

第六條（遵守決議）
立法委員對院會通過之決議，應切實遵守。

第七條（立法委員問政不得有之行為）

立法委員應秉持理性問政，共同維護議場及會議室秩序，不得有下列行為：

一、不遵守主席依規定所作之裁示。

二、辱罵或涉及人身攻擊之言詞。

三、發言超過時間，不聽主席制止。

四、未得主席同意，插言干擾他人發言而不聽制止。

五、破壞公物或暴力之肢體動作。

六、佔據主席台或阻撓議事之進行。

七、脅迫他人為議事之作為或不作為。

八、攜入危險物品。

九、對依法行使職權議事人員做不當之要求或干擾。

十、其他違反委員應共同遵守之規章。

違反前項各款情事之一者，主席得交紀律委員會議處。

相關法規

立法院議場安全維護及管理要點（79.09.18院長核定，最新修正日期90.01.06）

第7點

　　會議時，委員不得攜帶麥克風、旗杆、棍棒、噴漆、蛋類、汽油、刀械、武器、爆裂物等與議事無關之物品進入會場，並不得破壞議事設備。

第三章　義務與基本權益（8～14）

第八條（公開宣誓才得行使職權）
立法委員應依法公開宣誓，並遵守誓詞，未經依法宣誓者，不得行使職權。

第九條（主席應嚴守中立）
院會及委員會之會議主席主持會議應嚴守中立。

第十條（參加秘密會議不得洩露）
立法委員依法參加秘密會議時，對其所知悉之事項及會議決議，不得以任何方式，對外洩漏。

第十一條（不得兼任公營事業職務）
立法委員不得兼任公營事業機構之職務。

解釋

司法院釋字第24號解釋（監委、立委不得兼受有俸給之文武職公務員）

公營事業機關之董事、監察人及總經理，與受有俸給之文武職公務員，均適用公務員服務法之規定，應屬於憲法第103條、第75條所稱公職及官吏範圍之內。監察委員、立法委員均不得兼任。

司法院釋字第25號解釋（立委、監委不得兼省銀行董事、監察人）

省銀行之董事及監察人均為公營事業機關之服務人員。立法委員、監察委員不得兼任，已見釋字第24號解釋。

第十二條（免責權）

立法委員在院內依法行使職權所為之議事行為，依憲法規定，享有免責權。

相關法規

🔍 中華民國憲法

第73條

　　立法委員在院內所為之言論及表決，對院外不負責任。

解釋

司法院釋字第401號解釋（選民得因國大代表暨立委之言論及表決不當而予罷免）

國民大會代表及立法委員經國內選舉區選出者，其原選舉區選舉人得以國民大會代表及立法委員所為言論及表決不當為理由，依法罷免之，不受憲法第32條及第73條規定之限制。

司法院釋字第435號解釋（立委言論免責權範圍）

言論免責權之保障範圍，應作最大程度之界定，舉凡在院會或委員會之發言、質詢、提案、表決以及與此直接相關之附隨行為，如院內黨團協商、公聽會之發言等均屬應予保障之事項。越此範圍與行使職權無關之行為，諸如蓄意之肢體動作等，顯然不符合意見表達之適當情節致侵害他人法益者，自不在憲法上開條文保障之列。至於具體個案中，立法委員之行為是否已逾越保障之範圍，於維持議事

運作之限度，固應尊重議會自律之原則，惟司法機關為維護社會秩序及被害人權益，於必要時亦非不得依法行使偵審之權限。

案例

☆**基於分權分立原則，司法院應尊重立法院紀律委員會之處理**

　　第3屆第4會期第5次會議（86.09.30），委員謝聰敏、巴燕達魯、陳定南等23人，咸認憲法第73條「立法委員於院內所為之言論及表決，對院外不負責任」，係保障立法委員於立法院內所為之發言、質詢、提案、表決及與此相關之附隨行為，盡皆行使職權時所必需，政府其他機關應予尊重，不得加以侵害。然近年來，若干立法委員於院內所為之言論與行為，卻為司法機關分別予以偵查與起訴，因此曾聲請司法院大法官解釋。大法官釋憲文第435號文中解釋，「司法機關依民主憲政之常規，固應尊重議員自律之原則，惟遇有情節重大而明顯，或經被害人提出告訴或自訴時，為維護社會秩序及被害人權益，亦非不得依法行偵審之權限。」然情節是否重大而明顯，告訴人或自訴人是否受害，頗有爭論。基於分權、分立原則，及尊重立法院之自主、自律權，本席等認為應發揮立法院紀律委員會之功能，並請司法機關就立法院議決移送者進行偵審；司法機關於未經立法院決議移送者，應尊重本院紀律委員會之處理。是否有當，請公決案。院會決定：一、建請行政院轉請司法院研處。二、由本院院長率同朝野黨團黨鞭，拜會司法院院長說明，並請其研究處理。[1]

第十三條（待遇支給）
立法委員待遇之支給，比照中央部會首長之標準。

---

[1]　立法院公報，第86卷，第36期，院會紀錄，147及148頁。

相關法規

立法委員監察委員歲費公費支給暫行條例（37.08.06公布，最新修正日期38.01.17）

第1條（歲費）

立法委員、監察委員之歲費，定為九千六百元，按月按現行公務人員薪俸折支標準折合金圓支給。

第2條（公費）

立法委員、監察委員之公費，定為每月八百元，按現行公務人員薪俸折支標準折合金圓支給。

第3條（院長、副院長之支給）

立法院院長、監察院院長，除照支委員歲費外，月支公費二千元，按現行公務人員薪俸折支標準折合金圓支給。

立法院副院長、監察院副院長，除照支委員歲費外，月支公費一千元，按現行公務人員薪俸折支標準折合金圓支給。

第4條（施行日）

本條例自公布日施行。

說明

立法委員之支給，現已依立法委員行為法第13條，比照中央部會首長之標準。

全國軍公教員工待遇支給要點（最新修正108.11.03）政務人員給與表[2]（節錄）

職務	月支數額		
	月俸	公費	合計
行政、司法、考試、監察四院院長	98,160	235,200	333,360
行政、司法、考試、監察四院副院長	98,160	122,700	220,860
各部部長及其相當職務	98,160	98,160	196,320

附則：1. 表列除院長公費係按法定給與117.6倍計算外，其餘月俸、公費係按法定給與122.7倍計算。

2. 本表自民國107年1月1日生效。

解釋

司法院釋字第22號解釋（立法委員爲有給職）

立法委員、監察委員係依法行使憲法所賦予之職權，自屬公職，既依法支領歲費公費，應認爲有給職。

第十四條（保護）

立法委員因行使職權，而受他人強暴、脅迫或恐嚇，致其本人或關係人之生命、身體、自由、名譽或財產受有危害之虞時，得通知治安機關予以保護，治安機關亦應主動予以保護。

前項保護辦法，由行政院會同立法院定之。

相關法規

立法委員行使職權保護辦法（89.05.17發布）。

---

2 行政院107年1月31日院授人給字第10700000011號函。

第四章　遊說及政治捐獻（15～18）

第十五條（政府遊說及人民遊說）

立法委員受託對政府遊說或接受人民遊說，在遊說法制定前，依本法之規定。

前項所稱對政府遊說，指為影響政府機關或公營事業決策或處分之作成、修正、變更或廢止所從事之任何與政府機關或公營事業人員之直接或間接接觸及活動；所稱接受人民遊說，指人民為影響法律案、預算案或其他議案之審議所從事之任何與立法委員之直接或間接接觸及活動。

相關法規

🔍 遊說法（96.08.08公布，自公布後1年施行）。

第十六條（受託遊說不得涉及利益授受）

立法委員受託對政府遊說或接受人民遊說，不得涉及財產上利益之期約或授受。

第十七條（司法案件受託遊說之禁止）

立法委員不得受託對進行中之司法案件進行遊說。

第十八條（政治捐獻）

立法委員非依法律，不得收受政治捐獻。

立法委員收受政治捐獻，另以法律定之。

相關法規

🔍 政治獻金法（93.03.31公布，最新修正日期107.06.20）。

第五章　利益之迴避（19～24）

第十九條（利益之定義）

本章所稱之利益，係指立法委員行使職權不當增加其本人或其關係人金錢、物品或其他財產上之價值。

第二十條（利益迴避原則）

立法委員行使職權所牽涉或辦理之事務，因其作為獲取前條所規定之利益者，應行迴避。

案例

☆委員具被告身分，是否應利益迴避不參加全國司法改革會議

第4屆第1會期第16次會議（88.06.15），蔡委員明憲所提權宜問題：有關本院無黨籍聯盟羅福助委員等，推薦伍澤元委員參加7月6、7、8日「全國司法改革會議」一事，民進黨黨團認為，伍澤元委員目前仍是貪瀆被告身分，在高院審理中，現保外就醫，係以特權身分享受司法例外優待的負面教材，民進黨黨團建議

立法院應依立法委員行為法利益迴避原則，要求其迴避參加該項會議，並依立法院議事規則第32條規定，敬請主席宣告或由院會裁定，立法院6位代表應依政黨比例原則產生（國民黨：民進黨：新黨＝3：2：1），將無黨籍代表改由國民黨代表出席參加。主席：有關立法院推薦代表參加全國司法改革會議，係經各黨團推派，並經立法院彙整後函復司法院在案。民進黨黨團所提意見既有異議，進行表決，院會決定：多數通過主席裁決之不予處理。[3]

第二十一條（私人承諾或差別對待之禁止）
立法委員行使職權時，不得為私人承諾，或給予特定個人或團體任何差別對待。

第二十二條（迴避審議及表決）
立法委員行使職權就有利益迴避情事之議案，應迴避審議及表決。

第二十三條（委員受利益迴避舉發）
立法委員應行迴避而不迴避時，利害關係人得向立法院紀律委員會舉發；紀律委員會亦得主動調查，若調查屬實者，得請其迴避。

3　立法院公報，第88卷，第37期，院會紀錄，42及43頁。

第二十四條（委員關於利益迴避情事之說明）
立法院紀律委員會處理有關利益迴避情事時，應要求立法委員列席說明。
立法委員亦得主動向紀律委員會提出說明。

相關法規

公職人員利益衝突迴避法（89.07.12公布，最新修正日期107.06.13）。

第六章　紀律（25～30）

第二十五條（審議懲戒案）
立法院紀律委員會審議本法所規定之懲戒案。
紀律委員會召集委員按月輪值。

第二十六條（被移付懲戒委員得提出說明）
立法院紀律委員會審議懲戒案件時，被移付懲戒之立法委員得提出說明。
紀律委員會委員對關係其個人本身之懲戒案，應自行迴避。

第二十七條（紀律委員會處理事項）

立法院紀律委員會應每月定期開會一次，必要時得召開臨時會議，處理下列事項：

一、院會主席裁示交付之懲戒案件。

二、院會議決交付之懲戒案件。

三、委員會主席裁決移送院會議決交付之懲戒案件。

紀律委員會召集委員或委員不依前項規定開會處理懲戒案件者，應停止其出席院會四次；本項之處分，報告院會即生效。

案例

☆院會議決交付之懲戒案件

1. 第1屆第80會期第13次會議（76.11.06），張委員曉古違反紀律自請處分案。院會決議：無異議通過，交紀律委員會審議。[4]

2. 第1屆第80會期第13次會議（76.11.06），委員張鴻學等，為朱委員高正屢次違犯紀律，致立法院院譽受到嚴重傷害，破壞國家形象，特提院會公決，交付紀律委員會議處，請公決案。院會決議：多數通過，交紀律委員會審議。[5]

3. 第2屆第4會期第9次會議（83.10.11），委員戴振耀等，為華隆集團爆發炒作股票鉅額違約交割案，檢調單位依法搜索該集團負責人翁大銘住居，詎料，立法院多位委員，與調查人員對峙推擠，甚至搶奪相關證據資料，致使國會形象尊嚴掃落谷底。對此等委員處予「禁足」，自本會期起不准加入財政委員會，以落實立院自清運動。是否有當？敬請公決。院會決議：

---

4 立法院公報，第76卷，第89期，院會紀錄，7及8頁。

5 立法院公報，第76卷，第89期，院會紀錄，19-34頁。

交紀律委員會處理，無異議通過。[6]

4. 第2屆第5會期第7次會議（84.03.14），委員廖福本等，為維護會場秩序，增進議事和諧與效率，建請委員同仁於會議時，不得攜帶與議事無關之物品進入會場，並不得破壞議事設備，凡有違背者應送紀律委員會議處，並照價賠償之，以建立良好之議事風範。是否有當？提請公決。院會決定，嗣後委員於會議時，不得攜帶與議事無關之物品進入會場，並不得破壞議事設備，如有違背者應交紀律委員會處理，並照價賠償之。無異議通過。[7]

5. 第3屆第1會期第21次會議（85.06.18），委員郁慕明等臨時提案，咸認任何攸關國會殿堂聲譽之事件，無論衝突原因或情節輕重，均應查究真相予以懲處。對於6月14日上午傅崐成委員因本院「國是論壇」發言順序名單被沈智慧委員搶奪而發生之衝突事件，提交本院紀律委員會審議，請公決案。院會決議：無異議通過。[8]

6. 第4屆第5會期第6次會議（90.03.30），親民黨黨團、國民黨黨團、民進黨黨團、新黨黨團、超黨派問政聯盟，針對3月28日上午於教育委員會發生之羅福助委員毆打親民黨李慶安委員的暴力事件，至為震驚！對於因其暴力行為而傷害同院委員人身安全及國會形象之羅福助委員，立法院應予以譴責並送交紀律委員會儘速作適當之懲戒，以正視聽，以端風俗！是否有當，請公決案。院會決議：交紀律委員會併案處理。[9]

7. 第5屆第1會期第21次會議（91.06.14），委員沈智慧等，為釐清立法院委員是否介入台電核四一號機反應爐基座工程弊案，建請將相關委員移送紀律委員會，並授權紀律委員會成立本案

---

[6] 立法院公報，第83卷，第64期，院會紀錄，184頁。
[7] 立法院公報，第84卷，第14期，院會紀錄，160頁。
[8] 立法院公報，第85卷，第34期，院會紀錄，54及55頁。
[9] 立法院公報，第90卷，第14期上冊，院會紀錄，142-144頁。

之調閱小組,逕行調查,以利立法院之自律自清;是否有當,請公決案。院會決議:移送紀律委員會處理,無異議通過。[10]

8. 第5屆第3會期第5次會議(92.04.01),委員周雅淑等為委員游月霞公然違反立法委員行為法第7條之規定,在議場公然言論污辱女性閣員,不服主席之制止裁示,爰提案將游月霞委員送交立法院紀律委員會懲處,以維國會尊嚴,以正社會視聽。是否有當,請公決案。院會決議:交本院紀律委員會處理。[11]

9. 第5屆第3會期第6次會議(92.04.08),親民黨黨團、國民黨黨團,針對民進黨委員蔡啓芳濫用言論免責權,以粗鄙之言詞於國會殿堂對女性立委進行人身攻擊,不僅嚴重影響國會整體形象,更嚴重踐踏全國女性同胞的尊嚴,擬將蔡啓芳委員,提案送交紀律委員會議處,以期未來立委同仁慎重發言,端正問政品質。是否有當,請公決案。院會決議:交本院紀律委員會處理。[12]

☆院會議決交付黨團協商之案件

第8屆第7會期第16次會議(104.06.15),國民黨黨團,建請將姚文智委員移送紀律委員會議處、建請將陳亭妃委員移送紀律委員會議處。院會決議:交付黨團協商,並由國民黨黨團負責召集協商。[13]

☆院會議決不通過之案件

1. 第9屆第2會期第11次會議(105.11.18),國民黨黨團,建請將蘇震清委員送交紀律委員會議處、建請將邱議瑩委員移送紀律委員會議處。院會決議:贊成者少數,不通過。[14]

---

[10] 立法院公報,第91卷,第42期上冊,院會紀錄,354頁。
[11] 立法院公報,第92卷,第15期第1冊,院會紀錄,162及163頁。
[12] 立法院公報,第92卷,第17期上冊,院會紀錄,140及141頁。
[13] 立法院公報,第104卷,第54期第12冊,院會紀錄,25-28頁。
[14] 立法院公報,第105卷,第87期,院會紀錄,15及16頁。

2. 第9屆第2會期第12次會議（105.11.25），國民黨黨團，建請將蘇震清委員送交紀律委員會議處。院會決議：贊成者少數，不通過。[15]

☆院會議決暫不予處理之案件

1. 第4屆第5會期第8次會議（90.04.13），無黨籍聯盟對於紀律委員會予羅委員福助停權6個月處分，認為只針對衝突的兩造中的羅福助給予懲處，對於先以水潑人的李慶安委員，卻遲遲未見本院有任何處置，爰擬提案要求對於李慶安委員潑水引發衝突之行為，一併列入懲處，是否有當，請公決案。院會決定：有異議，本案暫不予處理。[16]

2. 第5屆第2會期第3次會議（91.10.08），委員林進興等，針對親民黨立委李慶安誣指衛生署代署長涉及性騷擾事件，建請將李慶安及楊富美誣指衛生署涂代署長烏龍事件，移交本院紀律委員會查明懲處。是否有當，請公決案。院會決定：有異議，本案暫不予處理。[17]

3. 第5屆第3會期第4次會議（92.03.25），委員李桐豪等對92年3月17日經濟及能源委員會議進行過程中，委員羅文嘉竟直指委員李桐豪並說出污衊不雅之言詞，建請送交紀律委員會明察並進行懲戒。是否有當，請公決案。院會決定：有異議，本案暫不予處理。[18]

4. 第5屆第3會期第8次會議（92.04.22），委員唐碧娥等，針對委員游月霞先前已因其脫序之不當言論引起社會強烈非議，並在紀律委員會中再三保證此後將會謹言慎行、注意發言；不料如今又在國防委員會之公開場合，因個人恩怨而進行與會議主

---

[15] 立法院公報，第105卷，第92期，院會紀錄，16及17頁。
[16] 立法院公報，第90卷，第17期上冊，院會紀錄，302頁。
[17] 立法院公報，第91卷，第58期，院會紀錄，98頁。
[18] 立法院公報，第92卷，第14期上冊，院會紀錄，144頁。

題無關之人身攻擊，並以粗鄙不堪入耳之言語污辱本院多數委員，提案將游月霞委員送交立法院紀律委員會，並施以最重之懲處，以正社會視聽，維護國會形象。是否有當，請公決案。院會決定：有異議，本案暫不予處理。[19]

5. 第5屆第3會期第8次會議（92.04.22），國民黨黨團，針對民進黨委員林重謨濫用言論免責權，以粗鄙言詞在國會殿堂對立委陳文茜進行人身攻擊，不僅嚴重影響國會整體形象，更嚴重違反各黨推動國會改革精神，為杜絕本院立委同仁出現類似惡質言行，對林重謨委員不當之言論與行為，擬建請交紀律委員會處理。是否有當，請公決案。院會決定：有異議，本案暫不予處理。[20]

6. 第5屆第4會期第9次會議（92.11.11），民進黨黨團，針對11月6日國防委員會衝突事件，要求將引發爭端的趙良燕委員、鍾紹和等相關委員送交紀律委員會調查處理，是否有當，請公決案。院會決定：有異議，本案暫不予處理。[21]

7. 第5屆第5會期第4次會議（93.03.02），民進黨黨團針對鍾紹和委員及鄭金玲委員於對行政院游院長質詢時，對行政院游院長及部會首長使用辱罵、人身攻擊之言詞，嚴正要求將鍾紹和委員及鄭金玲委員交紀律委員會議處。是否有當，請公決案。院會決定：有異議，本案暫不予處理。[22]

8. 第6屆第2會期第4次會議（94.10.04），國民黨黨團，針對9月27日院會處理NCC法案時，民進黨林國慶、潘孟安、徐國勇、黃昭輝等委員不顧國會尊嚴及不遵守議場秩序，霸占主席臺，拉扯麥克風及敲打主席臺、毀損議場公物，此舉野蠻暴力行為，已違本院議事規則，應予嚴厲譴責，並建請院會將是日

---

[19] 立法院公報，第92卷，第21期上冊，院會紀錄，172及173頁。
[20] 立法院公報，第92卷，第21期上冊，院會紀錄，172及173頁。
[21] 立法院公報，第92卷，第49期上冊，院會紀錄，211頁。
[22] 立法院公報，第93卷，第11期上冊，院會紀錄，141頁。

違反規定之相關立委送交本院紀律委員會議處，請公決案。院會決定：有異議，本案暫不予處理。[23]

9. 第6屆第3會期第7次會議（95.04.04），台灣團結聯盟黨團，針對李慶華委員於教育及文化委員會質詢教育部部長杜正勝有關國中性教育學生自學手冊文字內容妥適性問題時，出言不遜，嚴重損及國會尊嚴，建請由紀律委員會主動進行調查審議，請公決案。院會決定：有異議，本案暫不予處理。[24]

第二十八條（懲戒案之處分及停權期間之計算與效力）

立法院紀律委員會審議懲戒案，得按情節輕重提報院會決定為下列之處分：

一、口頭道歉。

二、書面道歉。

三、停止出席院會四次至八次。

四、經出席院會委員三分之二以上同意，得予停權三個月至半年。

前項停權期間之計算及效力範圍如下：

一、停權期間自院會決定當日起算，不扣除休會及停會期間。

二、停權期間禁止進入議場及委員會會議室。

三、停權期間停發歲費及公費。

四、停權期間不得行使專屬於立法委員之選舉權與被選舉權。

---

[23] 立法院公報，第94卷，第46期，院會紀錄，122及123頁。

[24] 立法院公報，第95卷，第14期上冊，院會紀錄，122頁。

相關法規

📍 立法院紀律委員會組織規程（詳立法院組織法第8條）。

案例

☆停發任何費用

第1屆第78會期第30次會議（76.01.09），討論事項一、決議：陳洪委員連續請假已滿3年，依本院第36會期第4次秘密會議決議，應停發任何費用。

☆停權6個月

第4屆第5會期第8次會議（90.04.13），討論事項一、決議：羅委員福助違反紀律行為，即日起予以停權6個月（記名表決通過）。

◇公職人員選舉罷免法第117條規定，當選人涉及賄選，經法院判處有期徒刑以上之刑而未受緩刑之宣告者，自判決之日起，當然停止其職務或職權，惟經改判無罪時，於其任期屆滿前復職

第9屆第4會期第1次會議（106.09.22），人事處函，為本院簡委員東明因違反公職人員選舉罷免法案件，自本（106）年6月12日起停止職權，請查照案。院會決定：准予備查。第9屆第7會期第10次會議（108.04.19），本院人事處函，為本院簡委員東明違反公職人員選舉罷免法案件，經臺灣高等法院高雄分院更一審改判無罪確定，依公職人員選舉罷免法第117條第2項規定，自108年4月3日起復職，請查照案。院會決定：准予備查。

第二十九條（懲戒案審議期限）

立法院紀律委員會對應行審議之懲戒案，未能於三個月內完成審議並提報院會者，懲戒案不成立。

案例

☆逾審議期限准予備查

　　第6屆第5會期第7次會議（96.04.10），紀律委員會函，為院會
交付查處有關本院程序委員會函為決議「針對李委員敖列席本
會第6屆第4會期第5次會議（95.10.24），以攻擊性之催淚瓦斯
噴灑，嚴重影響會場秩序，妨礙本會開會乙案，移送院會處理」
案，因已逾立法委員行為法所定審議期限，茲依規定函請提報院
會存查。院會決定准予備查。[25]

第三十條（主動調查審議違反本法之委員）
立法委員違反本法有關規定者，由立法院紀律委員會主動調
查、審議，作成處分建議後，提報院會決定之。
紀律委員會不依前項規定進行調查、審議者，依第二十七條第
二項之規定辦理。

第七章　附則

第三十一條（施行日）
本法自公布日施行。

---

[25] 立法院公報，第96卷，第29期，院會紀錄，12頁。

肆 立法院各委員會組織法

中華民國17年12月26日公布制定全文9條

中華民國30年1月17日公布修正第7條、第9條及第12條條文

中華民國32年8月18日公布修正第3條條文

中華民國36年12月25日公布制定全文17條

中華民國39年3月18日公布修正全文16條

中華民國41年12月27日公布修正全文21條

中華民國42年3月6日公布修正第4條及第5條條文

中華民國45年11月19日公布修正第19條條文

中華民國52年4月23日公布修正第4條條文

中華民國62年11月27日公布修正第14條條文

中華民國81年2月22日公布修正第4條條文

中華民國88年1月25日公布修正全文22條

中華民國88年6月30日公布修正第3條及第20條條文

中華民國91年1月25日公布增訂第3條之1至第3條之4、第4條之1、第6條之1、第10條之1及第10條之2；並修正第3條、第5條及第10條條文

中華民國96年12月19日公布修正第3條至第3條之4、第4條之1、第9條及第22條條文

中華民國96年12月26日公布修正第20條及第22條條文；刪除第17條條文

中華民國98年1月23日公布修正第3條之4及第22條條文

第一條（立法依據）

本法依立法院組織法第十二條制定之。

相關法規

🔍 **立法院組織法**

第12條

　　立法院各委員會之組織，另以法律定之。

第二條（議案及人民請願書之審查）

各委員會審查本院會議交付審查之議案及人民請願書，並得於每會期開始時，邀請相關部會作業務報告，並備質詢。

案例

☆委員會邀請各部會首長提出施政報告並備質詢，不得改以座談會方式行之

　　法制委員會（60.03.22），邀請行政院人事行政局局長王正誼列席報告並備質詢。委員吳延環認為各委員會無權邀請行政院有關首長來會報告，應改以座談會方式舉行，並經主席宣布改開座談會。惟第1屆第47會期第16次會議（60.04.27），委員張金鑑等提案，認為本院各委員會邀請各部會首長列席就其主管業務提出施政報告並備質詢，久經實行，無可置疑，竟停開正式會議，改以座談會方式進行，導致誤解。經院會決議：「今後各委員會邀請各部會首長就其主管業務提出施政報告並備質詢，仍應於各委員會會議時行之，不得改以座談會方式舉行，以重法制。」[1]

1　立法院公報，第60卷，第31期，院會紀錄，36頁。

☆多數委員會同時邀請同一位首長列席備詢之爭議，由院會決定

行政院各部會首長於同一時間接獲立法院多數委員會邀請列席備詢，如何列席有疑義，得函請立法院，並由院會決定之：例如第1屆第88會期第9次會議（60.04.27）院會決定：「行政院政黨審議委員會今後應列席內政委員會備詢。」[2]

第三條 （委員會之人數）

立法院各委員會席次至少為十三席，最高不得超過十五席。

說明

本條之立法院各委員會係指立法院組織法第10條第1項規定，立法院依憲法第67條之規定，設立之內政委員會、外交及國防委員會、經濟委員會、財政委員會、教育及文化委員會、交通委員會、司法及法制委員會、社會福利及衛生環境委員會等8個委員會。

第三條之一 （委員會參加之限制）

每一委員以參加一委員會為限。

各委員會於每年首次會期重新組成。

案例

▲不同黨團委員互換委員會，須經黨團協商同意

1. 第9屆第1會期第1次會議（105.02.26），黨團協商結論：一、國民黨黨團教育及文化委員會賴士葆委員同意與親民黨黨團財

2　立法院公報，第80卷，第88期，院會紀錄，185頁。

政委員會高金素梅委員互換委員會。[3]

2. 第9屆第3會期第1次會議（106.02.21），黨團協商結論：一、國民黨黨團同意交通委員會1席與親民黨黨團司法及法制委員會李鴻鈞委員互換委員會。二、國民黨黨團同意教育及文化委員會1席與親民黨黨團司法及法制委員會高金素梅委員互換委員會。[4]

3. 第9屆第5會期第2次會議（107.03.06），黨團協商結論：國民黨黨團同意經濟委員會1席徐志榮與親民黨黨團社福及衛環委員會周陳秀霞委員互換委員會。[5]

4. 第9屆第7會期第2次會議（108.02.21），黨團協商結論：一、國民黨黨團同意內政委員會徐志榮與親民黨黨團社會福利及衛生環境委員會陳怡潔委員互換委員會。二、國民黨黨團同意經濟委員會陳宜民與親民黨黨團社會福利及衛生環境委員會周陳秀霞委員互換委員會。[6]

說明

無黨籍及少數黨團委員參加常設委員會抽籤辦法第10條：「參加抽籤之委員，於每年首次會期召集委員選舉人名冊編定前，得互換其所參加之委員會，並應簽名以書面送交人事處。」及黨團所屬委員參加常設委員會抽籤辦法第9條規定：「同黨團所屬委員於每年首次會期召集委員選舉人名冊編定前，得互換其所參加之委員會。並應經黨團負責人簽名後，以書面送人事處。」僅明定無黨籍及少數黨團參加抽籤之委員間，及同黨團所屬委員間之互換委員會事宜，而不及於其他不同黨團間委員之互換委員會，故實務上對於後者互換委員會乙事，除由院長召開黨團協商外，亦有要求互換委

---

[3]　立法院公報，第105卷，第2期，院會紀錄，32頁。
[4]　立法院公報，第106卷，第18期，院會紀錄，127頁。
[5]　立法院公報，第107卷，第20期上冊，院會紀錄，278頁。
[6]　立法院公報，第108卷，第16期下冊，院會紀錄，1頁。

員會之黨團邀請其他黨團同意後，簽署協商結論，逕送人事處，再由人事處送議事處提報院會。

第三條之二（未參加黨團委員加入委員會）
未參加黨團或所參加黨團之院會席次比例於各委員會不足分配一席次之委員，應抽籤平均參加各委員會；其抽籤辦法另定之。
前項院會席次，以每屆宣誓就職之委員數計之；如有異動，於每年首次會期開議日重計之。

相關法規

🔍 無黨籍及少數黨團委員參加常設委員會抽籤辦法（91.01.15通過，最新修正日期98.01.13）

第2條
　　每年首次會期開議日之次日，為本辦法之抽籤日。

第3條
　　本辦法之抽籤，由副院長主持，並由人事處負責辦理相關事務。

案例

◇無黨籍及少數黨團委員抽籤日
　　第9屆第1會開議日為105年2月19日（星期五），其次日為2月22日（星期一上午11時），無黨籍及少數黨團委員在立法院紅樓202會議室參加委員會抽籤，由副院長主持。

第三條之三（黨團在委員會席次分配方式）

各黨團在各委員會席次，依政黨比例分配。分配算式如下：

$$\frac{各黨團人數}{院會席次—第三條之二 \quad 委員總數}\times（13—依第三條之二抽籤$$

分配至各委員會委員席次）

依前項算式分配席次如有餘數，且所屬委員尚未分配完竣之黨團，由餘數總和較大者，依序於未達最低額之委員會選擇增加一席次；各委員會席次均達最低額時，得於未達最高額之委員會中選擇之，至所分配總席次等於各黨團人數止。

各黨團應於前條委員抽籤日後二日內，提出所屬委員參加各委員會之名單。逾期未提出名單或僅提出部分名單者，就未決定參加委員會之委員，於各該黨團分配席次抽籤決定之。

前項抽籤辦法另定之。

第一項院會席次之計算，依第三條之二第二項規定。

相關法規

🔍 黨團所屬委員參加常設委員會抽籤辦法（91.01.15通過，最新修正日期98.01.13）

第2條

　　本辦法之抽籤，應於立法院各委員會組織法第三條之三第三項所定每年首次會期黨團應提出名單之限期日後二日內行之。

第3條

　　本辦法之抽籤，由副院長主持並代抽，並由人事處負責辦理相關事務。

案例

◇黨團委員抽籤日

第9屆第1會期無黨籍及少數黨團委員抽籤日為2月22日（星期一），各黨團依立法院各委員會組織法第3條之3第3項，應於無黨籍及少數黨團委員抽籤日即2月22日後2日（2月24日）內，本案例係2月23日提出所屬委員參加各委員會之名單。就黨團未決定參加委員會之委員名單，於黨團提出所屬委員參加各委員會之名單即2月23日後2日（即2月25日）內舉行之，本案例係定2月24日各黨團於各委員會待抽籤補足之席次由副院長主持並代抽之。

第三條之四（召集委員之選舉）
立法院各委員會置召集委員二人，由各委員會委員於每會期互選產生；其選舉辦法另定之。

相關法規

立法各委員會召集委員選舉辦法（43.12.17通過，最新修正日期98.01.13）

第1條（立法依據）

本辦法依立法院各委員會組織法第三條之四規定訂定之。

第2條（舉行選舉之程序）

人事處應於每年首次會期黨團所屬委員參加常設委員會抽籤日之次日；每年第二次會期開議之次日，編定召集委員選舉人名冊，分送各該委員會委員。各委員會於名冊編定後二日內，舉行召

集委員之選舉。

　前項選舉之時間及地點，由人事處擬訂，提請院會決定之。

案例

☆**各委員會召集委員選舉日期，由黨團協商定之**

第4屆第1會期各委員會召集委員暨參加程序委員會委員選舉時間地點表，因有異議，院會決定：照朝野黨團商結論（88.03.11、03.12、03.15）所作決定處理。

說明

現在依立法院各委員會召集委員選舉辦法第2條規定，故本案例已不適用。

☆**各委員會委員及召集委員未選出前，由上會期委員及召集委員處理各該委員會工作**

1. 第1屆第2會期第1次會議（37.09.07），院會決議：第2會期程序委員會未成立前，第1會期程序委員會仍繼續執行職務。[7]
2. 第1屆第12會期第2次會議（42.09.11），因本會期各委員會召集委員尚未選出，院會決定：仍由第11會期各委員會委員及召集委員負責審查。[8]

◇**各委員會召集委員選舉流程**

每年首次會期：

依立法院組織法第33條第4項，各黨團應於每年首次會期開議日前1日，將名單送交人事處；人事處依無黨籍及少數黨團委員參加常設委員會抽籤辦法第4條於開議日通知無黨籍及少數黨團委員；無黨籍及少數黨團委員依無黨籍及少數黨團委員參加常設委員會抽籤辦法第2條於開議日之次日抽籤；各黨團依立法院各委

---

[7] 立法院第1屆第2會期第1次會議，議事錄，7頁。

[8] 立法院公報，第42卷，第12期第1冊，院會紀錄，3頁。

員會組織法第3條之3第3項於上開抽籤日後2日內,提出委員參加各委員會名單;人事處依黨團所屬委員參加常設委員會抽籤辦法第4條於抽籤前1日通知抽籤時間;黨團委員依黨團所屬委員參加常設委員會抽籤辦法第2條於提出名單後2日內抽籤;人事處依立法院各委員會召集委員選舉辦法第2條於該抽籤之次日,編定召集委員選舉人名冊,各委員會並於名冊編定後2日內,舉行召集委員之選舉。

以第9屆第1會期為例[9]

第1階段:確定開議日,105年2月19日(星期五)。

第2階段:各黨團將所屬委員名單經黨團負責人簽名後,於開議日前1日即2月18日(星期四)送交人事處,以供認定委員所參加之黨團。

第3階段:人事處於開議2月19日(星期五)應依無黨籍及少數黨團委員於本會期報到先後參加委員會之抽籤序號,並將抽籤時間2月22日(開議日之次日)、地點(紅樓202會議室)、序號函達無黨籍及少數黨團委員。

第4階段:無黨籍及少數黨團委員2月22日在紅樓202會議室參加委員會抽籤,由副院長主持。

第5階段:各黨團應於無黨籍及少數黨團委員抽籤日即2月22日後2日(2月24日)內,本案例係2月23日提出所屬委員參加各委員會之名單送人事處。

第6階段:就黨團未決定參加委員會之委員名單之抽籤,於黨團提出所屬委員參加各委員會之名單即2月23日後2日(即2月25日)內舉行之,本案例係定2月24日各黨團於各委員會待抽籤補足之席次由副院長主持並代抽之(人事處於抽籤日前1日,即2月23日下午6時前將抽籤時間、地點、各黨團於各委員會待抽籤補足之席次及未決定參加委員會之委員名單,以書面通知各黨

9　立法院第9屆第1會期第1次會議議案關係文書,議案編號:1050215071
　　003000。

團。各黨團所屬委員參加各委員會之名單及實際席次，如已於2月23日下午5時前送交人事處，則免辦此項抽籤）。

第7階段：每年首次會期黨團所屬委員參加常設委員會抽籤日之次日，依上例即2月25日，人事處編定召集委員選舉人名冊，分送各該委員會委員。

第8階段：各委員會於名冊編定即2月25日後2日（即3月2日，因2月27日至29日休假，3月1日為院會日）內，3月2日舉行召集委員之選舉。

第9階段：第9屆第1會期第3次會議（105.03.04），人事處函送「立法院第9屆第1會期各委員會召集委員名單」，提報第9屆第1會期第3次會議。

每年第2次會期：

人事處依立法院各委員會召集委員選舉辦法第2條於開議之次日，編定召集委員選舉人名冊，各委員會並於名冊編定後2日內，舉行召集委員之選舉。

以第9屆第2會期為例[10]

第1階段：確定開議日，105年9月13日（星期二）。

第2階段：開議日之次日即9月14日（星期三），編定召集委員選舉人名冊，分送各該委員會委員。

第3階段：各委員會並於名冊編定9月14日後2日（即9月19日，因9月16日為院會）內，9月19日（星期一）上午9時至12時各委員會選舉召集委員。

第3條

　　（刪除）

---

[10] 立法院第9屆第2會期第1次會議議案關係文書，議案編號：1050831071000800。

第4條（每會期改選1次）

　　召集委員之選舉，以人事處編定選舉人名冊時，各該委員會已報到之全體委員為選舉人及當然候選人，每會期改選一次，連選得連任。

第5條（選舉方式之原則與例外）

　　召集委員之選舉，以無記名單記法票選之。但經各該委員會全體委員，或經各黨團及未參加黨團之該委員會委員之書面同意，亦得以推選方式行之。

案例

◎召集委員以推選方式產生

第9屆第3會期內政委員會第1次會議（106.02.23），主席：報告委員會，民主進步黨黨團已把推舉書送來，推舉姚委員文智為第9屆第3會期內政委員會召集委員；國民黨黨團也送來推舉書，推舉曾委員銘宗為第9屆第3會期內政委員會召集委員。親民黨黨團的陳委員怡潔已在兩黨的推舉書上簽名表示同意。因此，無異議通過。[11]

第6條（選舉之舉行）

　　召集委員之選舉，於各委員會依法定程序開會後，方得舉行。

---

11 立法院公報，第106卷，第18期，委員會紀錄，263及264頁。

第7條（互推發票員等）

　　召集委員選舉之發票員、唱票員、記票員、監票員，由出席委員互推之。

第8條（票選或推選之程序）

　　各委員會召集委員之選舉以票選行之時，以得票數較多數者依次當選，票數相同者抽籤定之。以推選行之者，由各該委員會出席委員簽名，或由各黨團及未參加黨團之該委員會委員簽名定之。

第9條（結果宣告及彙報）

　　票選或推選結果，應當場宣告，並通知人事處彙報院會。

說明

人事處會將票選或推選結果彙報院會，列入報告事項（實務上如確定人事處會在當次院會開會前提報，而不及於程序委員會開會時提出者，程序委員會得先預排列入當次院會議程草案）。

案例

☆各委員會召集委員選舉結果爭議，院會不予處理，退回委員會處理

1. 第2屆第3會期第3次會議，內政及邊政委員會選舉召集委員發生代為填寫選票及投入票匭情事，提報第3次會議決定，經決定退回該會重行選舉。[12]
2. 第4屆第5會期第2次會議，衛生環境及社會福利委員會因召集委員選舉唱票時，所生廢票認定爭議，提報第2次會議時，亦

---

[12] 立法院公報，第83卷，第13期，院會紀錄，238頁。

經決定退回該會處理。[13]

3. 第4屆第6會期第2次會議，財政及司法兩委員會選舉召集委員，因連任爭議，提報第2次會議時，亦經決定：除財政委員會及司法委員會退回該會處理，並將結果儘速提報院會外，餘均備查。財政委員會復將選舉爭議再行提報第4次會議，亦經院會決定，請財政委員會依本院相關內規處理。[14]。

第10條（施行日）

本辦法經院會通過後施行。

本辦法中華民國九十六年十二月七日院會通過之條文，自立法院第七屆立法委員就職日起施行。

本辦法中華民國九十八年一月十三日院會通過之條文，自民國九十八年二月一日起施行。

第四條（委員會會議之主席）

各委員會會議，以召集委員一人為主席，由各召集委員輪流擔任。但同一議案，得由一人連續擔任主席。

第四條之一（議程之議決）

各委員會之議程，應由輪值召集委員決定之。

---

13 立法院公報，第90卷，第9期，院會紀錄，347頁。
14 立法院公報，第90卷，第45期上冊，院會紀錄，95及96頁；第90卷，第47期上冊，院會紀錄，18頁。

案例

◎輪值召集委員依其法定權責排定預算解凍議程

第9屆第7會期外交及國防委員會第20次全體委員會議（108.05.20），鑒於本委員會輪值召集委員排審各機關預算解除凍結案，有須經提案委員簽名同意後始得排入委員會議程之「不成文內規」，與立法院各委員會組織法第4條之1「各委員會之議程，應由輪值召集委員決定之」之規定有所牴觸。前述本委員會之內規違反法律規定，亦非本委員會決議之議事先例，爾後本委員會輪值召集委員依其法定權責排定預算解凍議程，不受該不成文規之拘束，是否有當，敬請公決。主席：這個臨時提案是再一次確認立法院各委員會組織法第4條之1及相關議事規則，確認我們委員會要根據法規處理，由委員會決議、委員會處理，所以這個案子就照案通過，也請把反對委員的發言翔實臚列下來，作成紀錄。[15]

第五條（會議之召集）
各委員會會議，於院會日期之外，由召集委員隨時召集之。
各委員會三分之一以上之委員，得以書面記明討論之議案及理由，提請召開委員會議。召集委員應於收到書面後十五日內定期召集會議。

第六條（開會人數限制）
各委員會會議須有各該委員會委員三分之一出席，方得開會。

---

[15] 立法院公報，第108卷，第57期，院會紀錄，105-111頁。

第六條之一（擬訂立法計畫）
各委員會召集委員，應於每會期共同邀請各該委員會委員擬定
該會期之立法計畫。必要時，得邀請相關院、部、會人員列席
說明。

第七條（審議案件之程序）
各委員會審議案件，須經初步審查者，由委員若干人輪流審
查，必要時得由召集委員推定委員若干人審查。

案例

▲預算解凍案處理程序，由各委員會自行決定

　第9屆第3會期第3次會議（106.03.03），黨團協商結論（106.03.
02）：一、各機關函送106年度預算解凍及相關決議案時，由議
事處列入院會議程報告事項，即送相關委員會處理，各黨團同
意不做議事程序杯葛。二、各委員會處理106年度中央政府總預
算解凍等案，其處理程序由各委員會自行決定，得以多案方式處
理。16

第八條（列席人員之發言）
各委員會開會時，應邀列席人員，得就所詢事項說明事實或發
表意見。

---

16 立法院公報，第106卷，第19期，院會紀錄，1頁。

第九條 （會議公開原則及其例外）

各委員會會議，公開舉行。但經院會或召集委員會議決定，得開秘密會議。

在會議進行中，經主席或各該委員會委員五分之一以上提議，得改開秘密會議。

應委員會之請而列席之政府人員，得請開秘密會議。

第十條 （議事之決定）

各委員會之議事，以出席委員過半數之同意決之；可否同數時，取決於主席。但在場出席委員不足三人者，不得議決。

說明

依本法第3條規定委員會最低席次為13席，復依本法第6條規定須有各該委員會委員三分之一出席，方得開會，即至少須5人始能開會。再依本條規定，以出席委員過半數之同意決之，即至少須3人始為可決，所以在場出席委員不足3人者，自然無法議決。

第十條之一 （議案協商）

各委員會於議案審查完畢後，應就該議案應否交由黨團協商，予以議決。

說明

實務上各委員會於議案審查完畢後，依本條規定作成結論如下：「本案審查完竣，擬具審查報告，提報院會討論。院會討論前，（不）須經黨團協商，並推請○召集委員○○於院會討論時做補充

說明。」

案例

☆同意權行使案，不適用改交協商

　　第9屆第5會期第11次會議（107.05.08），行使促進轉型正義委員會委員同意權案時，國民黨黨團依立法院職權行使法第68條第2項規定，提出異議，改交黨團協商，經主席裁示不適用上述條文規定，且實務上並無案例，而予以不受理，國民黨黨團對該裁示有異議，主席乃提付院會表決，多數通過不受理國民黨黨團之提案。

　　說明：

　　同意權案之審查，係就被提名人之資格或適任進行審查程序，是否符合資格或適任與否，係屬法定事項，並無協商之可能，所以實務上並無案例。再者，如係對同意權行使的時程有異議，應於程序委員會議程審定或院會議程確定等階段，提出之。

第十條之二（異議權）
出席委員對於委員會之決議當場聲明不同意者，得於院會依立法院職權行使法第六十八條第二項提出異議。但缺席委員及出席而未當場聲明不同意者，不得異議，亦不得參與異議之連署或附議。

說明

本條修法前為第10條第2項規定：「出席委員對於委員會決議不同意者，得當場聲明保留在院會之發言權。但缺席委員及出席而未聲明保留在院會發言權之委員，不得在院會中提出與委員會決議相反之意見。」為提高院會之議事效率，並促使委員於委員會充分表達各種意見，爰配合立法院職權行使法第68條第2項規定，明定於委

員會怠於行使權利者之院會異議權不予保障，以資明確。該異議權之行使，限委員為之，故不可以黨團名義提出，又院會進行中，如何確認該提出異議權之委員為委員會決議之出席委員，及當場聲明不同意者，與連署或附議之委員是否非缺席委員及當場聲明不同意者，恐不易立即確認，而有礙院會程序之進行。

案例

☆無須交由黨團協商提出異議

第7屆第7會期第16次會議（100.06.03、07），主席：審查報告已宣讀完畢，請潘召集委員維剛補充說明。（不說明）召集委員無補充說明。本案經審查會決議：「無須交由黨團協商。」現有江委員義雄等11人提出異議。依照立法院職權行使法第68條第2項規定，本案作如下決定：「交黨團進行協商。」[17]

第十一條（審查議案後應以書面提報院會）

各委員會審查議案之經過及決議，應以書面提報院會討論，並由決議時之主席或推定委員一人向院會說明。

案例

◇院會說明人如係推定委員者，應為該審查會委員

第7屆第2會期第10次會議（97.11.25），主席：嗣後各委員會審查完竣的議案，於提報院會時，有關審查報告所列院會說明人，如係推定委員者（即非議案審查決議時的主席），應為該審查會委員，以符立法院各委員會組織法第11條的立法精神。並請議事

---

[17] 立法院公報，第100卷，第47期，院會紀錄，434頁。

處函知各委員會。[18]

◇書面提案時須有各該黨團成員或提案委員在場，始提出處理

第7屆第2會期第10次會議（97.11.25），主席宣告：嗣後黨團或委員在院會以書面提案時，須有各該黨團成員或提案委員在場，始提出處理。[19]

▲委員會撤回提報院會之審查報告

第9屆第2會期第10次會議（105.11.11），黨團協商結論：一、各黨團同意由社會福利及衛生環境委員會撤回併案審查行政院函請審議「勞動基準法部分條文修正草案」等7案之審查報告，由該委員會於11月14日、16日及17日召開3天會議（其中1天為公聽會，行政機關代表應列席，並對陳述意見負責）審查，待審查完畢；如無共識，委員會議決交黨團協商後，提報院會處理，不受立法院職權行使法第71條之1協商期之限制。[20]

☆委員會不得將議案分割審查提報院會

1. 第2屆第6會期第13次會議（84.12.14），對內政及邊政、經濟、司法3委員會報告併案審查「勞動基準法第三條、第三條之一、第二十四條、第三十條、第三十二條及第四十九條條文」案，業經審查完竣，提報院會討論，決議：「重付內政及邊政、經濟、司法三委員會審查，俟全案審查完竣後再提報院會。」[21]

2. 第3屆第4會期第16次會議（86.11.06），對委員謝聰敏等34人提議將「公職人員選舉罷免法第四十二條」從程序委員會抽出，逕付二讀，並列為本次討論事項，因違背第2屆第6會期第

---

18 立法院公報，第97卷，第67期，院會紀錄，127及128頁。

19 立法院公報，第97卷，第67期，院會紀錄，189頁。

20 立法院公報，第105卷，第82期，院會紀錄，1頁。

21 立法院公報，第84卷，第63期，院會紀錄，435頁。

13次會議決議，決議：本案不予處理。[22]

第十二條（議事錄）

各委員會會議結果，應製成議事錄，經主席簽名後印發各委員。

解釋

司法院釋字第342號解釋（議事錄未確定）

立法院審議法律案，須在不牴觸憲法之範圍內，依其自行訂定之議事規範爲之。法律案經立法院移送總統公布者，曾否踐行其議事應遵循之程序，除明顯牴觸憲法者外，乃其內部事項，屬於議會依自律原則應自行認定之範圍，並非釋憲機關審查之對象。法律案之立法程序有不待調查事實即可認定爲牴觸憲法，亦即有違反法律成立基本規定之明顯重大瑕疵者，則釋憲機關仍得宣告其爲無效。惟其瑕疵是否已達足以影響法律成立之重大程度，如尚有爭議，並有待調查者，即非明顯，依現行體制，釋憲機關對於此種事實之調查受有限制，仍應依議會自律原則，謀求解決。其曾否經議決通過，因尚有爭議，非經調查，無從確認。依前開意旨，仍應由立法院自行認定，並於相當期間內議決補救之。若議決之結果與已公布之法律有異時，仍應更依憲法第72條之規定，移送總統公布施行（理由書：其通過各該法律之議事錄，雖未經確定，但非議事日程上之討論事項，尚不涉及憲法關於法律成立之基本規定，亦即並非足以影響各該法律成立之重大瑕疵）。

---

[22] 立法院公報，第86卷，第47期，院會紀錄，30及501頁。

第十三條（聯席審查）

各委員會所議事項，有與其他委員會相關聯者，除由院會決定交付聯席審查者外，得由召集委員報請院會決定與其他有關委員會開聯席會議。

第十四條（聯席會議之召集）

聯席會議，由主辦之委員會召集之。

第十五條（聯席會議之主席）

聯席會議之主席，由主辦之委員會召集委員擔任之。

第十六條（指定人員紀錄聯席會議）

聯席會議之紀錄與其他事務，由主席於各該委員會職員中指定若干人擔任之。

第十七條（刪除應經全院各委員會聯席會議審查之規定）

（刪除）

第十八條（專門委員）

各委員會各置專門委員一人，職務列簡任第十二職等至第十三職等，擔任議案及人民請願書之研究編撰及草擬事項。

第十九條（主任秘書）

各委員會各置主任秘書一人，職務列簡任第十二職等至第十三職等，處理各委員會事務。

第二十條（編制）

各委員會置秘書十二人，職務列簡任第十職等至第十二職等；編審十二人，職務列簡任第十職等至第十一職等；科長十二人，職務列薦任第九職等；專員十二人，職務列薦任第七職等至第九職等；科員二十四人至三十二人，職務列委任第五職等或薦任第六職等至第七職等；辦事員八人，職務列委任第三職等至第五職等；書記八人，職務列委任第一職等至第三職等。

前項員額中秘書四人、編審四人、科長四人、專員四人出缺不補。

本法修正施行前依雇員管理規則進用之現職書記，其未具公務人員任用資格者，得占用第一項書記職缺繼續僱用至離職時止。

第一項人員，由院長視各委員會事務之繁簡配用之。

第二十一條（委員會會議之依據）

各委員會會議，除本法規定者外，得準用立法院組織法、立法院職權行使法、立法委員行為法及立法院議事規則有關條文之規定。

第二十二條（施行日）

本法自公布日施行。

本法中華民國九十六年十一月三十日及十二月七日修正之條文，自立法院第七屆立法委員就職日起施行。

本法中華民國九十八年一月十三日修正之條文，自中華民國九十八年二月一日起施行。

伍

立法院議事規則

中華民國37年5月20日立法院第1屆第1會期第2次會議通過

中華民國37年11月19日立法院第1屆第2會期第21次會議修正全文
　　78條

中華民國42年1月19日立法院第1屆第10會期第30次會議修正全文
　　87條

中華民國44年11月29日立法院第1屆第16會期第19次會議修正第47
　　條條文

中華民國45年4月13日立法院第1屆第17會期第14次會議修正增訂
　　第11章暨第62條及第63條條文

中華民國49年4月1日立法院第1屆第25會期12次會議修正第12章第
　　64條至第72條條文

中華民國56年12月26日立法院第1屆第40會期第27次會議修正第15
　　條條文

中華民國57年8月6日立法院第1屆第41會期第37次會議修正第78條
　　條文

中華民國69年12月26日立法院第1屆第66會期第26次會議修正第10
　　條、第15條、第23條、第33條、第67條、第68條及第87條條
　　文

中華民國75年7月8日立法院第1屆第77會期第41次會議修正第3
　　條、第4條、第12條、第15條、第18條、第21條、第45條、第
　　67條至第69條及第87條；並增訂第87條之1條文

中華民國78年7月13日立法院第1屆第83會期第44次會議修正第10
　　條及第11條條文

中華民國80年3月13日立法院第1屆第87會期第7次會議修正第10條
　條文

中華民國80年6月14日立法院第1屆第87會期第36次會議修正第47
　條條文

中華民國81年1月7日立法院第1屆第88會期第34次會議修正第24條
　條文

中華民國82年1月15日立法院第1屆第90會期第23次會議修正第24
　條、第54條及第64條條文

中華民國83年11月10日立法院第2屆第4會期第18次會議修正第29
　條條文

中華民國88年1月12日立法院第3屆第6會期第14次會議修正全文63
　條

中華民國89年5月12日立法院第4屆第3會期第15次會議修正第59條
　條文

中華民國91年1月15日立法院第4屆第6會期第13次會議修正第22
　條、第23條及第39條條文

中華民國91年11月29日立法院第5屆第2會期第12次會議修正第22
　條條文

中華民國96年6月14日立法院第6屆第5會期第17次會議修正第22條
　條文

中華民國96年11月30日第6屆第6會期第13次會議修正第8條、第9
　條、第11條、第14條、第17條、第23條、第26條、第32條、
　第33條、第35條、第39條、第42條、第46條、第57條及第63
　條條文

中華民國97年12月26日立法院第7屆第2會期第15次會議修正第57
　條條文

中華民國105年11月11日立法院第9屆第2會期第10次會議修正第61
　條條文

第一章　總則（1～6）

第一條（立法依據）

本規則依立法院職權行使法第七十六條規定訂定之。

相關法規

🔍 立法院職權行使法

第76條

　　立法院議事規則另定之。

第二條（適用順序）

本院會議，除憲法、立法院組織法、立法院各委員會組織法、立法院職權行使法及立法委員行為法另有規定外，依本規則行之。

第三條（委員席次安排）

立法委員席次於每屆第一會期開議三日前，由院長召集各黨團會商定之。席次如有變更時亦同。

前項席次於開議前一日仍未商定者，由委員親自抽籤定之。

案例

▲立法委員席次協商

第9屆第1會期第1次會議（105.02.19），黨團協商結論（105.02.
02）決定事項：一、各黨團同意定於2月19日舉行第1會期第1次
會議……三、第9屆各政黨委員議場席位區域劃分表如附圖。

說明

本條之立法委員席次就是指立法院議場內會場的立法委員座位。實
務上議事處會務科會先依例做好各政黨及無黨籍委員之席次劃分表
初稿，由院長召開黨團協商會議，經過各黨團意見充分溝通並同意
後，就會簽署協商結論，確定該席次（座位）。

▲變更立法委員席次之協商

第4屆第3會期第16次會議（89.05.16），黨團協商結論：一、調
整委員席次座位表，由國民黨黨團、親民黨黨團協商定之。並由
議事處協助。

第四條（委員請假）

立法委員因事故不能出席本院會議時，應通知議事處請假，未
請假者列為缺席。

相關法規

🔍 立法院職權行使法

第2條

　　立法委員應分別於每年二月一日及九月一日起報到，開議日由
各黨團協商決定之。但經總統解散時，由新任委員於選舉結果公告
後第三日起報到，第十日開議。

　　前項報到及出席會議，應由委員親自為之。

案例

◇院會日末日為颱風假未請假委員不算缺席

第9屆第2會期第3次會議（105.09.23、26、27合併為1次會議，27日因颱風停止上班，當日會議未舉行）。院會紀錄記載方式為孔文吉、林岱樺、高潞·以用·巴魕剌、劉建國（105.09.23、26、27合併為1次會議，27日因颱風停止上班，當日會議未舉行）。[1]

說明

因目前院會為多日1次會，立法委員於當次院會之任一院會日均可簽到，而且只須簽到1次即可。惟如院會最後1日為颱風假，因不須請假，所以對於當次院會未簽到之委員，院會議事錄並未列入缺席名單，僅以颱風事由註記。

第五條（秘書長列席會議）

本院會議，秘書長應列席，秘書長因事故不能列席時，由副秘書長列席，並配置職員辦理會議事項。

第六條（簽到）

本院會議出席者及列席者，均應署名於簽到簿。

說明

1. 立法院院長召開之黨團協商會議，係為協商議案或解決爭議事項，提供各黨團交換溝通意見之平台，故實務上並未備置簽到簿。

1　立法院公報，第105卷，第68期，院會紀錄，245頁。

2.本條立法院會議之列席者解釋上似指立法院院外人士，例如行政院院長率各部會首長列席立法院做施政報告者，故不包括前條之立法院秘書長或副秘書長。

第二章　委員提案（7～12）

第七條（議案以書面提出）
議案之提出，以書面行之，如係法律案，應附具條文及立法理由。

說明

立法委員提出之法律案，有制定案、修正案、增訂案、刪除案或廢止案等，其參考格式如後，均須以書面提出。立法委員提出之法律案，須先送至議事處並登記之；其他議案，程序同前，惟如不及先送至議事處，可直接於程序委員會審定議程程序中，或院會處理議程草案時提出，但仍須至議事處補行登記之。

第八條（提案連署）
立法委員提出之法律案，應有十五人以上之連署；其他提案，除另有規定外，應有十人以上之連署。
連署人不得發表反對原提案之意見；提案人撤回提案時，應先徵得連署人之同意。

說明

立法委員提出之法律案，依本條規定，其成案人數為提案人加上15人以上之連署，所以至少16人，而其他提案則為提案人加上

10人以上之連署，所以至少11人。惟自第9屆起，採務實做法，只要提案人（含共同提案人）加連署人之人數合計達成案人數16人或11人，即可受理（立法院議事處105年4月11日台立議字第1050701639號書函）。

對此做法有不同意見，即認為本條連署人數係法定要件，不因提案人數增加而可減少其連署人數，洵屬有據。惟此做法並未違反本條規定，即將提案人數與連署人數合計，純係「議事程序簡化」之考量，如不採行前述合計方式，則應將共同提案分別處理，例如3位委員分別提相同之法律案，除有相同之13位連署委員外，其餘2位提案委員分別為另1位提案委員之連署人，所以3件法律案皆符合15位法定連署人數之規定。3案分別編入院會議事日程報告事項後，院會因3案相同，得交委員會併案審查，委員會審查後做1個審查報告提報院會，院會再續行二、三讀程序，完成立法程序，最後通過「1個」法律案。所以上述合併計算之處理方式，不過係將多數同一內容之法律案，在排入院會議事日程前，先由共同提案人將其簡化為1個法律案，提前有效簡化後續之委員會及院會二、三讀之議事程序。

相關法規

立法院職權行使法

第12條第1項

　　議案於完成二讀前，原提案者得經院會同意後撤回原案。

第九條（臨時提案）

出席委員提出臨時提案，以亟待解決事項為限，應於當次會議上午十時前，以書面提出，並應有十人以上之連署。每人每次院會臨時提案以一案為限，於下午五時至六時處理之，提案人

之說明，每案以一分鐘為限。

臨時提案之旨趣，如屬邀請機關首長報告案者，由主席裁決交相關委員會。其涉及各機關職權行使者，交相關機關研處。

法律案不得以臨時提案提出。

臨時提案如具有時效性之重大事項，得由會議主席召開黨團協商會議，協商同意者，應即以書面提交院會處理。

說明

出席委員提出臨時提案，應於當次會議上午10時前，至會場內主席臺前之議事處議事人員登記，並提出書面（實務上亦可先送書面至議事處）。臨時提案之旨趣，如屬邀請機關首長報告案者，由主席裁決交相關委員會，再由該委員會召集委員自行決定「定期安排議程」，邀請之。

施政質詢期間臨時提案處理時間之沿革

1. 第2屆第3會期第4次會議（83.03.04），朝野協商結論（83.03.02）：三、總質詢期間之院會於下午1時至2時15分處理臨時提案。[2]

2. 第2屆第5會期第1次會議（84.02.21），朝野協商結論：二、施政質詢期間，……每週星期二下午1時至2時處理臨時提案。[3]

3. 第3屆第1會期第3次會議（85.03.26），朝野協商結論：每週星期二下午1時15分至2時15分為處理臨時提案時間。[4]

4. 第4屆第4會期第5次會議（89.09.29），協商將處理臨時提案的時間為自下午1時50分起。

5. 第4屆第5會期第1次會議（90.02.20），協商明定臨時提案處理

---

[2] 立法院公報，第83卷，第13期，院會紀錄，34頁。
[3] 立法院公報，第84卷，第8期，院會紀錄，91頁。
[4] 立法院公報，第85卷，第13期，院會紀錄，302及303頁。

時間爲次週星期二下午1時50分至2時30分。[5]

說明

有關施政質詢期間臨時提案處理時間，自此皆循此例。院會如爲單日1次會，則臨時提案處理時間爲該日（即可能是星期五）下午1時50分至2時30分。

案例

▲黨團協商決定院會不處理臨時提案

　　第2屆第3會期第31次會議（83.06.21），協商結論：一、延會期間，自7月1日起，每星期四加開院會，不做程序發言、議事錄發言、不處理臨時提案，以加速審議法案。[6]

說明

之後仍有多次不處理臨時提案之協商結論，一直到第6屆第6會期第15次會議（96.12.14），朝野協商結論（96.12.10）：……另該次會議依例不處理臨時提案。其後院會不處理臨時提案之協商結論，始開始沿用「依例不處理臨時提案」等文字。[7]

◇提案委員不在場，院會暫不予處理臨時提案

　　第9屆第8會期第10次會議（108.11.19），主席：處理臨時提案。每位委員發言時間爲1分鐘。進行第1案，請提案人說明提案旨趣。（不在場）本案暫不予處理。[8]

5　立法院公報，第90卷，第7期第1冊，院會紀錄，135頁。
6　立法院公報，第83卷，第44期，院會紀錄，47頁。
7　立法院公報，第96卷，第86期上冊，院會紀錄，32頁。
8　立法院公報，第108卷，第93期中冊，院會紀錄，37頁。

第十條（否決議案重提限制）

經否決之議案，除復議外，不得再行提出。

相關法規

立法院議事規則第七章復議（42～45）。

說明

一事不再議原則

本條係對委員提案的限制，即委員提出之議案如經否決，原則上不可在同一會期中再行提出審議，係基於同一會期中議會的意思只有1個的原則。例外經由復議程序則不在此限，惟如何提出復議，詳後述第七章復議（42～45）。

第十一條（提出修正動議）

修正動議，於原案二讀會廣泛討論後或三讀會中提出之，並須經十人以上之連署或附議，始得成立。

修正動議應連同原案未提出修正部分，先付討論。

修正動議之修正動議，其處理程序，比照前二項之規定。

對同一事項有兩個以上修正動議時，應俟提出完畢並成立後，就其與原案旨趣距離較遠者，依次提付討論；其無距離遠近者，依其提出之先後。

說明

修正動議之修正動議，實務上稱為「再修正動議」，處理順序優於修正動議。

案例

☆「原案」在二讀會係指審查案，在三讀會係指經過二讀之議案

第1屆第35會期第15次會議（54.04.20），討論「財政收支劃分法修正草案」第16條條文後，委員高廷梓主張應以行政院修正草案爲「原案」。但委員魏惜言則主張所謂「原案」就是（委員會）審查出來的草案。院會表決結果採後者，即二讀會之「原案」在係指審查案。[9] 三讀會時，「原案」則指經過二讀之議案。[10]

☆主張恢復行政院原草案條文者，毋須另行提案

1. 第1屆第60會期第9次會議（66.10.28），討論法制委員會報告院會交付研究「院會於第二讀會中討論政府提案時，究應以政府提案爲原案或以審查案爲原案之程序問題案」，經委員張季春等提出動議——對法制委員會研究報告決議文：「一、對於審查修正或刪除之原提案條文，凡非審查委員會委員及參加審查而保留發言之委員，於院會主張維持原案原條文時，毋庸另作提案手續。……。」院會口頭表決通過。[11]

2. 第1屆第68會期第11次會議（70.10.16），討論「幼稚教育法草案」第4條時，委員林棟提出修正動議，主張第4條條文恢復行政院草案；惟委員王清波認爲該修正動議，應先經主席徵求附議，始可參加表決，嗣經主席裁決：「以往在討論事項中有個決議，就是恢復行政院原條文者，不需要經過提案的手續，只要有人提出，就可以參加表決。」[12]

9　立法院公報，第54卷，第35期第6冊，院會紀錄，85頁以下。

10　周萬來，議案審議——立法院運作實況，2019.11，五版一刷，77頁。

11　立法院公報，第66卷，第88期，院會紀錄，13頁。

12　立法院公報，第70卷，第83期，院會紀錄，16頁。

☆對制定案或全案修正之法律案，提議增加條文為修正動議

第1屆第43會期第27次會議（58.06.27），討論「發展觀光事業條例草案」時，於通過第13條後，吳委員延環提議增列一條文，鄧翔宇委員認為該提議係在原草案條文之外新增條文，為法律案的提出。惟吳延環委員認為本條例為創制之法律案，對其提議增刪條文，均為修正動議，嗣經院會接受吳委員意見。[13]

◇修正動議禮遇小黨之處理

1. 第9屆第3會期第3次臨時會第2次會議（106.08.22），主席宣告，依照過去議事慣例，若案子少，在10個案子以下，為尊重小黨，會從小黨黨團提案先行處理；若案子多，就依照送案先後順序處理。[14]

2. 第9屆第4會期黨團協商紀錄（106.11.30），主席宣告，尊重小黨，並不是協商的結論，而是大家的默契，10案以內基本上就是小黨請民進黨（禮讓）優先，每次院會主席都會宣告，如果是朝野協商結論，就不必再宣告。[15]

◇修正動議未宣讀者

第9屆第7會期第1次臨時會第3次會議（108.06.28），民進黨黨團提案，對「法官法部分條文及第七十一條第二項法官俸表修正草案」自第41條之2以下條文本黨團委員提案，敬請院會均不予宣讀，列入公報紀錄，第51條以下，該黨團所提之修正動議不予宣讀，逕行列入公報紀錄。同次會（108.07.01），民進黨黨團提案，對行政院函請審議「所得稅法第十四條及第一百二十六條條文修正草案」案之修正動議不予宣讀，逕行列入公報紀錄。[16]

---

[13] 立法院公報，第58卷，第48期，院會紀錄，14頁以下。
[14] 立法院公報，第106卷，第73期第1冊，院會紀錄，2頁。
[15] 立法院公報，第106卷，第113期下冊，黨團協商紀錄，235頁。
[16] 立法院公報，第108卷，第65期中冊，院會紀錄，17、42及59頁。

◇修正動議宣讀而不表決者

第9屆第7會期第1次臨時會第3次會議（108.07.03），國民黨黨團對「境外資金匯回管理運用及課稅條例草案」案，表示保留條文所提之再修正動議條文於宣讀後，均不予表決，列入公報紀錄。[17]

第十二條（撤回修正動議）
修正動議在未經議決前，原動議人徵得連署或附議人之同意，得撤回之。

說明

修正動議之撤回不同於立法院職權行使法第12條規定之議案撤回，即無須於完成二讀前提出，亦無須經院會同意，但仍須徵得連署或附議人之同意，且限於院會議決該修正動議前為之。再修正動議之撤回，解釋上亦同上。

第三章　議事日程（13～18）

第十三條（按次編製）
議事日程應按每會期開會次數，依次分別編製。

---

[17] 立法院公報，第108卷，第65期，院會紀錄，341頁。

第十四條（議事日程內容）

議事日程應記載開會年、月、日、時，分列報告事項、質詢事項、討論事項或選舉等其他事項，並附具各議案之提案全文、審查報告暨關係文書。

由政府提出之議案及委員所提法律案，於付審查前，應先列入報告事項。

經委員會審查報請院會不予審議之議案，應列入報告事項。但有出席委員提議，十五人以上連署或附議，經表決通過，應交付程序委員會改列討論事項。

案例

☆報請院會不予審議之議案

1. 第8屆第4會期第3次會議（102.09.27），報告事項：司法及法制、教育及文化2委員會報告審查委員吳宜臻等21人擬具「科技部智慧財產局組織法草案」，業經審查決議：「不予審議。」請查照案。院會決定：准予備查。[18]

2. 第8屆第2會期第9次會議（101.11.16），報告事項：社會福利及衛生環境委員會報告審查本院委員黃偉哲等20人擬具「就業保險法第十九條之二條文修正草案」，經審查決議：「不予審議。」請查照案。民進黨黨團提案改列討論事項，院會決定：交程序委員會改列討論事項。[19]

☆質詢期間，議事日程草案，經由院會表決同意列討論事項案例

1. 第8屆第2會期第5次會議（101.10.19），國民黨黨團提議增列討論事項，列為第3案：針對退休（職、伍）軍公教人員發給

---

[18] 立法院公報，第102卷，第50期，院會紀錄，108頁。

[19] 立法院公報，第101卷，第74期，院會紀錄，219頁。

年終慰問金，乃早期公務人員待遇及退休金均偏低下，政府爲疏緩國家財政壓力，鼓勵公務人員領取月退俸，以安定退休軍公教生活。惟目前國際經濟情勢衰退，考量國家財政困難，同時顧及社會觀感，現行退休（職、伍）軍公教人員發給年終慰問金制度應予檢討以共體時艱，請公決案。院會記名表決，多數通過。[20]

2. 第9屆第2會期第4次會議（105.09.30、10.03、04），民進黨黨團提議僅限增列一案爲「本院民進黨黨團針對第1次會議報告事項第3案『總統咨，茲依據中華民國憲法增修條文第5條規定，提名許宗力……，咨請同意案』之決定，提出復議，請公決案。」並於「對行政院院長施政報告繼續質詢前先行處理……」、「對行政院院長、主計長、財政部部長列席報告106年度中央政府總預算案編製經過繼續質詢（10月3日上午）」、「審計長列席報告104年度中央政府總決算審核報告等案審核經過，並備諮詢（10月3日下午）」，依議程草案所列通過。經院會表決結果予以通過。[21]

> 說明

實務上立法院考量質詢期間院會議事日程之安定性，原則上質詢期間之議事日程是不排入討論事項，亦沒有變更議程之情事。例外在黨團協商或院會決定之情形，始排入討論事項或處理變更議程。

▲質詢期間，議事日程草案，經由黨團協商列討論事項案例

第10屆第1會期第1次會議（109.02.21），黨團協商結論：二、各黨團同意本次會議報告事項原列及增列有關「嚴重特殊傳染性肺炎防治及紓困振興特別條例草案」等8案，併案逕付二讀，由院長召集協商，於2月24日（星期一）協商完成後，於2月25日

---

[20] 立法院公報，第101卷，第63期，院會紀錄，397及403頁。
[21] 立法院公報，第105卷，第68期，院會紀錄，3頁。

（星期二）院會進行處理完成立法，各黨團同意不提出復議；本次會議討論事項僅列上開議案，2月25日（星期二）當日不進行施政質詢及不處理臨時提案……。

說明：

原議程並無討論事項。

第十五條（合併排入議程）

本院會議審議政府提案與委員提案，性質相同者，得合併討論。

前項議案之排列，由程序委員會定之。

案例

☆法案名稱不同經由院會決定合併協商

第9屆第7會期第5次會議（108.03.15），委員賴士葆等擬具「公投第十二案施行法草案」，決定：逕付二讀，與行政院函請審議「司法院釋字第七四八號解釋施行法草案」併案協商[22]、第9屆第7會期第12次會議（108.05.03），委員林岱樺等擬具「司法院釋字第七四八號解釋暨公投第十二案施行法草案」，決定：（記名表決通過）逕付二讀，與相關提案（行政院之「司法院釋字第七四八號解釋施行法草案」）併案協商。[23]

第十六條（議事日程送達）

議事日程由秘書長編擬，經程序委員會審定後付印；除有特殊情形外，至遲於開會前二日送達。

---

[22] 立法院公報，第108卷，第26期下冊，院會紀錄，352頁。

[23] 立法院公報，第108卷，第48期下冊，院會紀錄，402頁。

案例

◎程序委員會得否變更審定後之議程

程序委員會於審定第8屆第5會期第8次會議議事日程時，委員陳其邁等8人提議，將議事日程草案原列「對行政院院長提出施政方針及施政報告，繼續質詢」變更為討論事項，並將民進黨黨團擬具之「邀請行政院院長江宜樺率相關部會首長就核四停建進行專案報告，並議決核四停建案」，列為討論事項第1案。程序委員會決定：該提議未符立法院議事慣例，經黨團協商未獲共識，嗣經表決結果，不通過。[24]

第十七條（變更議事日程）

遇應先處理事項未列入議事日程，或已列入而順序在後者，主席或出席委員得提議變更議事日程；出席委員之提議，並應經十五人以上之連署或附議。

前項提議，不經討論，逕付表決。

說明

變更議程須在程序委員會審定院會議程後，或院會確定議程草案後，才能於院會提出。變更議程有二種，一為增列議程未列入者，一為將已列入議程而順序在後者，改列為先順序者。實務上對於自委員會抽出議案之提案，不論是否列入本次會議討論事項，皆於變更議程程序同時處理，惟如單純抽出而未列入本次院會議程者，其性質仍非變更議程。

---

[24] 立法院第8屆第5會期程序委員會，議事錄，1及2頁。

案例

▲增列未列入議程之議案並完成三讀

　　第9屆第7會期第6次會議（108.03.22），變更議程增列交通委員會道路交通管理處罰條例之審查報告爲當日議程討論事項第1案，院會通過後，於108年3月26日依當日協商結論，完成該案二、三讀程序。[25]

第十八條（議案順延）

議事日程所定議案未能開議，或議而未能完結者，由程序委員會編入下次議事日程。

說明

目前院會係以星期五及次週星期二合併爲1次會，所以第1次院會議程由程序委員會於星期二中午召開審定後，於星期三寄出議程，星期五開院會。而第2次院會之議程收案於星期四下午5時收案截止後，於星期五會寄送議程草案予程序委員會委員。所以如果第1次院會未能開議或議而未能完結者，因第2次院會草案已編印寄送，因此來不及將第1次院會議案編入第2次院會。惟目前實務做法都會預先將本次討論事項編入下次院會議程，所以本條規定目前僅適用於討論事項。

---

[25] 立法院公報，第108卷，第29期下冊，院會紀錄，461及462頁。

第四章　開會（19～27）

第十九條（預備會議）

本院每屆第一會期首日舉行預備會議，依下列程序進行之：

一、委員報到。

二、就職宣誓。

三、推選會議主席。

四、院長選舉：

　　（一）投票。

　　（二）開票。

　　（三）宣布選舉結果。

五、副院長選舉：

　　（一）投票。

　　（二）開票。

　　（三）宣布選舉結果。

前項第四款及第五款之選舉，如第一次投票未能選出時，依序繼續進行第二次投票。

第一項會議之時程，由秘書長定之。

相關法規

立法委員互選院長副院長辦法

第4條

　院長、副院長之選舉，均以得出席人數過半數之票數者為當選。

　　第一次投票如無人得前項所規定之過半數票數時，就得票較多之首二名重行投票，以得票比較多數者為當選。如第一次投票得票首二人以上同票數時，一併列入第二次之選舉票。

第二十條（開會次數）
本院會議於每星期二、星期五開會，必要時經院會議決，得增減會次。
本院會議超過一日者，經黨團協商之同意，得合併若干日為一次會議。

案例

▲增加會次（加開院會）
　　第5屆第4會期第10次會議（92.11.18），黨團協商結論：92年11月26日（星期三）、11月27日（星期四）加開院會。[26]

◇減少會次（停開院會）
　　詳立法院組織法第6條之案例。

▲合併若干日為1次會議
　　第9屆第8會期第1次會議（108.09.17），黨團協商結論（108.09.03）：各黨團同意……每週五及次週二視為1次院會。[27]

▲合併若干日及加開為1次會議
　1.第6屆第5會期第4次會議（96.03.16、20、22），黨團協商結論（96.03.22）：96年3月29日（星期四）下午加開院會，與3

---

[26] 立法院公報，第92卷，第53期上冊，院會紀錄，522頁。
[27] 立法院公報，第108卷，第66期上冊，院會紀錄，3頁。

月23日（星期五）及3月27日（星期二）視為1次會。[28]

2. 第8屆第2會期第2次會議（101.10.02），黨團協商結論：10月15日（星期一）加開院會，並與10月12日（星期五）及10月16日（星期二）視為1次會。[29]

第二十一條（動議得以書面為之）

本院舉行會議時，出席委員不得提出更正議事錄、臨時提案、會議詢問、權宜問題、秩序問題或其他程序之動議，但得以書面為之。

說明

依立法院慣用詞及標點符號（二）標點符號第2點規定，本條但書規定前之標點符號應修正為句號「。」。

案例

☆不再處理不符合會議規範之權宜問題等動議

第9屆第3會期第3次臨時會第2次會議（106.08.22、24、25、28），民進黨黨團提議，除符合會議規範所定權宜問題並經院會主席裁示者外，本次會議不再處理權宜問題、秩序問題、會議詢問等動議。院會記名表決結果，予以通過。[30]

---

28 立法院公報，第96卷，第25期，院會紀錄，276頁。

29 立法院公報，第101卷，第55期上冊，院會紀錄，348頁。

30 立法院公報，第106卷，第74期下冊，院會紀錄，73頁。

第二十二條（開會時間）

本院會議開會時間為上午九時至下午六時。但舉行質詢時，延長至排定委員質詢結束為止。

出席委員得於每次院會時間上午九時起，就國是問題發表意見，時間不得逾一小時；依其抽籤順序，每人發言三分鐘，並應遵守立法委員行為法第七條第一項之規定。發言時間屆至，應即停止發言，離開發言台。

前項委員發言之順序，應於每次院會上午七時至八時四十分登記，並於上午八時四十分抽籤定之。

已屆上午十時，不足法定人數，主席得延長之，延長兩次，仍不足法定人數時，主席即宣告延會。

國是論壇之沿革

因早期立法委員於確定議事錄時，為偏離主題之發言，浪費院會時間，乃有立法委員倡議仿照美國國會「1分鐘演說」（One Minute Speech）取代之。第2屆第4會期第4次會議（83.09.16），朝野協商結論：星期五上午9時至10時為委員論壇時間（官員須列席），自第5次會議起實施。第3屆第2會期第1次會議（85.09.06），朝野協商結論：國是論壇發言順序之登記、抽籤方式，依第1會期6月18日起施行之「參加國是論壇須知」辦理，並將登記抽籤人數改以18人為上限。

案例

▲協商結論停止國是論壇

　第6屆第6會期第2次會議（96.09.14），朝野協商結論（96.09.12）：9月21日（星期五）當次會議不處理國是論壇及臨時提

案。[31]

◇宣告延會

　第3屆第3會期第1次臨時會第1次會議（86.07.28），出席人數不足，經朝野協商同意，延至8月11日再行召開。而8月1日之會議因未足法定人數，主席延至8月5日再舉行院會。8月5日仍未足法定人數，主席延至8月8日舉行院會。因8月8日仍未足法定人數，主席延至8月11日舉行院會。8月11日仍未足法定人數，主席：本次會議無法舉行，臨時會結束。[32]

◇本次院會未開會而順延者，仍計入當次會議

　第4屆第3會期第3次會議原定於89年3月24日，惟當日不足法定人數未開會，順延至89年3月28日召開第4屆第3會期第3次會議。[33]

　說明：

　本次院會未開會而順延者，日期雖往後延，但會次不變，即仍計入當次會議。

第二十三條（報告事項及異議）

議事日程所列報告事項，按次序報告之。

報告事項內程序委員會所擬處理辦法，如有出席委員提議，八人以上連署或附議，得提出異議，不經討論，逕付表決。如在場委員不足表決法定人數時，交程序委員會重新提出。

前項出席委員提出異議時，不足連署或附議人數，依程序委員會所擬處理辦法通過。

---

31 立法院公報，第96卷，第63期，院會紀錄，20頁。

32 立法院公報，第86卷，第28期，附錄，3245及3246頁。

33 立法院公報，第89卷，第13期，院會紀錄，403頁。

案例

☆提出整包議案之異議

1. 第4屆第1會期第16次會議（88.06.15），提出報告事項第47案至第136案均退回程序委員會重新提出之異議。院會表決結果：均退回程序委員會重新提出。[34]

2. 第9屆第5會期第4次會議（107.03.20），提出報告事項第7案至第188案及質詢事項均退回程序委員會之異議。院會表決結果：均退回程序委員會重新提出。[35]

3. 第9屆第8會期第12次會議（108.11.29），提出報告事項第2案至第23案均退回程序委員會之異議，無異議通過。提出報告事項第25案至第212案及質詢事項均退回程序委員會之異議，有無異議？有異議，院會表決結果：均退回程序委員會重新提出。[36]

☆黨團對程序委員會報告事項意見提出補充

第6屆第4會期第2次會議（95.09.29），報告事項第2案，委員呂學樟等提出總統（陳水扁）罷免案，程序委員會意見為交全院委員會審查，親民黨黨團提議本案處理如下：建請於10月11日（星期三）、12日（星期四）召開全院委員會審查，並於10月13日（星期五）提報院會記名投票表決，該提議經院會表決通過。[37]

☆委員提議退回報告事項，經該委員之黨團提出異議

第9屆第5會期第4次會議（107.03.20），國民黨立法委員等對該次會議報告事項要求退回程序委員會重新提出，惟國民黨黨團對

---

[34] 立法院公報，第88卷，第40期，院會紀錄，3097頁。

[35] 立法院公報，第107卷，第22期，院會紀錄，17頁。

[36] 立法院公報，第108卷，第101期第4冊，院會紀錄，194、195及216頁。

[37] 立法院公報，第95卷，第38期，院會紀錄，1及2頁。

其委員退回之提議提出異議，而逕付表決，院會決定，對退回程序委員會之異議不通過。[38]

說明：

原先是國民黨黨團提出異議，退回程序委員會，再由該黨團委員對黨團提出異議，主席表示委員怎麼可以反對自己的黨團，請用個別委員提案，不要用黨團的名義。所以改由委員要求退回程序委員會重新提出，再由該黨團對退回程序委員會之提議，表示異議，而進行表決。

☆異議同時有退回及逕付二讀2案之處理

1. 第9屆第7會期第6次會議（108.03.22），主席：針對（報告事項）第23案，國民黨黨團提議逕付二讀，表決結果，少數不通過。民進黨黨團提議退回程序委員會重新提出，贊成者多數，本案退回程序委員會重新提出。

   說明：

   本案之異議理由係因先處理逕付二讀後，再提出退回程序委員會，所以才不同往例先處理退回之異議，故本案例之處理順序為特例。實務上異議有數個時，仍先處理退回之程序部分。[39]

2. 第9屆第8會期第13次會議（108.12.06），時代力量黨團擬具「財團法人法第七十五條條文修正草案」，請審議案。程序委員會意見：交司法及法制委員會審查。主席：報告院會，本案現有兩項提議，一、時代力量黨團提議逕付二讀，由時代力量黨團負責召集協商。二、國民黨黨團提議退回程序委員會重新提出。循例先處理退回程序委員會重新提出部分，請問院會，對國民黨黨團提議退回程序委員會重新提出有無異議？（有）有異議，進行表決。主席：報告表決結果：出席委員4人，贊成者1人，反對者3人，棄權者0人，因人數不足法定人數，依

38 立法院公報，第107卷，第22期，院會紀錄，1-17頁。
39 立法院公報，第108卷，第26期上冊，院會紀錄，5及6頁。

規定退回程序委員會重新提出。主席：我們重新更正，因爲人數不足，不是退回原來的案子，而是回歸到原來的案子，所以不是退回程序委員會，而是回歸到由程序委員會來處理。但是時代力量黨團提議逕付二讀，現在就處理時代力量黨團的提議。本案逕付二讀，由時代力量黨團負責召集協商，請問院會有無異議？（有）有異議，進行表決。主席：報告表決結果：出席委員47人，贊成者3人，反對者44人，棄權者0人，贊成者少數，不通過，本案照程序委員會意見通過。[40]

說明：

同1案之異議事由可能不限於1種，即退回程序委員會及逕付二讀均爲異議事由之1種，應分別處理，其中1個通過，其餘均不予以處理。反之，1個未通過，則繼續處理下1個，至最後1個異議處理完畢爲止，如果皆未通過者，則依程序委員會意見。

第二十四條 （變更議程之處理）

報告事項畢，除有變更議程之動議外，主席即宣告進行討論事項。

說明

本條係規定變更議程動議之處理時點，係在報告事項結束後，討論事項進行前。所以報告事項並無變更議程之適用，至於議程是否須有報告事項或討論事項，才可處理變更議程，或議程有質詢事項時，是否可以進行變更議程，又變更議程是否僅限於討論事項等，因法無明定，其相關案例如下。

---

[40] 立法院公報，第108卷，第101期第1冊，院會紀錄，11及12頁。

案例

◇變更議程不足法定人數不予處理

第5屆第1會期第15次會議（91.05.17），主席：剛才台聯黨團提出變更議程動議，黃委員昭順表示有異議，因此須交付表決，在按鈴7分鐘後即進行處理，此時只要有人表示反對，就要以表決決定，現在請在場委員就座，我們再次清點人數。（清點人數）主席：報告院會，現在在場委員人數58人，不足表決人數，本案暫不處理。[41]進行討論事項第1案。

▲報告事項經黨團協商得進行變更議程

1. 第2屆第3會期第7次會議（83.03.17），主席：報告事項第17案行政院函請審議「84年度中央政府總預算案」……經協商結果，現作以下兩點決議：一、退回程序委員會重新提出（84年度中央政府總預算案……）。二、根據本院委員廖福本等提議變更議程案，擬將行政院函請審議「中央政府預算執行暫行條例草案及中央政府建設公債發行條例部分條文修正草案」（自程序委員會抽出）交付相關委員會審查，現作如下決定：「一、中央政府預算執行暫行條例草案交預算、財政、法制三委員會審查。二、中央政府建設公債發行條例部分條文修正草案交財政委員會審查。」報告事項全部處理完畢。[42]

2. 第10屆第1會期第1次會議（109.02.21），黨團協商結論：一、各黨團同意行政院函請審議之「嚴重特殊傳染性肺炎防治及紓困振興特別條例草案」，及各黨團、委員提出之相關草案，如附表，增列納入第1次會議報告事項……。第10屆第1會期第1次會議（109.02.25），黨團協商結論（109.02.24）：本日協商會議，新增併案協商之委員提案共4案，增列納入第1次

---

41 立法院公報，第91卷，第35期上冊，院會紀錄，29及30頁。
42 立法院公報，第83卷，第17期，院會紀錄，11及12頁。

會議報告事項,與2月21日(星期五)原列8案,併案逕付二讀。

說明:

有關變更議程之處理時點於88年1月12日明定立法院議事規則第24條,所以原則上不可報告事項程序處理變更議程,惟例外經過黨團協商則可以。

☆無報告事項,而處理變更議程

1. 第8屆第1會期第1次臨時會第1次會議(101.07.25),民進黨黨團提案食品衛生管理法原列討論事項第5案,改列為討論事項第1案,院會無異議通過。[43]

2. 第9屆第4會期第1次臨時會第1次會議(107.01.05),國民黨黨團及時代力量黨團均提案討論事項僅列中華民國107年度中央政府總預算案審查總報告,院會表決不通過。[44]

▲施政質詢期間有黨團協商結論,可變更議程

1. 第6屆第6會期第8次會議(96.10.26),依黨團協商結論(96.10.19),施政報告質詢前,先行處理「公職人員選舉罷免法修正草案」。[45]

說明:

依協商結論列入議程討論事項,共1案。

2. 第8屆第2會期第8次會議(101.11.09),依黨團協商結論,各黨團同意第8次會議報告事項第2案各黨團擬具「立法院組織法第三十二條條文修正草案」逕付二讀,列為本次會議討論事項第1案(原定討論事項順序依序遞延),該案並於11月9日(星期五)對行政院院長施政報告繼續質詢前先行處理。[46]

---

[43] 立法院公報,第101卷,第51期下冊,院會紀錄,372頁。

[44] 立法院公報,第107卷,第19期第9冊,院會紀錄,396頁。

[45] 立法院公報,第96卷,第69期,院會紀錄,80頁。

[46] 立法院公報,第101卷,第68期上冊,院會紀錄,50頁。

3. 第8屆第4會期第8次會議（102.11.01），依黨團協商結論，各黨團同意第8次會議報告事項第91案行政院函請審議「海關進口稅則部分稅則修正草案」逕付二讀，列為當次會議討論事項；於11月5日（星期二）對行政院院長施政報告質詢後，隨即處理。[47]

說明：

原議程並無討論事項。

☆自委員會大量抽出議案並變更議程

第8屆第7會期第11次會議（104.05.12），院會處理台聯黨團變更議程（抽出）至第259案，台聯黨團提散會動議，院會決定少數不通過。主席：繼續進行台聯黨團提議變更議程至第262案，休息。處理臨時提案、復議案，散會。[48]

▲協商結論逕付二讀並變更議程增列為討論事項

1. 第6屆第5會期第2次會議（96.03.02），黨團協商結論：「二二八事件處理及補償條例修正草案（行政院版）」，由內政及民族委員會抽回院會逕付二讀，並列為本次會議討論事項第2案。[49]

2. 第8屆第8會期第1次會議（104.09.15），黨團協商結論：本次會議報告事項「所得稅法部分條文修正草案」、「證券交易稅條例第二條條文修正草案」，院會處理時均逕付二讀，並增列為本次會議討論事項第1案及第2案。[50]

3. 第9屆第4會期第7次會議（106.11.07），黨團協商結論：「有線廣播電視法第三十三條及第六十一條條文修正草案」，各黨團同意共同提案並列入第4會期第9次會議報告事項，院會處理

---

[47] 立法院公報，第102卷，第65期上冊，院會紀錄，348頁。
[48] 立法院公報，第104卷，第39期上冊，院會紀錄，99-178頁。
[49] 立法院公報，第96卷，第21期，院會紀錄，464頁。
[50] 立法院公報，第104卷，第58期上冊，院會紀錄，68頁。

時逕付二讀，並列為同次會議討論事項第1案，並照提案內容通過，完成立法程序。[51]

◇議案草案確認後，不處理變更議程

第9屆第3會期第3次臨時會第2次會議（106.08.29），主席宣告：本次會議議事日程草案經提報院會確認在案，變更議程提案均不予處理。[52]

☆議程草案確認後，抽出並變更議程

第8屆第5會期第11次會議（106.08.29），全民健康保險法第27條條文修正草案，於院會確定議程草案後，提出自委員會抽出，逕付二讀，變更議程，列為本次會議討論事項第3案，並由民進黨黨團負責召集協商，經表決結果不予通過。[53]

說明：

實務上在院會確定議程草案後提出自委員會抽出議案者，原則上僅允許其自委員會抽出，但不列入當次議程討論事項。

◇自委員會抽出逕付二讀，變更議程限全案抽回

第3屆第6會期第5次會議（87.10.13），委員吳克清等提案將農會法第20條之1、第25條之2及第46條之1等3條文由審查會中抽出，列為第3案，逕付二讀。經主席表示農會法修正案目前多案且均在委員會併案審查中，依照議事慣例，不能單獨抽出1案逕送院會討論，若要抽出必須全部抽出，因此委員同意撤回變更議程動議。[54]

◎程序委員會審定議程得否變更議程

程序委員會於審定第8屆第5會期第8次會議議事日程時，委員陳

---

51 立法院公報，第106卷，第90期，黨團協商紀錄，562頁。
52 立法院公報，第106卷，第74期下冊，院會紀錄，73頁。
53 立法院公報，第103卷，第43期第4冊，院會紀錄，238及245頁。
54 立法院公報，第87卷，第40期，院會紀錄，30及31頁。

其邁等8人提議，將議事日程草案原列「對行政院院長提出施政方針及施政報告，繼續質詢」變更為討論事項，並將民進黨黨團擬具之「邀請行政院院長江宜樺率相關部會首長就核四停建進行專案報告，並議決核四停建案」，列為討論事項第1案。程序委員會決定：該提議未符立法院議事慣例，經黨團協商未獲共識，嗣經表決結果，不通過。

▲黨團協商本次會議不處理變更議程

第9屆第3會期第7次會議（106.03.31）黨團協商結論：五、本次會議不處理其他變更議程之提案及臨時提案。[55]

◇處理變更議程禮讓在野黨之原則

第9屆第4會期黨團協商會議紀錄（106.10.31），主席：要變更議程的話，就像我們處理議案時，在議案不多的情況下，我們都會優先處理最小黨的案子，這樣的意思是一樣的。如果一般的變更議程不超過10案，我們還是尊重。[56]

說明：

此原則並非協商結論，實務上小黨變更議程不超過10案者，仍有依收案先後進行處理者，例如第9屆第8會期第7次會議（108.10.29），親民黨黨團提議變更議程，將「消防法部分條文修正草案」改列為本次會議討論事項第1案，因院會通過民進黨黨團變更議程提議，已列為第2案，故不再處理。[57]

◇討論案於議案順序之變更議程在表決確定前，仍照議事日程所列順序依次進行

第1屆第33會期第39次會議（53.08.04），討論委員吳延環提議將第2案所列內政、司法兩委員會報告審查之人民請願案改列為

---

55 立法院公報，第106卷，第29期上冊，院會紀錄，1頁。
56 立法院公報，第106卷，第87期下冊，黨團協商紀錄，301頁。
57 立法院公報，第108卷，第85期上冊，院會紀錄，425頁。

第1案，經委員張子揚表示請願案依其處理程序無法與業已討論之醫師法合併處理而主張不予變更。因在場人數不足以進行表決，主席宣告：「出席委員提議變更議程所列議案順序時，在表決確定前，議案之討論，仍照議事日程所列順序依次進行。」到處理第2案時，所以程序問題不再表決。[58]

說明：

議程已進入討論事項，又如何回頭進行討論事項之變更議程處理，顯屬矛盾。再者，立法院議事規則於88年1月12日全文修正，其中第24條既已明定變更議程須在討論事項前處理，所以上述案例應不再適用。

第二十五條（休息）

院會進行中，主席得酌定時間，宣告休息。

說明

院會進行中，主席不須經由院會同意，得隨時因應各種情形，自由裁量酌定休息時間，休息時間可能數分鐘，也可能至當日會議結束。

第二十六條（散會）

議事日程所列之議案議畢，或散會時間已屆，主席即宣告散會。

會議進行中，出席委員得提出散會之動議，經十五人以上連署或附議，不經討論，由主席逕付表決。

---

[58] 立法院公報，第53卷，第33期第19冊，院會紀錄，82-99頁。

第二十七條（延長會議）

散會時間已屆而議事未畢，主席得徵詢出席委員同意，酌定延長時間。

案例

☆院會延長時間至特定議案畢

第9屆第6會期第13次會議（107.12.18），民進黨黨團提案：本院民進黨黨團針對本次會議12月18日之會議時間，因議事未畢，擬請院會同意延長時間，延長至討論事項第1案處理完畢，並請本次會議不處理臨時提案。院會（無異議）予以通過。[59]

☆院會延長時間至晚上12時

第9屆第1會期第21次會議（105.07.15），時代力量黨團及民進黨黨團分別提出延長開會時間動議至晚上12時止，院會無異議通過。[60]

☆院會延長時間至次日

第9屆第1會期第1次臨時會第1次會議（105.07.26），民進黨黨團針對第9屆第1會期第1次臨時會第1次會議於7月26日（二）至7月29日（五）期間會議時間之延長，擬請院會同意於7月26日（二）、7月27日（三）、7月28日（四）每日下午6時至次日上午9時，均繼續開會，7月29日（五）上午9時至下午6時之會議時間，再延長至7月29日晚上12時。院會無異議，通過。[61]

---

59 立法院公報，第108卷，第1期第5冊，院會紀錄，102頁。
60 立法院公報，第105卷，第59期，院會紀錄，69頁。
61 立法院公報，第105卷，第65期中冊，院會紀錄，53及54頁。

第五章　討論（28～33）

第二十八條（逐案討論）

主席於宣告進行討論事項後，即照議事日程所列議案次序逐案提付討論。

第二十九條（發言登記）

出席委員請求發言，應親自向主席台議事處簽名登記，並依登記順序發言，如經雙方同意者，得互調發言順序。

登記發言之委員，經主席唱名三次仍不在場者，視為棄權。

主席得於討論適當時間，宣告截止發言之登記。

第三十條（發言時間）

委員發言之時間，由主席於發言前宣告之。

超過前項時間者，主席得中止其發言。

第三十一條（發言次數限制）

除下列情形外，每一委員就同一議題之發言，以一次為限：

一、說明提案之要旨。

二、說明審查報告之要旨。

三、質疑或答辯。

第三十二條（主席決定及異議）

預備會議時，出席委員提出權宜問題、秩序問題、會議詢問或其他程序之動議時，主席應為決定之宣告。

院會時，出席委員提出權宜問題、秩序問題、會議詢問或其他程序之動議時，應以書面提出，由主席逕為決定之宣告。

前二項宣告，如有出席委員提出異議，經十五人以上連署或附議，不經討論，主席即付表決。該異議未獲出席委員過半數贊成時，仍維持主席之宣告。

案例

◇程序發言時間

　　第2屆第1會期選舉院長副院長會議（82.02.01），主席：現在我們開始選舉會議，目前開始程序發言的登記，按過去慣例程序發言為1分鐘，現在則以3分鐘為限。無異議，按登記發言順序發言，共15位登記。[62]

第三十三條（停止討論）

主席對於議案之討論，認為已達可付表決之程度時，經徵得出席委員同意後，得宣告停止討論。

出席委員亦得提出停止討論之動議，經十五人以上連署或附議，不經討論，由主席逕付表決。

案例

☆停止討論

第1屆第77會期第41次會議（75.07.08），朱委員如松等53人提出臨時提案，立法院議事規則部分條文修正案保留條文，擬請停止討論。因保留條文發言委員共達98人次，曠日持久，影響立法功能。舉手表決多數通過。[63]

第六章　表決（34～41）

第三十四條（定期表決）

討論終結或停止討論之議案，出席委員有異議時，主席得提付表決。如當場不能進行第三十五條第一項第二款至第五款之表決時，主席應即宣告定期表決及表決日期，並於表決前三日通知之。

第三十五條（表決方法）

本院議案之表決方法如下：

一、口頭表決。

二、舉手表決。

三、表決器表決。

四、投票表決。

五、點名表決。

---

[63] 立法院公報，第75卷，第55期，院會紀錄，12-15頁。

前項第一款至第四款所列方法之採用，由主席決定宣告之。第五款所列方法，經出席委員提議，二十五人以上之連署或附議，不經討論，由主席逕付表決。但有關人事問題之議案，不適用記名或點名表決方法。

採用表決器記名表決，須經出席委員十五人以上之連署或附議。

相關法規

立法院點名表決辦法（45.04.27通過，89.12.15全文修正）

第1條（適用範圍）

立法院議事規則第三十五條所規定之點名表決，依本辦法之規定。

第2條（舉行時間之原則及例外）

點名表決應定期舉行。但會期將了之日，或有預定時程最後一次舉行之會議，採用點名表決時，不在此限。

第3條（鳴鈴）

點名表決開始前，應鳴鈴三長聲。

第4條（簽到名簿為點名名冊）

點名表決，以當次院會出席委員簽到名簿為名冊。

第5條 （依次唱名）

點名表決之實施，由主席依簽到名簿次序唱名。

第6條 （唱名之答應）

在場委員於唱到姓名時，贊成者起立答曰：「贊成」，反對者起立答曰：「反對」，棄權者起立答曰：「棄權」；未答應者，應予重唱一次。

依次唱名序及主席姓名時，免予唱名。主席表決權之行使，依立法院職權行使法第六條後段之規定。

第7條 （計算結果）

唱名完畢，應即進行計算，宣告結果。

第8條 （參加表決）

未參加表決委員於表決結果宣告前到會者，得要求參加表決。

第9條 （表決無效）

點名表決結果，依參加表決之人數計算。參加表決之人數未足法定人數時，其表決無效。

第10條 （議事錄）

實施點名表決之院會議事錄，關於委員姓名之記載，除立法院議事規則第五十三條第三款至第五款規定辦理外，應將參加表決之委員依下列規定記入：

一、贊成者：記列贊成委員之姓名。

二、反對者：記列反對委員之姓名。

三、棄權者：記列棄權委員之姓名。

　　前項各款紀錄，應當場宣讀確定，如有委員認為有錯誤時，得即席請求更正。

第11條（施行日）

　　本辦法經院會通過後施行。

案例

☆舉手表決

　　第1屆第89會期第25次會議（81.05.15），委員黃主文等人、趙少康等人及王天競等人所提刑法第100條等條文修正案及委員陳水扁等人所提廢止刑法第100條案，採舉手表決，修正通過。[64]

☆點名表決後，提出復議，再點名表決

　　第9屆第3會期第2次臨時會財政、內政、經濟、教育及文化、交通、司法及法制、社會福利及衛生環境7委員會第1次聯席會議（106.07.19），對前瞻特別預算第1期預算全案保留送院會處理之決議，有異議，主席採點名表決，照案通過。委員施義芳等提出復議，並請採點名表決方式處理，復議不通過。[65]

◇表決前，須按鈴7分鐘

　　第1屆第88會期第33次會議（81.01.03），盧委員詢問按鈴幾分鐘？主席表示5分鐘好不好？彭委員認為從會館走到議場的時間根本不夠，主席以有委員主張10分鐘，又有人認為太長，所以

---

[64] 立法院公報，第81卷，第40期，院會紀錄，73頁以下。

[65] 立法院公報，第106卷，第71期下冊，委員會紀錄，368頁以下。

主席折衷爲7分鐘通過。[66]

◇**重新發放表決卡，須重新按鈴**

第7屆第5會期第9次會議（99.04.16），主席：報告院會，本條文已經發言完畢，現在進行表決。因爲方才休息時已經將表決卡收回了，所以現在必須重新發放表決卡，依例按鈴7分鐘。[67]

第三十六條（表決結果）

表決，應就可否兩方依次行之。

用口頭方法表決，不能得到結果時，改用舉手或其他方法表決。

用舉手或表決器方法表決，可否兩方均不過半數時，應重行表決；重行表決時，以多數為可決。

用投票或點名方法表決，可否兩方均不過半數時，本案不通過。

案例

☆重行表決

第8屆第2會期第16次會議（102.01.04），報告表決結果，出席委員99人，贊成者41人，反對者46人，棄權者12人，贊成者少數，但是贊成跟反對雙方都沒有過半數，所以要重行表決。報告表決結果：出席委員96人，贊成者42人，反對者47人，棄權者7人，贊成者少數，本案不通過。[68]

---

[66] 立法院公報，第81卷，第3期，院會紀錄，36頁。

[67] 立法院公報，第99卷，第26期上冊，院會紀錄，158頁。

[68] 立法院公報，第102卷，第4期上冊，院會紀錄，31頁。

說明

本條規定之重行表決，雖以多數爲可決，但仍須符合立法院職權行使法第4條及第6條規定之最低數額，即委員總額爲113人時，最低出席人數爲38人，最低同意人數爲20人。

☆重新表決

　說明：

　立法院相關法令並無重新表決之規定，實務上重新表決之案例如下：

1. 投票人數未足法定人數

　(1) 第5屆第5會期第1次臨時會第1次會議（93.08.11），協商結論（93.08.09）：一、定於93年8月10日（星期二），舉行談話會決定召開第5會期第1次臨時會……等。主席：由於幾位委員反對黨團協商結論，進行表決，不足法定人數，重新投票，不足法定人數，表決不成，休息10分鐘，繼續開會，表決結果，多數通過贊成協商結論。

　(2) 第6屆第4會期第17次會議（96.01.19），主席：有委員提議廣泛討論停止討論，逕付表決，報告表決結果，投票人數未足法定人數，沒有結論，所以我們現在重新表決，多數通過，現在停止討論。[69]

　(3) 第9屆第8會期第15次會議（108.12.31），主席：本案因不足表決人數，我們要進行重新表決，因爲只有出席8人、贊成8人，但是在場人數已經超過半數，我們再重新表決。報告表決結果，因爲沒有超過半數（應是不足表決人數），本案依照過去的議事例（第5屆第1會期第15次會議變更議程），我們就不予處理。[70]

2. 重付表決口誤爲重新表決

　第8屆第4會期第14次會議（102.12.13），委員詢問主席，重

---

69 立法院公報，第96卷，第16期，院會紀錄，73及74頁。

70 立法院公報，第108卷，第106期，院會紀錄，20及21頁。

新表決可以記名嗎？主席：重新表決也是無記名表決，請國民黨黨團趕快提出重付表決的提案。[71]

第三十七條（修正動議之宣讀及表決）
修正動議討論終結，應先提付表決；表決得可決時，次序在後之同一事項修正動議，無須再討論及表決。
修正動議提付表決時，應連同未修正部分合併宣讀。

說明

修正動議如有數案時，主席會先宣告宣讀各版本，宣讀員宣讀完畢後，主席宣告依登記順序發言，討論終結，主席宣告登記發言的委員均已發言完畢。現在進行處理各版本，依序進行表決，如果其中有任何1案通過，即不再處理其他案。

第三十八條（表決後提出動議之限制）
主席宣告提付表決後，出席委員不得提出其他動議。但與表決有關之程序問題，不在此限。

第三十九條（重付表決）
出席委員對於表決結果提出異議時，經十五人以上連署或附議，得要求重付表決。但以一次為限。
用投票或點名方法表決，非有足以明顯影響表決結果之重大瑕疵者，不得要求重付表決。

---

[71] 立法院公報，第102卷，第80期，院會紀錄，49頁。

說明

本條之「重付表決」同會議規範第61條之「重行表決」。

案例

☆重付表決應即時為之

第1屆第49會期第6次會議（61.03.07），院會決議：「一、重付表決應於第一次表決後，即時續為之，不能定期表決。二、重付表決經清點不足法定人數時，仍以第一次表決結果為準。」[72]

☆誤行重付表決

第8屆第2會期第15次會議（101.12.28），議事日程草案進行親民黨黨團提案第3案，報告表決結果：出席委員93人，贊成者40人，反對者43人，棄權者10人，贊成者少數，本案不通過。親民黨立法院黨團要求重付記名表決。[73]

說明：

本案可否未過半，並非「本案不通過」，應進行重行表決，而非重付表決。

◇點名表決，非有足以明顯影響表決結果之重大瑕疵者，不得要求重付表決

第9屆第4會期社會福利及衛生環境、經濟2委員會第2次聯席會（106.11.23），有關「勞動基準法」發言、討論時間程序提案之點名表決結果，委員柯建銘要求重付表決，委員間爭執不下。[74]

說明：

因本案係採點名表決，依立法院議事規則第39條第2項規定，須

---

[72] 立法院公報，第61卷，第20期，院會紀錄，43頁。
[73] 立法院公報，第102卷，第2期第1冊，院會紀錄，6及7頁。
[74] 立法院公報，第106卷，第113期下冊，委員會紀錄，132及133頁。

有足以明顯影響表決結果之重大瑕疵者，始可採行重付表決。所以如上開表決結果違反立法院點名表決辦法第8條：「未參加表決委員於表決結果宣告前到會者，得要求參加表決。」則得據此主張重付表決之。

☆重付表決限同一方式為之

1. 第1屆第33會期第26次會議（55.06.12），著作權法修正草案，鄧委員提出重付反表決改用點名表決，主席宣告定期點名表決，惟委員間對重付表決採用與原表決不同方式產生爭議，最後因提案委員撤回而結束爭議。[75]
2. 第8屆第4會期第14次會議（102.12.13），民進黨黨團提變更議程增列討論事項（法院組織法刪除第63條之1條文草案），國民黨黨團提案重付表決，改採記名表決，主席宣告重付表決不能改變表決方式，故仍採無記名表決處理，本案贊成者多數通過。[76]

第四十條（表決結果當場報告並記錄）
表決之結果，應當場報告，並記錄之。

第四十一條（清點人數）
院會進行中，出席委員對於在場人數提出疑問，經清點不足法定人數時，不得進行表決。

---

[75] 立法院公報，第53卷，第33期第12冊，院會紀錄，58頁以下；第53卷，第33期第13冊，院會紀錄，6頁。
[76] 立法院公報，第102卷，第80期，院會紀錄，49頁。

相關法規

🔍 會議規範

第7條

　　會後缺額問題　會議進行中，經主席或出席人提出數額問題時，主席應立即按鈴，或以其他方法，催促暫時離席之人，回至議席，並清點在場人數，如不足額，主席應宣布散會或改開談話會，但無人提出額數問題時，會議仍照常進行。在談話會中，如已足開會額數時，應繼續進行會議。

案例

◇不足法定人數散會

　　第9屆第3會期第15次會議（106.05.26），「財團法人台灣郵政協會……104年度決算案照審查報告通過」。現有國民黨黨團建議本案清點人數表決處理。主席：報告院會，由於在場委員不足表決法定人數，本次會議進行到此為止，現在散會（19點47分）。[77]

說明

立法院議事規則第41條規定，清點不足法定人數時，僅係不得進行表決，並非當然成為散會之事由。

---

[77] 立法院公報，第106卷，第60期下冊，院會紀錄，1258頁。

第七章　復議（42～45）

第四十二條（復議提出要件）

決議案復議之提出，應具備下列各款：

一、證明動議人確為原案議決時之出席委員，而未曾發言反對原決議案者；如原案議決時，係依表決器或投票記名表決或點名表決，並應證明為贊成原決議案者。

二、具有與原決議案不同之理由。

三、二十人以上之連署或附議。

說明

1. 具有與原決議案不同之理由

會議規範第78條規定，不同之理由係指議案經表決通過或否決後，如因情勢變遷或有新資料發現而認為原決議案確有重加研討之必要時。實務上復議之提出，往往未要求須附具理由，且易成為及早確定決議案之工具。

2. 決議案已執行者，得否提出復議

會議規範第79條第1項第1款規定原決議案尚未著手執行者，始得提出復議。

3. 不得復議者

會議規範第82條：「不得復議之事項　左列各款不得復議：（一）權宜問題。（二）秩序問題。（三）會議詢問。（四）散會動議之表決。（五）休息動議之表決。（六）擱置動議之表決。（七）抽出動議之表決。（八）停止討論動議之表決。（九）分開動議之表決。（十）收回動議之表決。（十一）復議動議之表決。（十二）取銷動議之表決。（十三）預定議程動議

之表決。（十四）變更議程動議之表決。（十五）暫時停止實施議事規則一部之動議之表決。（十六）討論方式動議之表決。（十七）表決方式動議之表決。」

案例

☆復議提出人係原決議案之得勝方面者

會議規範第79條規定，復議提出人係屬於原決議案之得勝方面者。

1. **原決議案得勝方為投贊成票者**

第9屆第7會期第6次會議（108.03.22），主席：針對（報告事項）第23案，民進黨黨團提議退回程序委員會重新提出，贊成者多數，本案退回程序委員會重新提出。主席：報告事項已處理完畢，現有柯委員建銘等，針對本次會議議程報告事項第23案院會所作決定提出復議，並請隨即處理。院會：無異議，通過。

2. **原決議案得勝方為投反對票者**

第9屆第7會期第10次會議（108.04.19），主席：針對報告事項第47案，現有國民黨黨團提議退回程序委員會重新提出，有異議，進行表決，贊成者少數，不通過，本案照程序委員會意見通過。主席：報告事項已處理完畢，現有本院委員柯建銘等人針對第47案院會所作決定提出復議，並請院會立即處理。決議：復議案不通過，本案報告事項各案均照原作決定通過。

3. **以黨團名義提出復議者**

第9屆第8會期第6次會議（108.10.22），復議案：二、本院親民黨黨團，針對第9屆第8會期第6次會議報告事項第26案時代力量黨團擬具「臺灣地區與大陸地區人民關係條例部分條文修正草案」，院會所作決定，提請復議。院會決定：另定期處理。

說明：

實務上以黨團名義提出復議者，限該決議案為無異議通過。

第四十三條（復議提出時間）

復議動議，應於原案表決後下次院會散會前提出之。但討論之時間，由主席徵得出席委員同意後決定之。

說明

復議提出時限

原案表決後下次院會散會前，均可提出。惟如為多日1次會者，係以該次院會之最後1日散會前為提出復議之最後時限。此外，會議規範第79條規定，復議提出於同次會，須有他事相間。

案例

▲質詢期間所提復議案之處理

第5屆第2會期第4次會議（91.10.11），黨團協商結論：施政質詢期間所提復議案，除黨團協商同意立即處理外，均定期處理。[78]

▲黨團協商同意不提出復議

1. 第9屆第3會期第8次會議（106.04.07），黨團協商結論：各黨團同意年金改革法案，委員會於4月19日（星期三）開始進行審查，相關法案均不提出復議。[79]

2. 第9屆第6會期黨團協商會議（107.10.22），黨團協商結論：108年度中央政府總預算案及中央政府前瞻基礎建設計畫第2期特別預算案……詢答完畢後即交審查，各黨團同意不提出復議。[80]

---

[78] 立法院公報，第91卷，第59期，院會紀錄，24頁。

[79] 立法院公報，第106卷，第37期，院會紀錄，348頁。

[80] 立法院公報，第107卷，第87期，黨團協商紀錄，361頁。

說明：
實務上另對個別議案不復議之處理，係由各黨團同意提出「不復議同意書」。

▲復議案撤回
第9屆第6會期第5次會議（107.10.23），黨團協商結論（107.10.22）：國民黨黨團針對「108年度中央政府總預算案」及「中央政府前瞻基礎建設計畫第2期特別預算案」之復議案，予以撤回。各黨團同意將上開預算案列入第6次會議報告事項第2案處理，決定如下：……。[81]

第四十四條（法律案預算案之復議）
對於法律案、預算案部分或全案之復議，得於二讀或三讀後，依前兩條之規定行之。

案例

☆二讀後提出復議者
1. 第5屆第6會期第16次會議（94.01.21），朝野協商提出之復議案（94年度總預算案中稅課收入等），無異議通過，繼續進行三讀。[82]
2. 第6屆第6會期第9次會議（96.11.02），無黨團結聯盟黨團對第8次會議二讀通過之「公職人員選舉罷免法修正草案第二十六條」提出復議。經黨團協商結論（96.11.06），公職人員選舉罷免法修正草案第26條維持現行法第34條規定，繼續進行三讀。[83]

---

81 立法院公報，第107卷，第91期，院會紀錄，200頁。
82 立法院公報，第94卷，第7期上冊，院會紀錄，224頁。
83 立法院公報，第96卷，第76期，院會紀錄，21、145及146頁。

☆三讀後提出復議者

第6屆第5會期第3次會議（96.03.13），國民黨黨團，對第2次會議三讀通過之「祭祀公業條例第五十六條條文」提出復議，協商後照國民黨黨團之復議內容通過，重新進行二讀，繼續進行三讀。[84]

第四十五條（再復議之禁止）

復議動議經表決後，不得再為復議之動議。

第八章　秘密會議（46～52）

第四十六條（請開或改開秘密會議）

本院秘密會議，除討論憲法第六十三條所定各案，或經行政院院長、各部會首長請開者外，應於本院定期院會以外之日期舉行。但有時間性者，不在此限。

在公開會議進行中，有改開秘密會議之必要時，除法律另有規定外，得由主席或出席委員提議改開秘密會議，不經討論，逕付表決；出席委員之提議，並應經十五人以上之連署或附議。

第四十七條（入場限制）

本院舉行秘密會議時，除立法委員及由主席指定之列席人員暨會場員工外，其他人員均不得入場。

---

[84] 立法院公報，第96卷，第21期，院會紀錄，263頁；第96卷，第80期，院會紀錄，288及289頁。

立法委員憑出席證入場。列席人員及會場員工憑特別通行證入場。
秘密會議開始前，秘書長應將列席人員及會場員工人數、姓
名、職別，一併報告。

第四十八條（秘密文件）

秘密會議中之秘密文件，由秘書處指定專人蓋印、固封、編定
號數，分送各委員簽收；其有收回必要者，當場分發，當場收
回，不得攜出會場。

關於繕印、保管、分發秘密文件之手續，及指定負責辦理此等
事項員工之管理，由秘書處另定辦法，嚴格執行。

相關法規

立法院秘密會議注意事項（81.01.21通過，最新修正日期
89.12.15）。

第四十九條（秘密會議議事日程）

秘密會議議事日程中，政府首長報告案，必要時得列入報告事
項第一案。

第五十條（保密義務）

秘密會議之紀錄及決議，立法委員、列席人員及本院員工，不
得以任何方式，對外宣洩。

關於秘密會議，如須發表新聞時，其稿件應經院長核定之。

第五十一條（解密條件）

秘密會議文件，除法令另有規定者外，於全案通過，總統公布後，得予公開。但有關國防、外交及其他機密文件已失秘密時效者，得由院長於每會期終了前，報告院會解密之。

第五十二條（罰則）

立法委員違反本規則第五十條規定者，應付紀律委員會議處；本院員工違反者，由院長依法處分之；列席人員違反者，由本院函各該主管機關依法辦理。

第九章　議事錄（53～56）

第五十三條（記載內容）

議事錄應記載下列事項：

一、屆別、會次及其年、月、日、時。

二、會議地點。

三、出席者之姓名、人數。

四、請假者之姓名、人數。

五、缺席者之姓名、人數。

六、列席者之姓名、職別。

七、主席。

八、記錄者姓名。

九、報告及報告者姓名、職別，暨報告後決定事項。

十、議案及決議。

十一、表決方法及可否之數。

十二、其他事項。

第五十四條（宣讀與處理）
每次院會之議事錄，於下次院會時，由秘書長宣讀，每屆最後一次院會之議事錄，於散會前宣讀。

前項議事錄，出席委員如認為有錯誤、遺漏時，應以書面提出，由主席逕行處理。

解釋

司法院釋字第342號解釋（議事錄未確定）

立法院審議法律案，須在不牴觸憲法之範圍內，依其自行訂定之議事規範為之。法律案經立法院移送總統公布者，曾否踐行其議事應遵循之程序，除明顯牴觸憲法者外，乃其內部事項，屬於議會依自律原則應自行認定之範圍，並非釋憲機關審查之對象。法律案之立法程序有不待調查事實即可認定為牴觸憲法，亦即有違反法律成立基本規定之明顯重大瑕疵者，則釋憲機關仍得宣告其為無效。惟其瑕疵是否已達足以影響法律成立之重大程度，如尚有爭議，並有待調查者，即非明顯，依現行體制，釋憲機關對於此種事實之調查受有限制，仍應依議會自律原則，謀求解決。其曾否經議決通過，因尚有爭議，非經調查，無從確認。依前開意旨，仍應由立法院自行認定，並於相當期間內議決補救之。若議決之結果與已公布之法律有異時，仍應更依憲法第72條之規定，移送總統公布施行（理由書：其通過各該法律之議事錄，雖未經確定，但非議事日程上之討論事項，尚不涉及憲法關於法律成立之基本規定，亦即並非足以影響各該法律成立之重大瑕疵）。

第五十五條（印送與登載）

議事錄應印送全體委員，經宣讀後，除認為秘密事項外，並登載本院公報。

第五十六條（速記錄）

院會中出席委員及列席人員之發言，應由速記人員詳為記錄，並將速記錄印送全體委員。

第十章　附則（57～63）

第五十七條（委員會會議連署或附議人數）

各種委員會會議關於連署或附議人數，應依本規則所定人數五分之一比例行之。

各種委員會會議得不適用本規則第三十一條之規定。

第五十八條（委員會會議列席委員權限）

各種委員會會議列席委員得就議案發表意見或詢問。但不得提出程序問題及修正動議。

第五十九條（黨團提案）

符合立法院組織法第三十三條規定之黨團，除法律另有規定外，得以黨團名義提案，不受本規則有關連署或附議人數之限制。

第六十條（委員會登記發言）
各種委員會委員發言之登記，由委員於開會前一小時起，親自登記於該委員會登記簿；該委員會委員在開會前登記者，得優先發言。

說明

院會委員發言之登記時點，法無明定，可依立法院職權行使法第1條第2項規定，適用本條規定。

第六十一條（旁聽須經同意）
各種委員會開會時，除出、列席、會務工作人員及持本院核發採訪證人員外，其餘人員經會議主席同意後，始得進入旁聽。

第六十二條（旁聽及採訪子法）
本院會議旁聽規則、採訪規則，由院長訂定，報告院會後施行。

相關法規

🔍 立法院會議旁聽規則（55.08.26修正施行，最新修正日期105.09.13）

第1條（依據）

　　本規則依立法院議事規則第六十二條規定訂定之。

第2條（旁聽證）

持有旁聽證者，方得進入議場旁聽。

第3條（查驗身分）

旁聽者進入議場時，須將旁聽證佩掛胸前明顯處，以供辨識；必要時，得查驗身分證或其他證明。

第4條（旁聽證使用期限）

旁聽證限持有人當日（上午、下午）使用，截角後入場旁聽，離場即行作廢，並不得轉借。

說明

實務上旁聽證並未截角，及未於旁聽人離場時收回。惟不可隔日使用。

第5條（旁聽入場限制）

服裝不整、酒醉或精神異狀者，不得入場旁聽。

第6條（兒童入場限制）

不得攜帶七歲以下兒童進入議場旁聽。

第7條（攜帶物品限制）

旁聽者不得攜帶武器、危險物品或各種標幟、標語、海報及其他物品等進入議場，並不得拒絕檢查。違反者，不得入場旁聽；已

入場者，得強制其離場。

第8條（遵守議場秩序）

會議進行中或中途休息時，均應保持肅靜，不得鼓掌、喧鬧或其他妨礙議場秩序或議事進行之行為。違反者，得強制其離場。

第9條（演講禁止中途離席）

如遇貴賓演講時，不得中途離席。

第10條（秘密會議禁止旁聽）

旁聽證於秘密會議不適用之。

第11條（施行）

本規則經提報院會後施行。

立法院採訪規則（90.09.20提報院會）

第1條

本規則依立法院議事規則第六十二條規定訂定之。

第2條

新聞媒體採訪人員進入立法院（以下簡稱本院）採訪，除法令另有規定外，依本採訪規則辦理。

第3條

新聞媒體採訪人員進入本院採訪，應依規定申請採訪證件，佩掛胸前明顯處，以資識別；必要時，得查驗其他身份證明文件或對採訪器材進行安全檢查。

前項採訪證件之發放規定，由本院秘書處訂定之。

第4條

前條採訪證件僅供進入本院採訪識別用，不得轉借及影印使用。

第5條

為維護國會尊嚴，新聞媒體採訪人員於本院採訪時，應遵守本院有關規定，不得有鼓譟、喧鬧、破壞公物、妨礙辦公及干擾會議進行等行為。

議場開會時，新聞媒體採訪人員限於會場二樓記者席採訪，並不得有抽煙、飲食等行為。

第6條

新聞媒體採訪人員於本院進行現場直播採訪時，其採訪人數、位置、設備器材及電源、影音線路之架設，應遵照本院之規定，以維護採訪秩序及安全。

第7條

新聞媒體採訪人員除採訪當時外，禁止於本院長時擺置桌椅、燈具、攝影機架電視機等採訪設備。

第8條

本院舉行秘密會議及未開放採訪之會議，不得採訪。首長辦公區域，未經同意，不得進入採訪或逗留守候。

第9條

新聞媒體採訪人員如有違反本規則之情事，本院現場相關人員得制止之，情節重大者，並得禁止其進入本院採訪或限制於一定期間不得在本院採訪。

第10條

本規則經提報院會後施行。

第六十三條（施行日）

本規則由本院會議通過後施行。

本規則中華民國九十六年十一月三十日院會通過之條文，自立法院第七屆立法委員就職日起施行。

立法院議事規則──連署或附議人數簡表

條次	內容	人數
8	法律提案（連署）	15
8	其他提案（連署）	10
9	臨時提案（連署）	10
11	修正動議（二讀會廣泛討論後或三讀會中）	10
14	委員會不予審議之議案應列報告事項如改列討論事項（表決）	15
17	變更議事日程（不經討論）（表決）	15
23	對報告事項內程序委員會之處理辦法有異議者（不經討論）（表決）	8
26	散會動議（不經討論）（表決）	15
32	對主席為決定之宣告提出異議（不經討論）（表決）	15
33	停止討論動議（不經討論）（表決）	15
35	點名表決（不經討論）（表決）	25
35	表決器記名表決（逕行採用）	15
39	重付表決（1次為限）	15
42	復議動議（表決）	20
46	出席委員提議改開秘密會議（不經討論）（表決）	15
57	委員會人數為上述五分之一比例	
59	黨團名義不受人數限制	

作者制表

法律（制定）案提案（稿）

案由：本院委員_____等_____人，_____
_____
_____，擬具「（法律名稱）草案」，是否有當？敬請公決。

說明：_____
_____
_____

提案人：

連署人：

備註：
1. 立法院議事規則第8條第1項：「立法委員提出之法律案，應有十五人以上之連署；其他提案，除另有規定外，應有十人以上之連署。」
2. 提案人須親筆簽名；有2人以上者，為共同提案人。
3. 連署人（不含提案人）須有委員15人以上（第9屆起，只要提案人加連署人之人數合計達16人，即可受理）。
4. 條文不用劃線。

（法律名稱）草案

條　文	説　明

法律（修正）案提案（稿）

案由：本院委員＿＿＿＿等＿＿＿＿人，＿＿＿＿＿＿＿＿＿＿＿＿＿
＿＿＿＿＿＿＿＿＿＿＿＿＿＿＿＿＿＿＿＿＿＿＿＿＿＿＿＿＿＿＿＿
＿＿＿＿＿＿＿＿＿＿＿＿＿＿＿＿＿＿＿＿＿＿＿＿＿＿＿＿＿＿＿＿
＿＿＿＿＿＿＿＿＿＿＿，擬具「（法律名稱）（部分條文或第○條
條文）修正草案」，是否有當？敬請公決。

說明：＿＿＿＿＿＿＿＿＿＿＿＿＿＿＿＿＿＿＿＿＿＿＿＿＿＿＿＿＿
＿＿＿＿＿＿＿＿＿＿＿＿＿＿＿＿＿＿＿＿＿＿＿＿＿＿＿＿＿＿＿＿
＿＿＿＿＿＿＿＿＿＿＿＿＿＿＿＿＿＿＿＿＿＿＿＿＿＿＿＿＿＿＿＿

提案人：

連署人：

備註：
1. 立法院議事規則第8條第1項：「立法委員提出之法律案，應有
十五人以上之連署；其他提案，除另有規定外，應有十人以上之
連署。」
2. 提案人須親筆簽名；有2人以上者，為共同提案人。
3. 連署人（不含提案人）須有委員15人以上（第9屆起，只要提案
人加連署人之人數合計達16人，即可受理）。
4. 修正文字下劃線；條文達全部條文者，書明「（法律名稱）修正
草案」（與行政機關法制作業實務不同）；條文在4條以上未達
全部條文者，書明「（法律名稱）部分條文修正草案」；條文在
3條以下者，書明「（法律名稱）第○條、第○條及第○條條文

修正草案」。

5. 同時有修正或增訂或刪除者，依修正案之格式，增訂及刪除條文之說明仍依增訂案及刪除案。

（法律名稱）（部分條文或第○條條文）修正草案

條文對照表

修正條文	現行條文	說明

法律（增訂）案提案（稿）

案由：本院委員＿＿＿等＿＿＿人，＿＿＿＿＿＿＿＿＿＿＿＿
＿＿＿＿＿＿＿＿＿＿＿＿＿＿＿＿＿＿＿＿＿＿＿＿＿＿＿
＿＿＿＿＿＿＿，擬具「（法律名稱）增訂（部分條文或第
○條之○條條文）草案」。是否有當？敬請公決。

說明：＿＿＿＿＿＿＿＿＿＿＿＿＿＿＿＿＿＿＿＿＿＿＿＿
＿＿＿＿＿＿＿＿＿＿＿＿＿＿＿＿＿＿＿＿＿＿＿＿＿＿＿
＿＿＿＿＿＿＿＿＿＿＿＿＿＿＿＿＿＿＿＿＿＿＿＿＿＿＿

提案人：

連署人：

備註：
1. 立法院議事規則第8條第1項：「立法委員提出之法律案，應有十五人以上之連署；其他提案，除另有規定外，應有十人以上之連署。」
2. 中央法規標準法第10條：「修正法規廢止少數條文時，得保留所廢條文之條次，並於其下加括弧，註明（刪除）二字。修正法規增加少數條文時，得將增加之條文，列在適當條文之後，冠以前條（之一）、（之二）等條次。廢止或增加編、章、節、款、目時，準用前二項之規定。」
3. 提案人須親筆簽名；有2人以上者，為共同提案人。
4. 連署人（不含提案人）須有委員15人以上（第9屆起，只要提案人加連署人之人數合計達16人，即可受理）。

5. 條文不用劃線，說明欄一、本條增訂等文字劃線；條文在4條以
上者，書明「（法律名稱）增訂部分條文草案」；條文在3條以
下者，書明「（法律名稱）增訂第○條之○條條文草案」。

（法律名稱）增訂（部分條文或第○條之○條條文）草案

增訂條文	說明
	一、本條增訂。

法律（刪除）案提案（稿）

案由：本院委員＿＿＿＿等＿＿＿＿人，＿＿＿＿＿＿＿＿＿＿＿＿＿＿＿＿
＿＿＿＿＿＿＿＿＿＿＿＿＿＿＿＿＿＿＿＿＿＿＿＿＿＿＿＿＿＿＿＿＿＿＿
＿＿＿＿＿＿＿＿＿＿，擬具「（法律名稱）刪除部分條文或第○
條條文草案」。是否有當？敬請公決。

說明：＿＿＿＿＿＿＿＿＿＿＿＿＿＿＿＿＿＿＿＿＿＿＿＿＿＿＿＿＿＿＿＿
＿＿＿＿＿＿＿＿＿＿＿＿＿＿＿＿＿＿＿＿＿＿＿＿＿＿＿＿＿＿＿＿＿＿＿
＿＿＿＿＿＿＿＿＿＿＿＿＿＿＿＿＿＿＿＿＿＿＿＿＿＿＿＿＿＿＿＿＿＿＿

提案人：

連署人：

備註：
1. 立法院議事規則第8條第1項：「立法委員提出之法律案，應有十五人以上之連署；其他提案，除另有規定外，應有十人以上之連署。」
2. 中央法規標準法第10條：「修正法規廢止少數條文時，得保留所廢條文之條次，並於其下加括弧，註明（刪除）二字。修正法規增加少數條文時，得將增加之條文，列在適當條文之後，冠以前條（之一）、（之二）等條次。廢止或增加編、章、節、款、目時，準用前二項之規定。」
3. 提案人須親筆簽名；有2人以上者，為共同提案人。
4. 連署人（不含提案人）須有委員15人以上（第9屆起，只要提案人加連署人之人數合計達16人，即可受理）。

5.現行條文不用劃線，修正法規廢止少數條文時，得保留所廢止條
　文之條次，並於其下加括弧，註明「刪除」二字，並於說明欄
　一、本條刪除等文字劃線；條文在4條以上未達全部條文者，書
　明「（法律名稱）刪除部分條文草案」；條文在3條以下者，書
　明「（法律名稱）刪除第○條、第○條及第○條條文草案」。

（法律名稱）刪除（部分條文或第○條條文）草案
條文對照表

修正條文	現行條文	説明
第　　條 （刪除）		一、本條刪除。

法律（廢止）案提案（稿）

案由：本院委員＿＿＿＿等＿＿＿＿人，＿＿＿＿＿＿＿＿＿＿＿＿＿

＿＿＿＿＿＿＿＿＿＿＿＿＿＿＿＿＿＿＿＿＿＿＿＿＿＿＿＿＿＿＿

＿＿＿＿＿＿＿＿＿，擬廢止「（法律名稱）」，是否有當？敬
請公決。

說明：＿＿＿＿＿＿＿＿＿＿＿＿＿＿＿＿＿＿＿＿＿＿＿＿＿＿＿

＿＿＿＿＿＿＿＿＿＿＿＿＿＿＿＿＿＿＿＿＿＿＿＿＿＿＿＿＿＿＿

＿＿＿＿＿＿＿＿＿＿＿＿＿＿＿＿＿＿＿＿＿＿＿＿＿＿＿＿＿＿＿

提案人：

連署人：

備註：
1. 立法院議事規則第8條第1項：「立法委員提出之法律案，應有
十五人以上之連署；其他提案，除另有規定外，應有十人以上之
連署。」
2. 提案人須親筆簽名；有2人以上者，為共同提案人。
3. 連署人（不含提案人）須有委員15人以上（第9屆起，只要提案
人加連署人之人數合計達16人，即可受理）。
4. 檢附擬廢止之法律條文乙份。

其他（一般）提案（稿）

案由：本院委員＿＿＿＿等＿＿＿＿人，＿＿＿＿＿＿＿＿＿＿＿＿＿＿＿＿
＿＿＿＿＿＿＿＿＿＿＿＿＿＿＿＿＿＿＿＿＿＿＿＿＿＿＿＿＿＿＿＿＿
＿＿＿＿＿＿＿＿＿＿＿＿＿＿＿＿＿＿＿＿＿＿＿＿＿＿＿＿＿＿＿＿＿
＿＿＿＿＿＿＿＿＿＿。是否有當？敬請公決。

說明：＿＿＿＿＿＿＿＿＿＿＿＿＿＿＿＿＿＿＿＿＿＿＿＿＿＿＿＿＿＿＿
＿＿＿＿＿＿＿＿＿＿＿＿＿＿＿＿＿＿＿＿＿＿＿＿＿＿＿＿＿＿＿＿＿
＿＿＿＿＿＿＿＿＿＿＿＿＿＿＿＿＿＿＿＿＿＿＿＿＿＿＿＿＿＿＿＿＿

提案人：

連署人：

備註：

1. 立法院議事規則第8條第1項：「立法委員提出之法律案，應有十五人以上之連署；其他提案，除另有規定外，應有十人以上之連署。」
2. 提案人須親筆簽名；有2人以上者，爲共同提案人。
3. 連署人（不含提案人）須有委員10人以上（第9屆起，只要提案人加連署人之人數合計達11人，即可受理）。

臨時提案（稿）

案由：本院委員＿＿＿＿等＿＿＿＿人，＿＿＿＿＿＿＿＿＿＿＿＿＿＿

＿＿＿＿＿＿＿＿＿＿＿＿＿＿＿＿＿＿＿＿＿＿＿＿＿＿＿＿＿＿＿＿＿

＿＿＿＿＿＿＿＿＿＿＿＿＿＿＿＿＿＿＿＿＿＿＿＿＿＿＿＿＿＿＿＿＿

＿＿＿＿＿＿＿＿＿＿，是否有當？敬請公決。

說明：＿＿＿＿＿＿＿＿＿＿＿＿＿＿＿＿＿＿＿＿＿＿＿＿＿＿＿＿＿＿

＿＿＿＿＿＿＿＿＿＿＿＿＿＿＿＿＿＿＿＿＿＿＿＿＿＿＿＿＿＿＿＿＿

＿＿＿＿＿＿＿＿＿＿＿＿＿＿＿＿＿＿＿＿＿＿＿＿＿＿＿＿＿＿＿＿＿

提案人：

連署人：

備註：

1. 立法院議事規則第9條第1項：「出席委員提出臨時提案，以亟待解決事項為限，應於當次會議上午十時前，以書面提出，並應有十人以上之連署。每人每次院會臨時提案以一案為限，於下午五時至六時處理之，提案人之說明，每案以一分鐘為限。」質詢期間之臨時提案處理時間，如有協商結論者，依協商結論，近來協商結論皆以當次院會星期二中午1時50分至2時30分處理臨時提案。

2. 提案人須親筆簽名；有2人以上者，為共同提案人。

3. 連署人（不含提案人）須有委員10人以上（第9屆起，只要提案人加連署人之人數合計達11人，即可受理）。

立法委員請假單（稿）

本席未克出席立法院第　　屆第　　會期

☐第　　次會議（院會）

☐第　　次秘密會議

☐第　　次全院委員會會議

☐第　　次臨時會第　　次會議（院會）

☐第　　次臨時會第　　次秘密會議

☐第　　次臨時會第　　次全院委員會會議

，特予請假。

　　此致

議事處

委員簽章：

年　　月　　日

聯　絡　人：

聯絡電話：

備註：

1.立法院議事規則第4條：「立法委員因事故不能出席本院會議時，應通知議事處請假，未請假者列為缺席。」

2.議事處聯絡分機：1217、1300。傳眞：(02)2358-5112。

立法委員接待選民團體至立法院參訪旁聽申請表

委員姓名	參訪日期	行程	時間	人數
	年　月　日 （星期　）	觀賞簡報 （簡報室）	時　分	人
		旁聽院會 （議場二樓旁 聽席）	時　分	人
團體名稱：				
承辦助理姓名：		電話：		
委員核章： 　　　　　　　申請日期：　年　月　日				

備註：

1. 申請來院參訪，請依「立法院會客請願參觀訪問旁聽等作業程序及管制要點」，於三日前填具本申請表並造具名冊（格式詳如附件），送本院秘書處公共關係事務室、議事處會務科辦理。

2. 觀賞多媒體簡報，請洽秘書處公共關係事務室。
   電話：(02)23585858#5258，傳眞：(02)23585255。

3. 旁聽院會，請洽議事處會務科。
   電話：(02)23585738，傳眞：(02)23585112。

4. 填寫本申請表前，請先分別電洽秘書處公共關係事務室、議事處會務科安排時間，俟時間排定後再分別回傳該二單位完成申請程序。

附件

立法委員＿＿＿＿＿接待選民團體至立法院參訪旁聽名冊					
旁聽團體名稱					
序號	旁聽者姓名	性別	身分證字號	住址	備註
		年齡	聯絡電話		
1					（領隊）
2					
3					
4					
5					
6					
7					
8					
9					
10					
11					

立法委員＿＿＿＿＿＿接待選民團體至立法院參訪旁聽名冊					
旁聽團體名稱					
序號	旁聽者姓名	性別	身分證字號	住址	備註
		年齡	聯絡電話		
12					
13					
14					
15					

備註：上述參訪旁聽名冊將依據「立法院個人資料保護管理運作程序」個人資料檔案保存期限留存或銷毀。

附表

立法院院會收案時間及地點一覽表

立法院朝野黨團協商結論（提報第9屆第4會期第1次臨時會第2次會議通過）[1]

時間：107年1月8日（星期一）上午11時
地點：議場三樓會議室
決定事項：
一、各黨團同意有關立法院院會收案時間及地點一覽表，如後
　　附，建議做法予以通過。

議事處製表107.01.08

	項目	建議做法
1.	**確認議程草案**（程序會未審定） 增列報告、討論事項	**1.收案順序** 由黨團或委員依登記先後取得送案之院會先後處理順序。 **2.收案時間** 議事人員於7時至9時，依各黨團登記送案之順序，予以收案。
2.	**變更議程提案**（程序會已審定）	**3.收案地點** 議場之國是論壇簽到臺。
3.	**法律案**（二讀）**之修正動議**	**備註：** 1.逾9時提出者，於會場主席臺前方之議事人員工作臺收案；法律案之收案於協商階段交負責委員會；預算案之收案轉交於財政委員會彙整編號。
4.	**預算案**（二讀）**之提案**	

1　立法院公報，第107卷，第20期，院會紀錄，152頁。

立法院議事行事曆

一、按月別

日期	議事內容	規定	備註／實務
1月	休會		（臨時會：憲69、立組6）
2月1日前	行政院提出當年施政方針及上年7月至12月之施政報告	職16	
2月至5月	（單數）會期	憲68	第1、3、5、7會期。
2月1日起	報到	職2	實務上除**第1會期**外，遇假日順延，且前2日設置集中報到處。
2月1日	每屆第1會期報到首日舉行預備會議	職3議19	就職宣誓、院長及副院長選舉。
2月開議3日前	每屆第1會期立法委員席次由院長召集各黨團會商定之	議3	開議前1日仍未商定者，由委員親自抽籤定之。
2月開議日	由各黨團協商決定之	職2	
2月底前	行政院院長提出報告	職16	例外：職16.1.3、17。
5月1日前（會計年度結束後4個月內）	行政院提出總決算於監察院	決21	
8月1日前（最遲）（總決算送達後3個月內）	審計長完成審核，編造最終審定數額表，提出審核報告於立法院	決26、28	立法院於1年內未完成者，視同審議通過。
6月至8月	休會		（臨時會：憲69、立組6）
9月1日前	行政院提出當年1月至6月之施政報告	職16	

日期	議事內容	規定	備註／實務
9月1日前 （會計年度開始4個月前）	行政院提出中央政府總預算案與附屬單位預算及其綜計表予立法院審議，並附送施政計畫	預46	（憲59：3個月前，即10月1日前，惟目前實務係採預算法規定之4個月前。）
9月至12月	（偶數）會期	憲68	第2、4、6、8會期。
9月1日起	報到	職2	實務上遇假日順延，且前2日會特別設置報到處。
9月開議日	由各黨團協商決定之	職2	
9月底前	行政院院長提出報告	職16	例外：職16.1.3、17。
11月底前 （會計年度開始1個月前）	立法院議決總預算案	預51	
12月16日前 （會計年度開始15日前）	總統公布立法院議決之總預算	預51	

作者製表

二、按星期別

	上午	中午	下午	備註
星期一 （委員會）	委員會於8時開始受理委員簽到及登記。（議60）	議事處12時截止受理黨團或程序委員會委員之增列提案。	議程草案增列出刊並送程序委員會委員。	委員會如為多日1次會，簽到1次即可。
星期二 （院會）	院會7時開始受理委員簽到。（議22） 臨時提案登記：10時前。（議9）	程序委員會：審查院會議程草案。（議16）	處理臨時提案：5時至6時。（議9）	質詢期間處理臨時提案：1時50分至2時30分（依協商結論）。

	上午	中午	下午	備註
星期三 （委員會）	委員會於8時開始受理委員簽到及登記。（議60） 議事處寄送院會之開會通知及議程。（議16）	（黨團協商） （職69）		星期三為黨團協商期日，必要時，不在此限。（職69）
星期四 （委員會）	委員會於8時開始受理委員簽到及登記。（議60）		議事處5時截止議程草案收件時間。	
星期五 （院會）	7時開始受理簽到及登記國是問題至8時40分，並於8時40分抽籤，9時至10時發言。（議22） （議程草案：7時起收案） 10時進行報告事項： （變更議程）：討論事項前處理。（議24） 進行討論事項：		議程草案出刊並送程序委員會委員。（議16）	如有報告質詢或選舉等其他議程，依議程事項辦理。

作者製表

註：

1. 每屆第1會期第1次程序委員會，決定議程草案及增列議案等收件截止時間。

2. 目前循例由黨團協商，將星期五及星期二合併為2日1次會（議20），故議程如上述。如為單日1次會則將2日議程合併為1日。

3. 法令簡稱：憲——中華民國憲法、立組——立法院組織法、職——立法院職權行使法、預——預算法、決——決算法、議——立法院議事規則。

立法院相關業務資訊

一、議事處收案時間

每星期四下午5時截止收案。程序委員開會前1日中午12時截止收案黨團或程序委員會委員增列議案（**收案時間依立法院程序委員會每屆第1會期第1次會議決定爲之**）。

（一）院會日當次會議收案：上午7時至9時簽到臺登記收案，院會日9時後至主席臺前議事處收案（**107.01.08黨團協商結論**）。

（二）法律提案、臨時提案及書面質詢等議事檔案電子檔，寄送至公報處印刷所。

二、業務查詢

（一）委員報到、權利及福利等事宜、公費助理訓練及活動補助等：人事處委員服務科。

（二）院會送案、補件、修正、撤回：議事處議程科。

（三）院會臨時提案：送案——議事處議程科。

　　　　　　　　委員登記發言——議事處議案科。

（四）院會委員簽到、請假：議事處會務科。

（五）院會旁聽申請：秘書處公共關係事務室、議事處會務科。

（六）院會出入證申請：議事處會務科。

（七）質詢登記：議事處議案科。

（八）會場簡報播放：資訊處。

（九）議場場地事務：總務處。

（十）院會通過議案之發文：議事處議案科。

（十一）關係文書索取、更正：議事處編印科。

（十二）立法院全球資訊網：資訊處。

（十三）立法院國會圖書館網站：國會圖書館。

（十四）法案評估報告等：法制局。

（十五）預、決算評估報告等：預算中心。

三、資料查詢

（一）立法院動態

　　立法院全球資訊網—行事曆—點入日期。

（二）相關提案或請假等表單、樣張、申請表格式

　　1. 立法院全球資訊網—各單位—議事處—業務成果。

　　2. 立法委員公文電子交換系統。

（三）立法院會議預報

　　立法院全球資訊網—會議預報。

（四）程序委員會議程草案

　　立法院全球資訊網—議事暨公報管理系統—議事類。

（五）院會議程

　　立法院全球資訊網—議事暨公報管理系統—議事類或最新議
　　事日程。

（六）最新通過議案

　　立法院全球資訊網—議案查詢—其他查詢。

（七）議案交付黨團協商日期（第9屆第7會期以後適用）

　　立法院全球資訊網—議案整合暨綜合查詢系統—交付協
　　商。

四、會議室

（一）**院會、全院委員會**：議場內會場。

（二）**黨團協商**：議場3樓。

（三）**程序委員會**：紅樓201。

（四）**內政委員會**：紅樓202。

（五）**外交及國防委員會**：紅樓301。

（六）**經濟委員會**：紅樓101。

（七）**財政委員會**：群賢樓9樓大禮堂。

（八）**交通委員會**：紅樓201。

（九）**教育及文化委員會**：群賢樓101。

（十）**司法及法制委員會**：紅樓302。

（十一）**社會福利及衛生環境委員會**：群賢樓801。

國家圖書館出版品預行編目資料

立法院實用法令及案例彙編／何弘光
編著. -- 初版. -- 臺北市：五南，
2020.07
　面；　公分
ISBN 978-957-763-982-0（平裝）

1.立法　2.法律

573.664　　　　　　　　109004592

1QB8

立法院實用法令及案例彙編

編 著 者 — 何弘光（49.8）

發 行 人 — 楊榮川

總 經 理 — 楊士清

總 編 輯 — 楊秀麗

副總編輯 — 劉靜芬

責任編輯 — 黃郁婷、王者香

封面設計 — 王麗娟

出 版 者 — 五南圖書出版股份有限公司

地　　址：106台北市大安區和平東路二段339號4

電　　話：(02)2705-5066　傳　真：(02)2706-610

網　　址：http://www.wunan.com.tw

電子郵件：wunan@wunan.com.tw

劃撥帳號：01068953

戶　　名：五南圖書出版股份有限公司

法律顧問　林勝安律師事務所　林勝安律師

出版日期　2020年7月初版一刷

定　　價　新臺幣450元

經典永恆・名著常在

五十週年的獻禮——經典名著文庫

五南，五十年了，半個世紀，人生旅程的一大半，走過來了。

思索著，邁向百年的未來歷程，能為知識界、文化學術界作些什麼？

在速食文化的生態下，有什麼值得讓人雋永品味的？

歷代經典・當今名著，經過時間的洗禮，千錘百鍊，流傳至今，光芒耀人；

不僅使我們能領悟前人的智慧，同時也增深加廣我們思考的深度與視野。

我們決心投入巨資，有計畫的系統梳選，成立「經典名著文庫」，

希望收入古今中外思想性的、充滿睿智與獨見的經典、名著。

這是一項理想性的、永續性的巨大出版工程。

不在意讀者的眾寡，只考慮它的學術價值，力求完整展現先哲思想的軌跡；

為知識界開啟一片智慧之窗，營造一座百花綻放的世界文明公園，

任君遨遊、取菁吸蜜、嘉惠學子！